Marion Landwehr

WANDER DICH GLÜCKLICH
Pfalz

30 erholsame Wanderungen

BRUCKMANN

INHALT

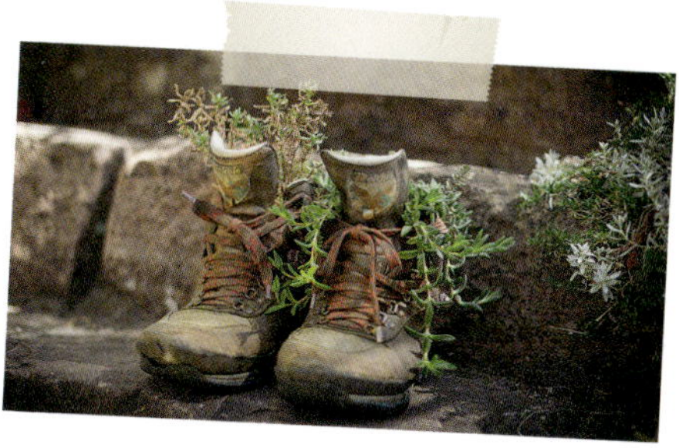

← Diese Schuhe sind bereits sehr oft glücklich gewandert …

TOURENÜBERBLICK

Tour													
1	●	Rheinauen	12,0	3.00	30			●	●		●	(●)
2	●	Stäffelsbergturm	9,4	2.45	270	●	●	●	●			(●)
3	●	Vier-Burgen-Tour	7,4	2.30	250	●	●	●	●	●		
4	●	Silzer See	8,1	2.30	210	●	●	●	●	●	●	●
5	●	Madenburg	9,7	3.00	310	●	●	●	●	●		●
6	●	Slevogtweg	10,4	3.00	340		●		●	●		●
7	●	Burgruine Neuscharfeneck	8,2	2.30	210	●	●	●	●	●		●
8	●	Rietburg	11,5	3.30	440	●	●	●	●			●
9	●	Kalmit	13,2	4.00	470	●		●		●		●
10	●	Hambacher Schloss	8,6	2.45	310	●	●	●	●	●		●
11	●	Basaltsee	7,5	2.15	220	●	●	●	●			●
12	●	Ganerbenweg	10,9	3.00	200	●	●			●		●
13	●	Drei-Burgen-Rundweg	7,8	2.30	270	●	●	●	●	●		●
14	●	Donnersberg	19,2	5.30	500	●				●		●
15	●	Teufelstour	18,8	5.30	420	●						●
16	●	Wolfental	6,6	2.00	170	●		●	●			●
17	●	Mehlinger Heide	15,0	4.00	200			●	●			●

Tour			Länge in km	Gehzeit in Std.	Höhenunterschied in Hm	Einkehr	Sehenswürdigkeiten	Kindergeeignet	Wintergeeignet	Eher Schatten	Bademöglichkeit	Öffentliche Verkehrsmittel
18	● Leicht	Stausee Gelterswoog	8,9	2.30	80	●		●	●	●	●	●
19	● Leicht	Karlstalschlucht	7,0	2.00	140			●				●
20	● Mittel	Eiderbachtal	8,8	2.45	220	●		●	●			
21	● Mittel	Höllenberg-Tour	12,7	3.45	270			●	●	●		(●)
22	● Mittel	Wildsauweg	7,9	2.30	310	●		●	●	●		●
23	● Schwer	Dimbacher Buntsandstein Höhenweg	12,5	4.00	460					●		●
24	● Schwer	Rimbach-Steig	18,4	5.30	560	●				●		●
25	● Mittel	Hauenstein	11,5	3.30	300	●				●		(●)
26	● Mittel	Bärensteig	14,2	4.00	380	●	●					(●)
27	● Schwer	Dahner Felsenpfad	12,7	3.45	270	●						●
28	● Mittel	Altschlossfelsen	6,2	2.00	80			●	●	●		(●)
29	● Leicht	Hexenklamm	6,7	2.00	120	●		●	●			(●)
30	● Mittel	Teufelspfad	6,4	2.00	120	●		●	●			(●)

● Leicht
● Mittel
● Schwer

Länge in km
Gehzeit in Std.
Höhenunterschied in Hm

Einkehr
Sehenswürdigkeiten
Kindergeeignet
Wintergeeignet

Eher Schatten
Bademöglichkeit
Öffentliche Verkehrsmittel

GLÜCKLICH WANDERN IN DER PFALZ

Die Pfalz ist ein besonderes Fleckchen Erde und die Bedingungen für das Wandern sind paradiesisch. Auf federnden Waldpfaden geht es vorbei an imposanten Buntsandsteinformationen und einsamen Waldseen, urige, gastliche Pfälzerwaldhütten säumen den Weg und Mittelalterburgen thronen erhaben auf den Gipfeln – da muss einem als Wanderer ja das Herz aufgehen!

Der ambitionierte Wanderer wird ebenso angesprochen wie der Naturgenießer, der Hobbygeologe ebenso wie der Geschichtsinteressierte, der Picknickfan ebenso wie jeder, der eine Einkehr bei deftigem Hüttenessen liebt – alle werden glücklich sein in der Pfalz.

Ein ausgedehntes Wanderwegenetz, dichter Wald, Berge und grandiose Ausblicke bis in die Rheinebene, die Vogesen und den Schwarzwald sind Garanten dafür, dass Sie beim Wandern nicht das Glück suchen, sondern dass Sie dabei glücklich sind, während Sie dem Rauschen des Waldes lauschen, auf die Wasseroberfläche des stillen Waldsees blicken oder ehrfürchtig vor majestätischen Felsformationen stehen.

Die Pfalz ist zu allen Jahreszeiten attraktiv. Im Frühjahr berauschen uns rosa blühende Mandelbäume und knallgelber Ginster. Im Sommer heißt uns die Kühle des Pfälzerwaldes willkommen. Im Herbst bezaubert die Laubfärbung der Weinberge und im Winter bildet die Schneedecke ein Kontrastprogramm zum roten Buntsandstein.

Ein deutsches Sprichwort sagt: »Wanderst du, brauche nicht nur deine Füße, sondern auch Augen, Kopf und Herz«. Wandern mit allen Sinnen und allen Fasern des Körpers lautet die »Anleitung zum glücklich Wandern«.

Ich wünsche Ihnen viele glückliche Momente in der herrlichen Pfalz!

Marion Landwehr

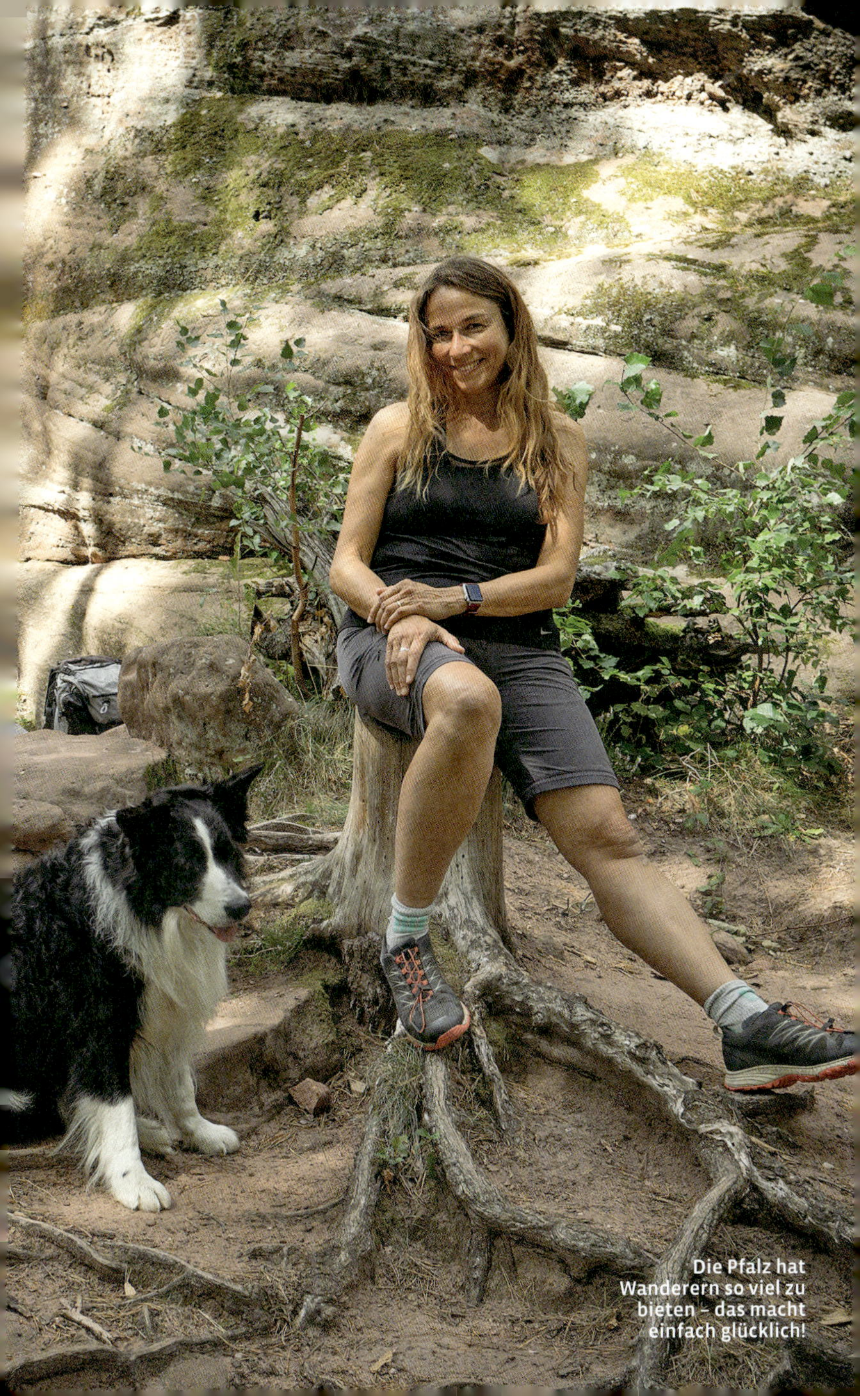

Die Pfalz hat Wanderern so viel zu bieten – das macht einfach glücklich!

ANLEITUNG ZUM GLÜCKLICH WANDERN

Alle Wanderungen in der Pfalz sind besonders, doch habe ich mich bemüht, für Sie die Highlights zusammenzustellen. Es gibt auch in der Pfalz Mainstream-Wanderungen, neben diesen sollen hier aber auch die Geheimtipps vorgestellt werden. Auf den klassischen Wegen ist oft sehr viel los und unbekanntere Touren bieten landschaftlich – und in Glückskategorien gemessen – dasselbe, wenn sie nicht sogar attraktiver sind!
Ich habe darauf geachtet, dass alle Touren mit einer normal guten Kondition zu schaffen sind. Manche sind aufgrund ihrer Länge oder der Höhenmeter etwas sportlicher, aber keine Wanderung stellt alpine Ansprüche. Dann braucht man eben mal etwas länger oder rastet einmal öfter und genießt die Stille, die Landschaft und die gute Luft des Pfälzerwaldes. Wir sollen uns glücklich wandern: Das lässt sich mit einem anspruchsvolleren Weg ebenso erreichen, wie mit einer Einkehr bei zünftiger Pfälzer Hausmannskost, dem Betrachten eines Sonnenuntergangs oder dem Erkunden einer alten Burgruine, mit dem Wandern vorbei an gelben Rapsfeldern ebenso wie mit dem Spazieren durch eine Allee blühender Mandelbäume.

MIT SICHERHEIT GLÜCKLICH WANDERN

Schwierige Wege oder ausgesetzte Passagen gibt es bei diesen Wanderungen nicht. Oft kann man Felsformationen erklimmen, indem man mittels Leitern auf die steinerne Aussichtsplattform gelangt. Das ist mitunter abenteuerlich, aber je steiler und länger die Leitern sind, desto besser sind sie rundum gesichert. Auch die Felsplattformen selbst haben in allen Fällen eine Umzäunung. Für Menschen mit Höhenangst, die sich nicht hinauftrauen, tut das den Wanderungen an sich aber keinen Abbruch. Hier sollte man sich selbst realistisch einschätzen und abwägen, was man sich zumuten kann und will. Viele der Wege sind naturbelassen, nur wenige Streckenetappen führen über Asphalt. Das bedeutet, dass die Wege bei Nässe auch mal aufgeweicht und matschig sein können – hier ist dann vor allem bei steileren Anstiegen Vorsicht geboten.

Glückskategorien

Die hier vorgestellten, ganz besonderen Wanderungen in der Pfalz sind in vier Rubriken unterteilt und entsprechend farbig gekennzeichnet. Unter den Kategorien »Tour für die Sinne«, »Tour der Stille«, »Tour für den Genuss« sowie »Tour ohne Uhr« sind die Glücksmomente zusammengefasst. Das Schöne ist, dass so manche Strecke mehrere Genussfaktoren beinhaltet – Gaumenfreuden, Stille, das Fordern aller Sinne oder die entschleunigte Wanderung.

Tour für die Sinne

Diese Touren kann man ganz besonders mit allen Sinnen erleben. Dazu gehören zum Beispiel ein paar Momente des Innehaltens, um die Schönheit, Geräusche und Gerüche einer bunten Blumenwiese zu genießen, das Gefühl von taunassem Gras unter den Füßen zu spüren oder sich an einem Bach oder See zu erfrischen, zwitschernden Vögeln zu lauschen, an duftenden Kräutern am Wegrand zu riechen oder den Wald bewusst wahrzunehmen.

Tour der Stille

Wir entdecken einsame, unbekannte Wege abseits des Trubels, uns begegnen nur wenige andere Wanderer und wir können diese Zeit fast ganz allein und bewusst genießen.

Tour für den Genuss

Wandern heißt auch genießen! Dafür muss es nicht immer ein trubeliger Biergarten oder ein überlaufenes Ausflugslokal sein. Wir bevorzugen Dorfcafés mit hausgemachten Kuchen, gemütliche kleine Geheimtipps und regionale Produkte aus einladenden Hof- und Klosterläden. Aber auch Tipps für besonders schöne Picknickplätze sind ein Genussfaktor der Touren.

Tour ohne Uhr

Hier kann das Handy gerne mal zu Hause bleiben, beim Wandern stellen wir keine Geschwindigkeitsrekorde auf – im Gegenteil! Wir dürfen ganz bewusst immer wieder stehenbleiben und die Aussicht oder einfach nur den Moment genießen. Dabei nehmen wir die Zeichen der Natur besonders intensiv wahr und auch, wie uns unsere Umgebung die Zeit mitteilt: zum Beispiel über den Sonnenstand oder das Abendläuten entfernter Glocken.

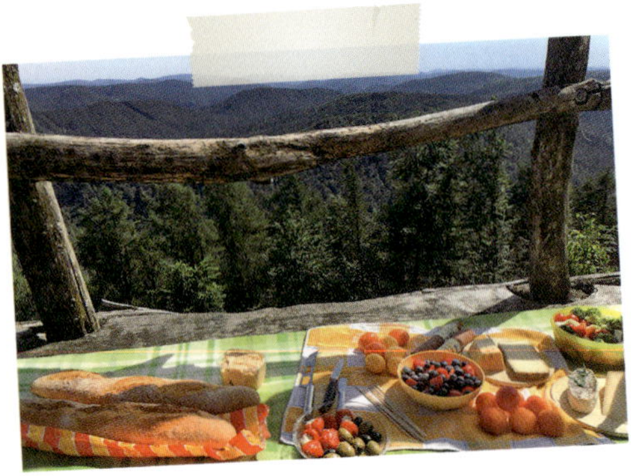

← **Picknick mit Aussicht ist oft möglich auf den Touren.**

GUT VORBEREITET

Die Pfalz und vor allem der Pfälzerwald sind Funklöcher – ich empfinde diese Tatsache meist als Segen, denn auch bei den Wanderungen, die sich nicht in der Kategorie »Tour ohne Uhr« befinden, intensiviert sich der Glücksfaktor, wenn man zeitlos und ohne äußere Einflüsse unterwegs ist. Deshalb ist es jedoch wichtig, vor Aufbruch das Wetter zu checken und sich kleidungsmäßig darauf einzustellen. Von Vorteil sind prinzipiell knöchelhohe Wanderschuhe, denn auf den teilweise unwegsamen Pfaden kann man schon mal leicht umknicken. Bequeme Wanderbekleidung, vorzugsweise aus Funktionsmaterial, ist ebenso empfehlenswert wie eine Regen- oder Softshelljacke im Rucksack. Für einige Touren müssen im Sommer unbedingt auch Badesachen mitgenommen werden und Sonnenschutz bei den mehr der Sonne ausgesetzten Wegen. Zu guter Letzt sollte man sich reichlich mit Wasser für die Wanderung eindecken. Zwar bereichern viele urige Pfalzhütten die Wanderungen, dort trinken wir aber lieber einen berühmten »Pfälzer Schoppen« aus dem »Dubbeglas« – das ist eine Weinschorle, die in einem speziellen Halbliterglas meist mit großzügig bemessenem Weinanteil und eher wenig Mineralwasser eingeschenkt wird. Für unterwegs allerdings brauchen wir entsprechende antialkoholische Flüssigkeit.

GENUSSVOLLE PAUSEN

Auf allen Wanderungen lässt es sich vortrefflich rasten. Sei es in einer der zahlreichen, gastlichen Hütten, die meist abgeschieden und traumhaft schön in die Natur eingebettet sind, oder sei es die Felsformation, auf der man mit baumelnden Beinen sitzend über den Pfälzerwald blickt und das mitgebrach-

te Picknick verspeist. Auf den Auf-einen-Blick-Infoseiten dieses Wanderführers sehen Sie, ob es eine Einkehrmöglichkeit gibt. Ist eine benannt, befindet sie sich grundsätzlich auf der Wanderung selbst. Ist dies nicht der Fall, wird Ihnen eine alternative, meist nahe am Start- und Zielpunkt befindliche und besonders empfehlenswerte Einkehrmöglichkeit vorgeschlagen.
Die Wanderhütten im Pfälzerwald sind übrigens einzigartig – etwa 80 Hütten gibt es auf einem rund 10000 Kilometer langen Wanderwegenetz. Im März 2021 wurde den Pfälzerwaldhütten deshalb der Status eines Immateriellen Kulturerbes der UNESCO verliehen!

TOURENCHARAKTER

Die Touren sind in die Kategorien »leicht«, »mittel« und »schwer« eingeteilt. Aber keine Sorge: Auch die schweren Wanderungen sind bei normaler Kondition machbar, hier fließen lediglich Faktoren wie eine besonders lange Wegstrecke oder knackige Anstiege in die Kategorisierung ein. Sie müssen kein Alpinist sein, um auch die als schwer kategorisierten Touren glücklich erwandern zu können – schließlich verspürt man ja auch bei leichter Erschöpfung ein Gefühl der Zufriedenheit. Herausfordernde Wanderungen mit Gipfelanstiegen stehen Ihnen ebenso zur Verfügung wie relativ eben verlaufende Wege, sonnige Touren ebenso wie schattige durch den Pfälzerwald. Letztendlich empfindet jeder Wanderer eine andere Tour als anstrengend oder nicht, deshalb soll die hier vorgenommene Einteilung lediglich zur groben Orientierung dienen. Wenn Trittsicherheit und Schwindelfreiheit von Vorteil sind, ist dies erwähnt – solche Passagen lassen sich aber in der Regel umgehen. Alle Wanderungen sind Rundwege.

GEHZEITEN UND HÖHENANGABEN

Die auf den Infoseiten genannten Gehzeiten sind reine Gehzeiten, das heißt, ohne Pausen, Rast und Einkehr. Die genannten Höhenmeter resultieren aus meinen GPS-Daten.

ANFAHRT

Ausgangspunkt der Touren ist meist ein Wanderparkplatz, der gut erreichbar für Pkw liegt und in den allermeisten Fällen auch mit öffentlichen Verkehrsmitteln angefahren werden kann. Manchmal ist dann zum Startpunkt jedoch noch ein zusätzlicher Fußmarsch nötig.

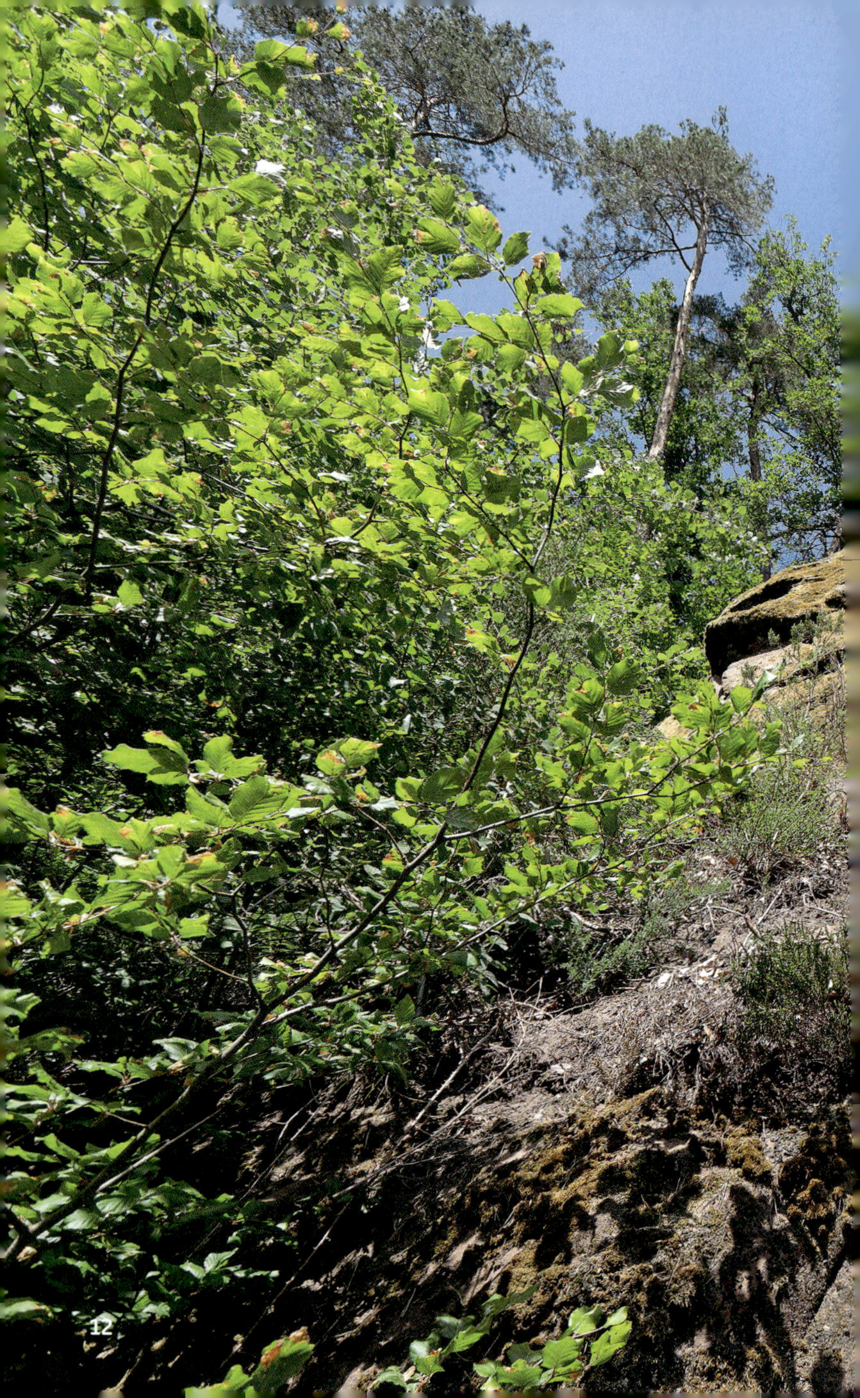

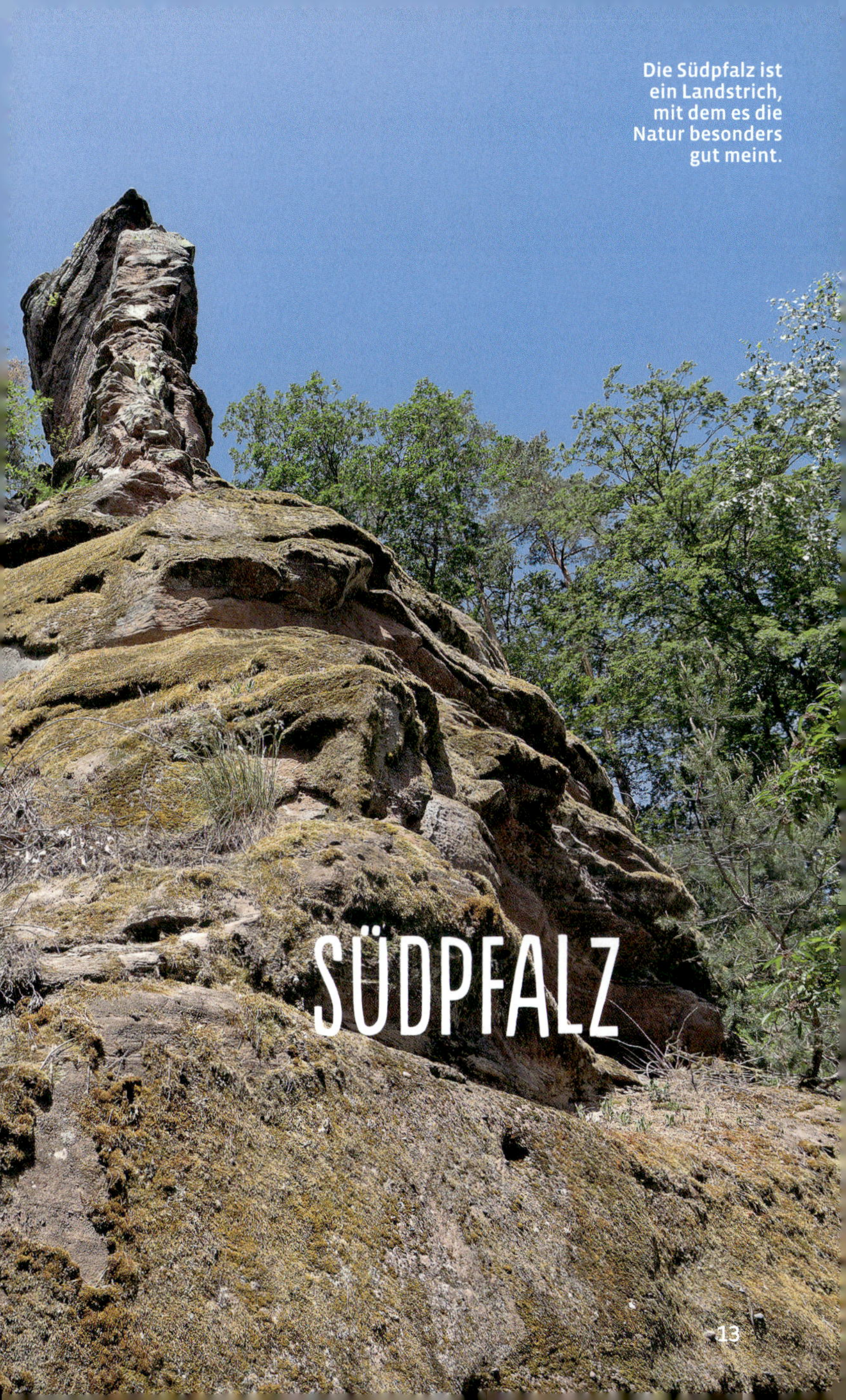

Die Südpfalz ist ein Landstrich, mit dem es die Natur besonders gut meint.

SÜDPFALZ

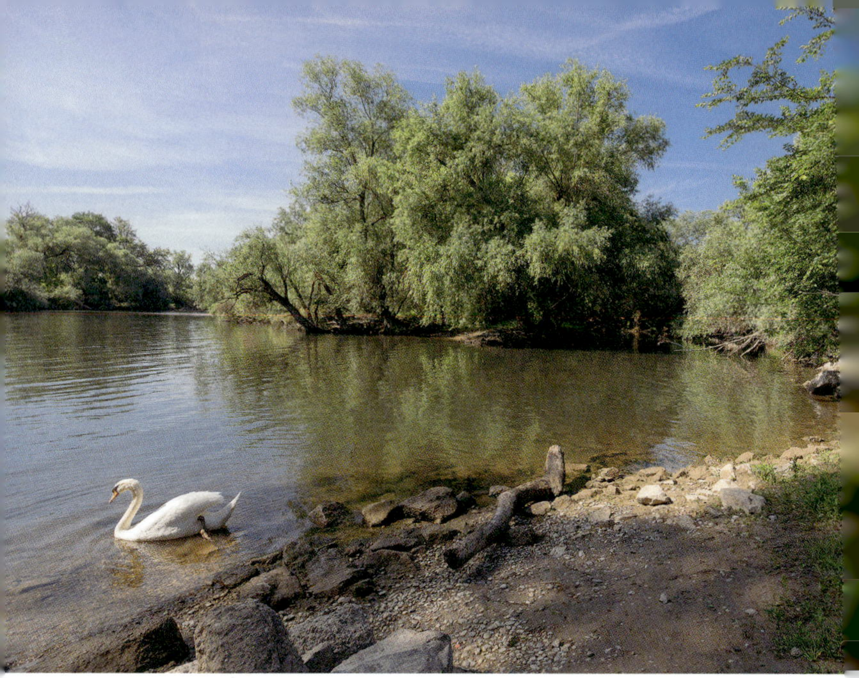

↑ Kontrastprogramm: See mit Badestrand … ↓ … und dichter Wald

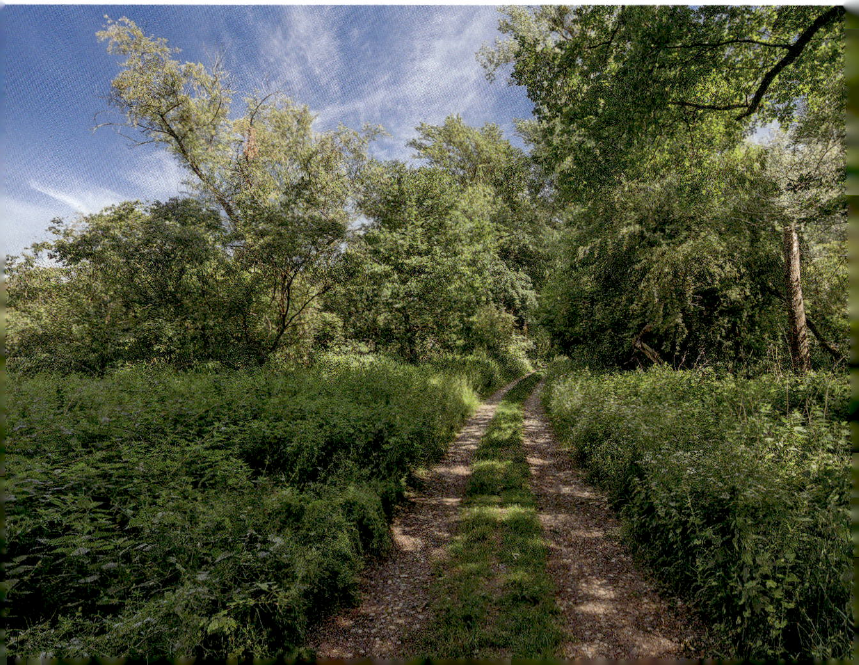

Tour für
TOUR 1
die Sinne

GOLDGRUND UND RHEINSTRAND

Rheinauentour durchs Naturschutzgebiet

Urwaldmäßig geht es zu im Auwald bei Maximiliansau. Was kein Wunder ist, denn vor Urzeiten stapften hier auch Waldelefanten und Wollnashörner herum. Die sind zwar ausgestorben, aber Biber, Eisvögel, Enten und andere Vogelarten sind auch heute noch da.

Der Goldgrund Wie kommt der Goldgrund zu seinem Namen? Tatsächlich wurde hier vermutlich im 19. Jahrhundert nach Gold gesucht, allerdings wurde nicht viel gefunden.

Grenzgebiet Südlich der Rheinbrücke befindet sich das Naturschutzgebiet auf der Grenze zwischen Rheinland-Pfalz und Baden-Württemberg. Schon am Parkplatz genießt man den Blick auf den altehrwürdigen Rhein – hier stehen viele Möglichkeiten für ein Vesper nach der Tour zur Wahl. Dabei kann man den Anglern zuschauen, die hier gemütlich ihrem Hobby nachgehen. Gleich am Startpunkt können wir unterhalb der Bäume, die je nach Wasserstand mitsamt ihren Ästen halb im Wasser stehen, Wasservögel beobachten – es tummeln sich Enten, Schwäne und Blesshühner. Dann geht es Richtung Süden und über eine Brücke in das Naturschutzgebiet, das aus einer Altrheinschlinge besteht.

Im Urwald Der breite, angenehme Weg führt durch die tiefen Rheinauen. An einer Kreuzung wenden wir uns nach Westen und bewundern das ganzjährig saftige Grün. Im Wasser schwimmt Totholz, die Szenerie ist surreal, aber wunderbar ursprünglich. Immer wieder reißt der Wald auf und gibt den Blick auf das Wasser der Altrheinauen frei, auf denen sich das Leben regt. Unser Weg führt auch geradewegs durch solche Wasserflächen; über einen Damm gelangen wir auf die südliche Seite des Rheinarms.

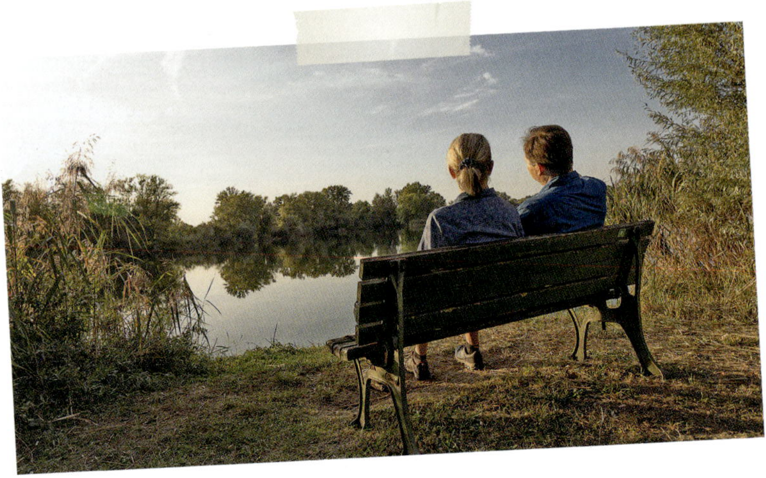

↑ Genussvolles Innehalten am Altrheinarm

Am Rhein Wir erreichen nach kurzer Zeit das Rheinufer und folgen dem Fluss in südliche Richtung und flussaufwärts mit Blick auf die Rheinschifffahrt. Ist man im Sommer unterwegs, kann man Nilgänse beim Nisten beobachten. Der südlichste Punkt unserer Tour ist schließlich ein kleiner See mit Badestrand, wo wir sogar ins Wasser hüpfen können! Alternativ wäre die Grünfläche der perfekte Platz für ein genussvolles Picknick.

Noch tiefer in die Rheinauen hinein Der Rückweg in nordwestliche Richtung verläuft nun durch dichten Wald und die Rheinauen. Alte Kähne, die wohl bei einem Hochwasser in den Wald gespült wurden, säumen unerwartet den Weg und liegen jetzt 30 Meter vom Wasser entfernt verlassen zwischen den Bäumen. Zurück auf dem Hauptweg gehen wir entlang eines Kanals.

Tipp

Am Ende der Tour gibt es die Möglichkeit zu einem Abstecher, von dem aus man direkt am Rheinufer die gesamte Altrheinschlinge betrachten kann. Vor 170 Jahren floss hier der Hauptfluss Rhein entlang. Besonders imposant ist der Blick (gen Osten) bei Sonnenauf- oder -untergang.

AUF EINEN BLICK

Tour 1: Tour für die Sinne

Dauer: 3 Std.

Höhenmeter: 30 Hm

Länge: 12 km

Schwierigkeit: Mittel

Tourencharakter: Längere Wanderung mit überwiegend gut begehbaren Wegen

Ausgangs-/Endpunkt: Parkplatz am Ende der Goldgrundstraße in Maximiliansau

Anfahrt: Pkw: Vom Wörther Kreuz aus nach Maximiliansau fahren und der Maximilianstraße, Eisenbahnstraße und Cany-Barville-Straße bis zur Goldgrundstraße folgen. Diese bis zum Ende (am Rheinufer) durchfahren.
Bahn/Bus: Stadtbahnen und Züge bis Bahnhof Maximiliansau-West, von dort 2,7 km langer Fußmarsch bis zum Startpunkt

Einkehr: Unterwegs keine, Restaurants im Ort Maximiliansau. Besondere Empfehlung: Die Gockelburg mit ihren knusprig frittierten Hähnchen hat Kultstatus in der Region!

Information:
www.pfalz-info.com/maximiliansau-essen-trinken-uebernachten

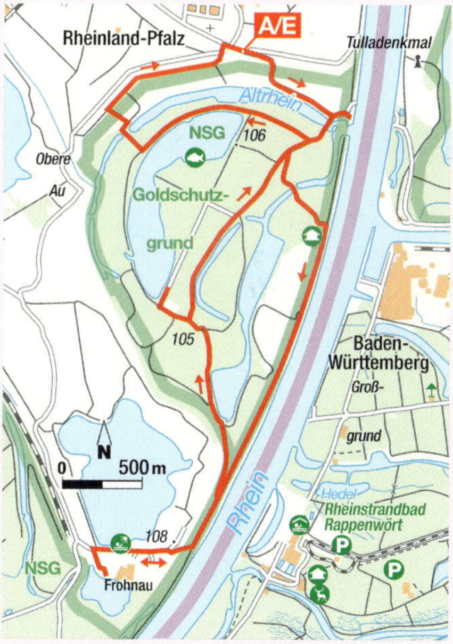

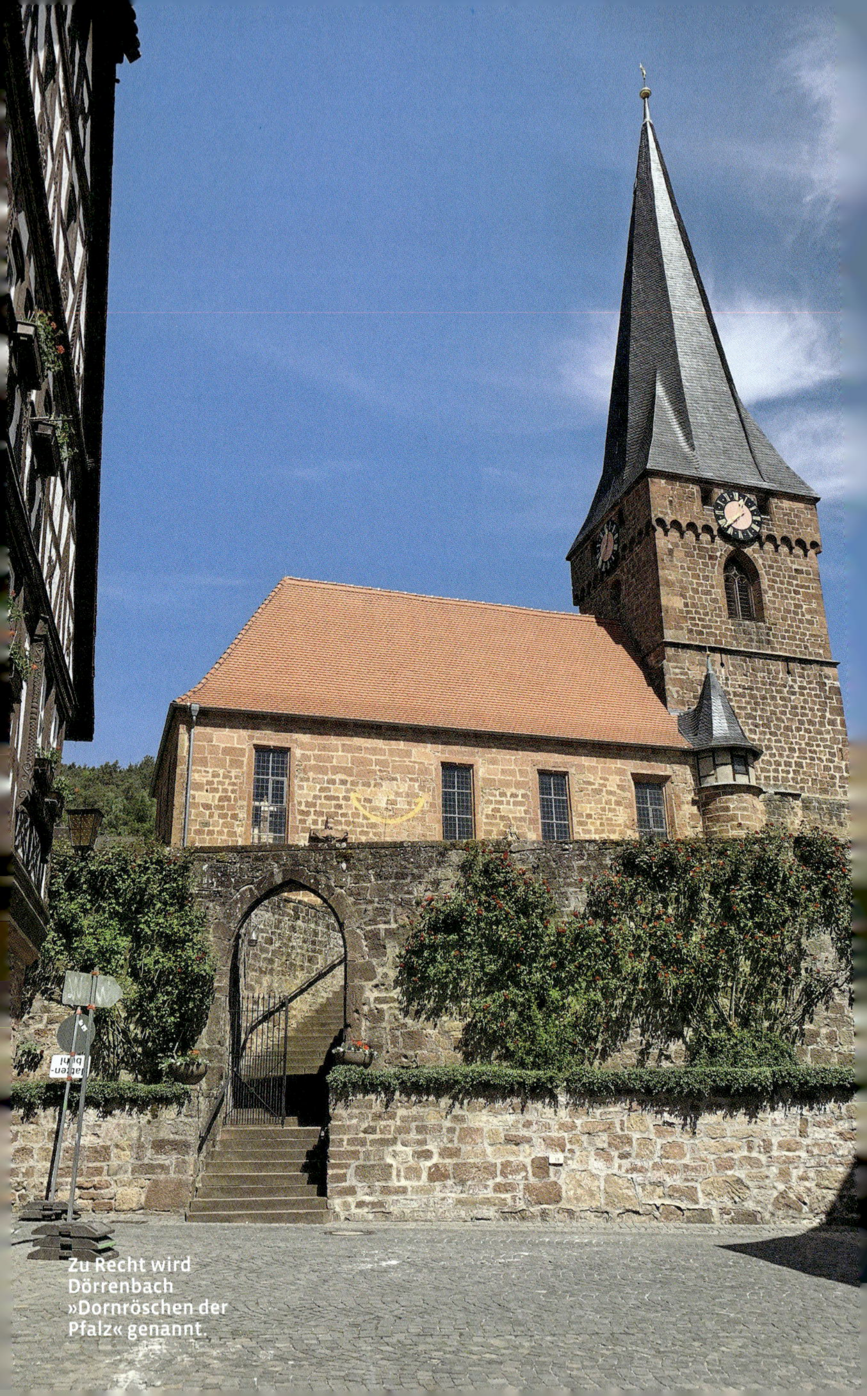

Zu Recht wird Dörrenbach »Dornröschen der Pfalz« genannt.

Tour für TOUR 2 den Genuss

DORNRÖSCHEN DER PFALZ

Märchenhafter Weg nach Dörrenbach

Dass diese Wanderung märchenhaft ist, liegt nicht nur an den Wegetappen auf dem Dörrenbacher Märchenweg, sondern auch an dem zauberhaften Ort Dörrenbach selbst (»Dornröschen der Pfalz« genannt) und an der verwunschen im Wald liegenden Kolmbergkapelle.

Startpunkt in der Kurstadt Los geht's in Bad Bergzabern, einer kleinen, etwas in die Jahre gekommenen Kurstadt, die an offene Badekuren vergangener Zeiten erinnert. Am Schwanenweiher geht es hinein in den Wald und schlagartig umgibt uns Stille. Wir orientieren uns an dem lilafarbenen Viertelfächer, das Symbol für den »Weg der Auszeiten«. Ein breiter Forstweg führt stetig bergan bis zur Geisbornquelle, einem verwitterten Stein mit Wasserquelle.

Ort der Stille Es zweigt ein schmaler Pfad zur Kolmbergkapelle ab, der beschaulich auf einer Lichtung gelegenen kleinen Wallfahrtskapelle »Zu unserer Lieben Frau«, die als eine der beliebtesten der Südpfalz gilt. Sie steht unter Denkmalschutz, wurde aber in 2020 umfangreich restauriert und erstrahlt jetzt in neuem Glanz. Ein Kreuzweg umgibt das einsam gelegene Gebäude. An einem neu gestalteten Picknickplatz lässt sich der friedvolle Ort besonders gut genießen.

Es wird märchenhaft Vorbei am Picknickplatz führt uns der Weg weiter Richtung Stäffelsbergturm, dem Umkehrpunkt der Wanderung. Nach einem weiteren beschaulichen Spaziergang durch den Wald erreichen wir zum ersten Mal eine Station des Dörrenbacher Märchenweges. Nun zeigt sich, wer bei den Gebrüdern Grimm aufgepasst hat: Wer weiß, ohne das Schild zu lesen, was das mit Mosaiksteinchen gestaltete Mädchen mit seiner Schürze auffängt? Hier wird nicht gespoilert – die Auflösung erfahren Wanderfreunde direkt auf dem Märchenweg!

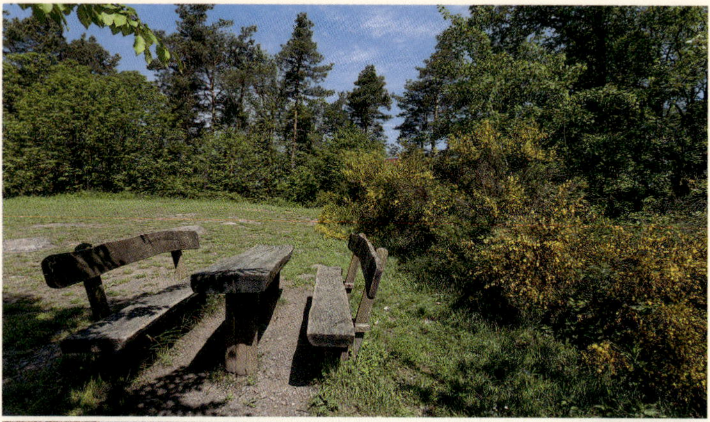

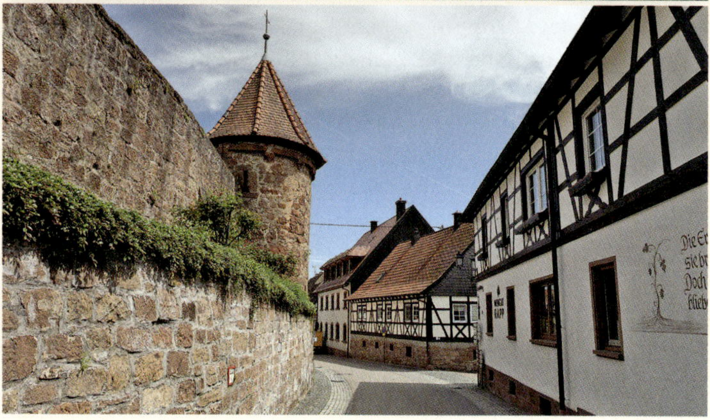

»Wisset die Wege;
beim Wandern wie im Leben.«

Hildegard von Bingen

Aussichtspunkt der Extraklasse Danach geht es knackig bergauf zum Stäffelsbergturm. Wer hier einen romantischen Aussichtsturm erwartet, wird enttäuscht. Aber als Aussichtspunkt ist das Plateau um den Turm fast nicht zu überbieten: Der 24 Meter hohe Aussichtsturm steht auf dem gleichnamigen Stäffelsberg, der selbst schon auf 481 Metern Höhe liegt. 120 Stufen führen auf die Plattform hinauf – von oben ist der Blick auf die Rheinebene, ins Elsass, in den Pfälzerwald und bei klarer Sicht sogar bis zum Schwarzwald und zu den Vogesen einfach atemberaubend. Wieder unten und mit festem Boden unter den Füßen, stehen einige lauschige Picknickbänke bereit, um den Blick und die Stimmung beim mitgebrachten Vesper angemessen zu genießen.

Zum Märchenort Nach diesem genussvollen Erlebnis marschieren wir einen schmalen Pfad bergab bis zu einer größeren Kreuzung. Wir nehmen Kurs auf Dörrenbach, dem Highlight der Wanderung. Ein Schild weist die Strecke dorthin mit 3,8 Kilometern aus. Wir passieren den Ritterstein »Am alten Bild«. Weiter folgen wir dem Märchenweg, betrachten die kunstvollen Inszenierungen der verschiedenen Märchen am Wegesrand und erreichen, steil bergab gehend, die historische Dorfmitte Dörrenbachs. Damit sind wir bereits mittendrin im bezaubernden Stadtkern der malerischen Pfalzperle. Schick restaurierte Fachwerkhäuser, die alte Stadtmauer mit Rundturm, das pittoreske historische Rathaus und die Wehrkirche St. Martin prägen das Bild des Dorfkerns.

Weinschorle Pfälzer Art Rund um das einladende Dorfzentrum laden schnuckelige Weingüter zur Einkehr ein. Unbedingt Zeit hierfür einplanen! Es ist die Krönung dieser wunderbaren Wanderung, hier mindestens einen Schoppen zu trinken. Wir kehren am Dorfbrun-

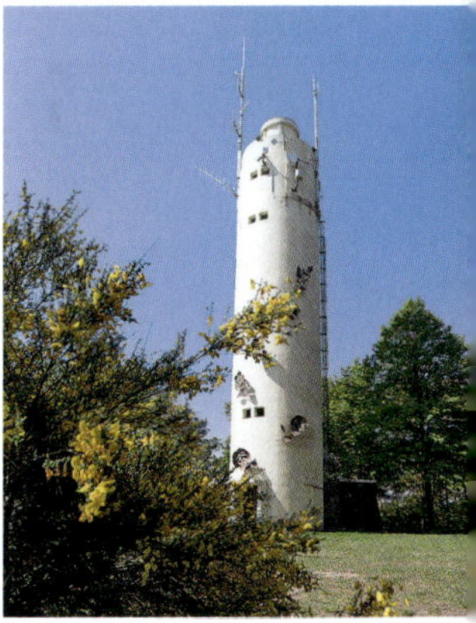

↑ **Rastplatz, umgeben von blühendem Ginster**
↓ **Romantischer Ort Dörrenbach**
→ **Aussichtsreich: der Stäffelsbergturm**

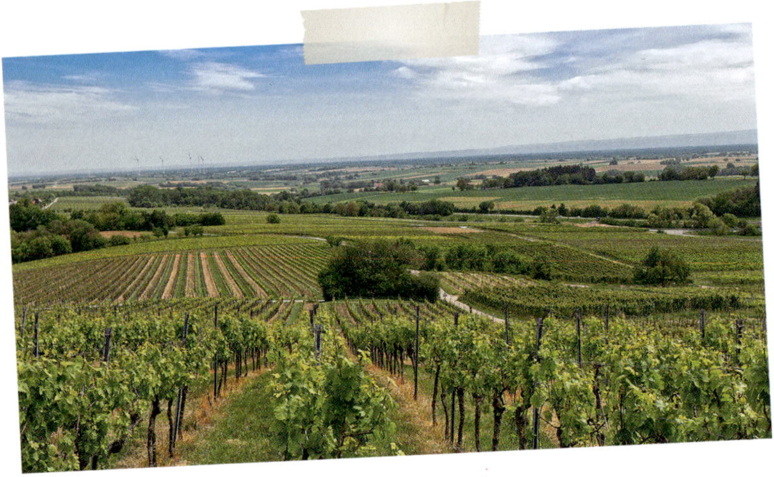

↑ Blick auf die Weinberge auf der Schlussetappe

nen beim Weingut CS Oerther ein, wo uns der Wirt fragt, ob wir eine badische oder eine Pfälzer Weinschorle haben wollen. Eine badische könne er sich allerdings nicht leisten, weil da mehr Wasser drin sei, und Wasser sei in der Pfalz teuer … Wir nehmen also die Pfälzer Variante, die entsprechend alkoholisiert ist!

Ausblick in die Weinberge In bester Stimmung geht es danach auf die Zielgerade zurück nach Bad Bergzabern. Über die Hauptstraße gelangen wir ins idyllische Dörrenbachtal. Es geht durch regenwaldähnliche Gefilde mit Farn, bevor wir mit schönen Ausblicken an den Weinbergen entlangwandern und so geradewegs zurückkehren nach Bad Bergzabern. Ein paar Bänke hoch über den Weinbergen mit wunderbaren Ausblicken laden noch einmal zum Verweilen ein.

Info

Bereits im Jahr 1470 wurde die Kolmbergkapelle zum ersten Mal urkundlich als Kapelle namens »Cellborn« erwähnt. Schon zu dieser Zeit gab es Wallfahrten zu dem stillen Ort am Südosthang des Kohlbrunnenberges.

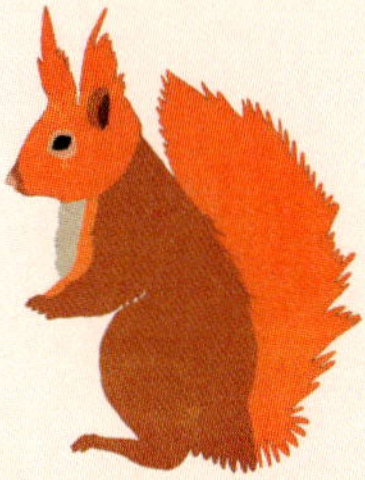

AUF EINEN BLICK

Tour 2: Tour für den Genuss

Dauer: 2.45 Std.

Höhenmeter: 270 Hm

Länge: 9,4 km

Schwierigkeit: Mittel

Tourencharakter: Mittelschwere Wanderung mit Höhenmetern vor allem beim ersten Teil des Weges

Ausgangs-/Endpunkt: Parkplatz am Kurpark in Bad Bergzabern (Kneippstraße an der B427)

Anfahrt: **Pkw:** Über die B427 nach Bad Bergzabern und durch den Ort Richtung Westen hindurch, bis links die Kneippstraße abbiegt. Dieser bis zum Parkplatz folgen.
Bahn/Bus: Mit Bus oder Bahn bis Bad Bergzabern Bahnhof, dann 1,7 km bis zum Startpunkt

Einkehr: Diverse Weingüter in Dörrenbach, zum Beispiel das Weingut CS Oerther

Information: www.doerrenbach.de

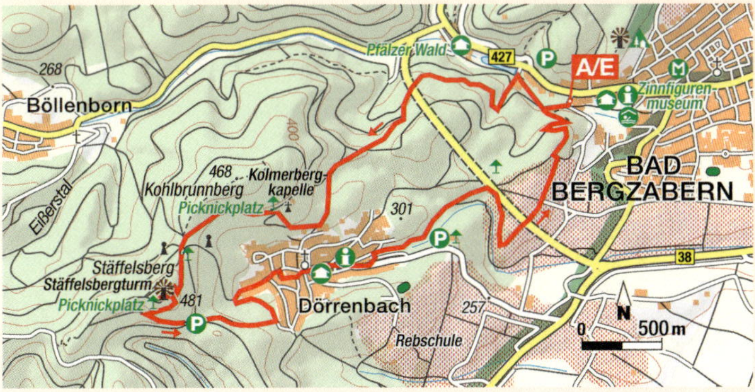

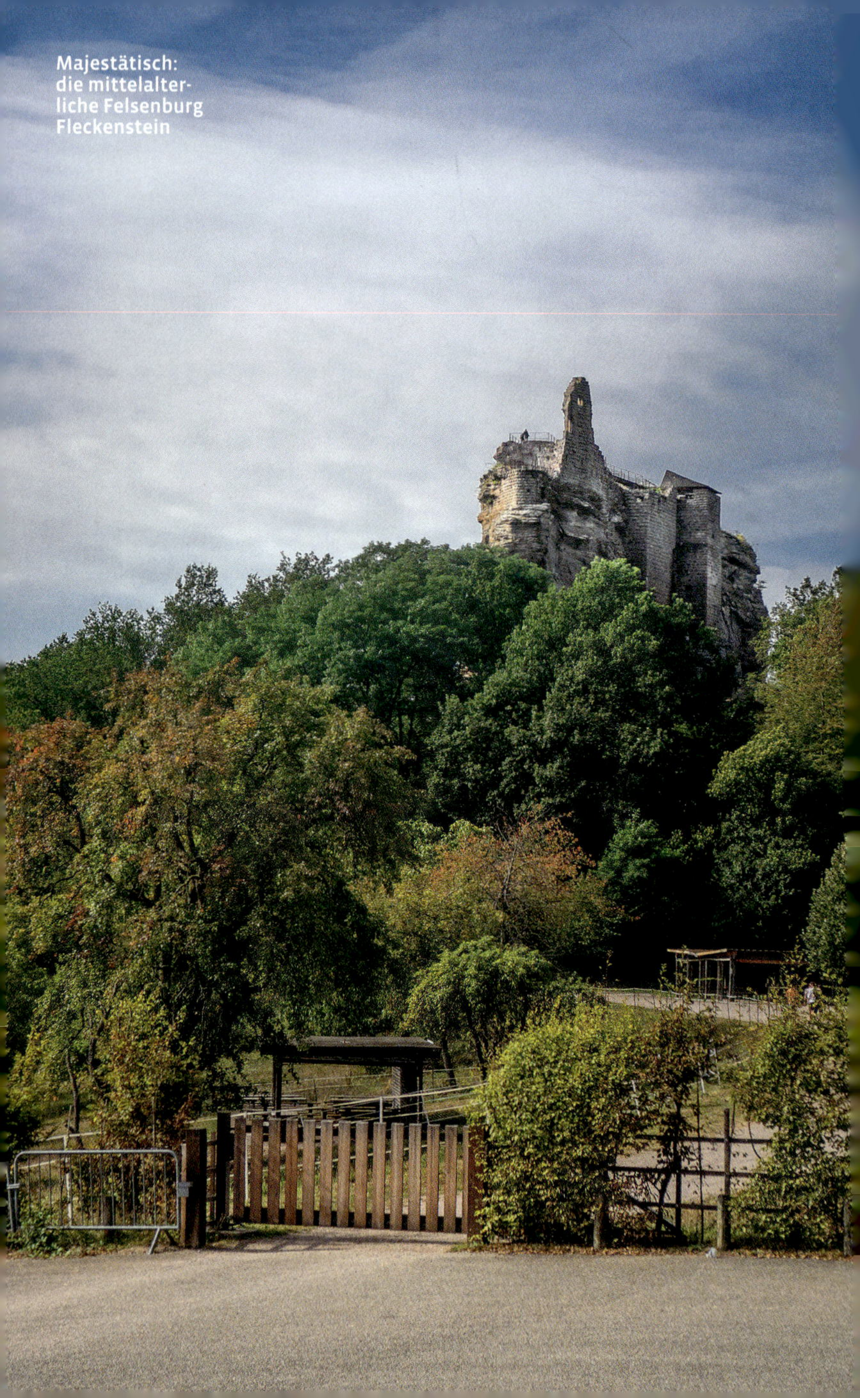

Majestätisch: die mittelalterliche Felsenburg Fleckenstein

Tour

TOUR 3

ohne Uhr

VIERMAL BURGRUINE MIT AUSBLICK

Deutsch-französische Burgentour

Entspannt von Burg zu Burg wandern, je nach Kondition und Laune entscheiden, wie viele Burgen man stürmen möchte, ansonsten die Natur und den Pfälzerwald genießen – so wandert man sich auf der Vier-Burgen-Tour glücklich. Das Besondere: Die Tour pendelt ständig zwischen Deutschland und Frankreich hin und her.

Nur die Ruhe Die Vier-Burgen-Tour ist ein Klassiker im südlichen Pfälzerwald und deshalb nicht gerade ein Geheimtipp. Umso wichtiger ist es, dass man einfach die Zeit ausblendet und sich auf den Weg macht, voller Vorfreude auf tolle Ausblicke, geheimnisvolle Burgruinen und mächtige Felstürme. Unsere Wegmarkierung ist eine schwarze Burg auf weißem Untergrund. Die erste Burg lässt dann auch nicht allzu lange auf sich warten.

Burg Fleckenstein Die erste Burg im Bunde ist gleich etwas Besonderes, weil man sie besichtigen kann und sie ein Museum beherbergt. Nachdem wir an einer Spitzkehre und am offiziellen Parkplatz der Burgruine Fleckenstein geparkt haben (wir befinden uns hier auf französischem Boden), tauchen wir in den Wald ein und erreichen schon kurz darauf das Besucherzentrum der Burg. Hier erhält man die Eintrittskarten für einen Besuch der Burg, die man entweder individuell oder im Rahmen einer Führung besichtigen kann. Am Besucherzentrum gibt es das Café des 4 Châteaux mit kalten und warmen Gerichten, hausgemachtem Kuchen und Eis sowie jede Menge überdachte Picknickplätze. Man kann – auch ohne Lösen einer Eintrittskarte – die Burg über den Burgrundweg bestaunen (und es ergeben sich auch später noch schöne Ausblicke zurück auf die Burg Fleckenstein). Die Burg Fleckenstein ist eine mittelalterliche Burg im Elsass, die als Festung in den riesigen Sandsteinfels gehauen wurde. Sie hatte den Ruf eines

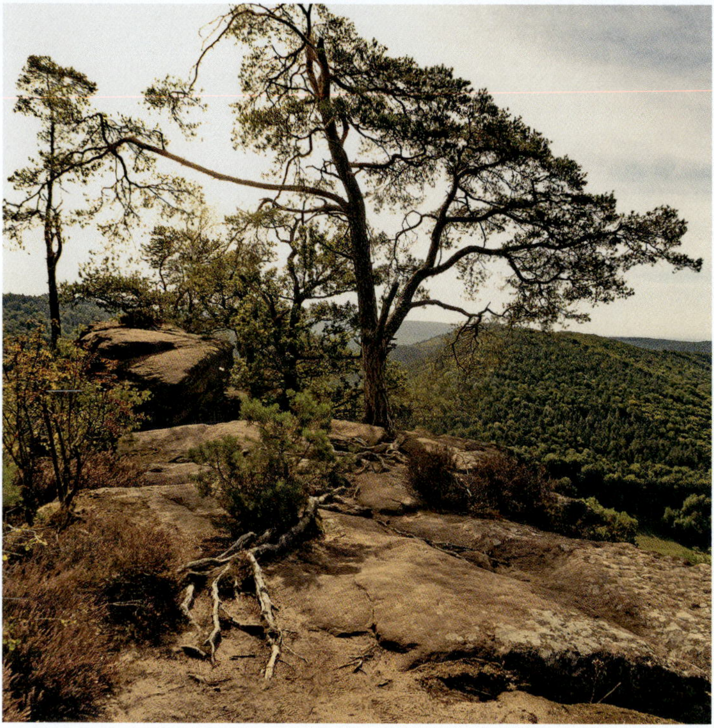

»Der Sinn des Reisens ist es,
an ein Ziel zu kommen,
der Sinn des Wanderns,
unterwegs zu sein.«

Theodor Heuss

uneinnehmbaren Adlernestes und blieb so lange unbezwungen, bis sie 1680 den Armeen von Ludwig XIV. in die Hände fiel.

Sentier des Roches Vom Besucherzentrum geht es schließlich weiter, dem Weg »Sentier des Roches« folgend hinauf zum Langenfels. Dieser Fels erstreckt sich auf dem Bergrücken des Anstieges und säumt den steinigen Pfad. Nach hinten erhascht man die versprochenen Blicke auf die Burg Fleckenstein. Und vor uns können wir schon voll Vorfreude auf den Gimbelhof blicken, wo wir gegen Ende der Tour einkehren werden. Wir winden uns durch das felsige Labyrinth, bleiben an dem einen oder anderen gewaltigen Felsturm stehen, spicken durch Spalten hindurch oder blicken in Höhlen hinein. Wir haben ja Zeit …

Ruine Loewenstein und Hohenbourg Immer weiter geht es bergauf und wir erreichen schließlich den Sattelpunkt Col de Hohenbourg. Er kennzeichnet eine große Kreuzung im Wald, an der wir die zweite Möglichkeit nach rechts wählen. So gelangen wir zum Krappenfels und sind überwältigt von einer traumhaften Aussicht! Zurück vom Fels, zweigt sofort nach rechts ein Weg ab, dem wir weiter steil bergauf folgen und nur wenige Schritte später die Ruine Loewenstein erreichen. Die Ruine einer Felsenburg auf französischem Terrain thront in 530 Metern Höhe und ist als historisches Denkmal klassifiziert. Über eine Stahltreppe erreichen wir den Aussichtsfels, der von einem Geländer umgeben ist. Nach diesem aussichtsreichen Genuss folgt unmittelbar die Hohenbourg, ebenfalls eine Felsenburg. Sie stammt aus dem 13. Jahrhundert und bietet einen fantastischen Blick vom Burgfels aus über die Pfalz, das Elsass und bei klarem Wetter über die Oberrheini-

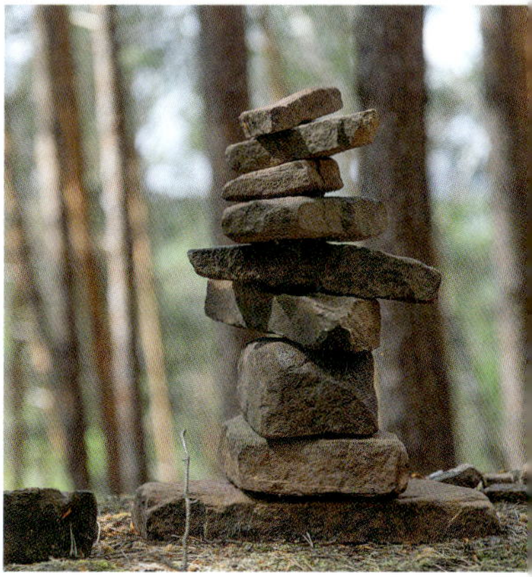

← **Immer wieder schöne Ausblicke**
→ **Steinmännchen weisen den Weg.**

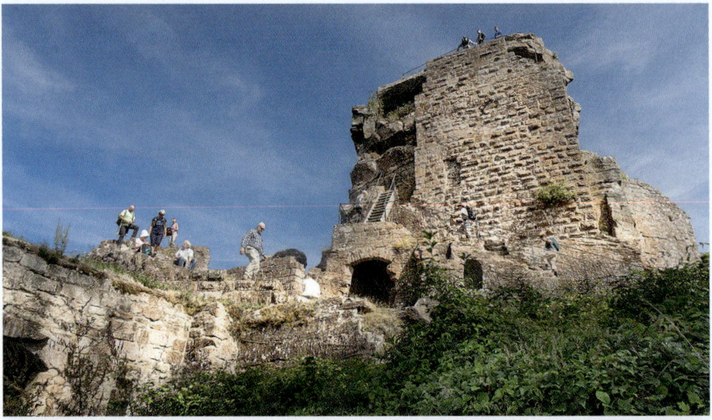

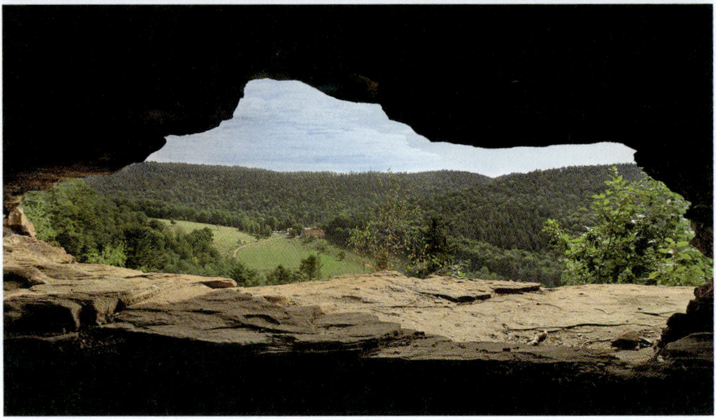

»Die größte Sehenswürdigkeit,
die es gibt, ist die Welt – sieh sie dir an!«

Kurt Tucholsky

sche Tiefebene bis nach Karlsruhe. Wir erkunden verwinkelte Ecken der alten Festungsanlage.

Abstecher nach Deutschland Nun steigen wir hinab zum Maidenbrunnen, wo die Grenze zwischen Frankreich und Deutschland verläuft. An dieser Stelle entscheiden wir, ob es eine Drei- oder Vier-Burgen-Tour wird. Der Abstecher zur Burgruine Wegelnburg und nach Deutschland beträgt ab hier 600 Meter einfache Wegstrecke. Es ist eine als Reichsburg errichtete, imposante Anlage mit Resten von Toren, Gebäuden, Felskammern und Ringmauern, die langgestreckt auf einem Berggrat liegt und aufgrund ihrer Höhenlage auf 572 Metern (es ist die höchstgelegene Burganlage der Pfalz) einen unvergleichlichen Panoramablick bietet. Die in den letzten Jahren frisch restaurierte Burg kann besichtigt werden.

Besonders schöne Einkehr An der Wegelnburg befindet sich der Umkehrpunkt der Wanderung. Es geht zurück zum Col de Hohenbourg und einen Weg nach dem Abzweig zum Krappenfels links hinunter, wo wir Kurs auf die Ausflugsgaststätte Gimbelhof nehmen. Dabei passieren wir bemalte Buntsandsteinskulpturen mit Rittermotiven. In dem Selbstbedienungsrestaurant mit französischer Gastronomie und einem tollen Biergarten können wir die Tour entspannt ausklingen lassen und die erwanderten Burgruinen gedanklich noch einmal in aller Ruhe Revue passieren lassen: bei einem Flammkuchen, einem Eintopf oder auch bei Kaffee und Kuchen – es lockt alles, was das Herz begehrt. Im rustikalen Innenbereich gibt es Service am Tisch und Essen à la Carte.

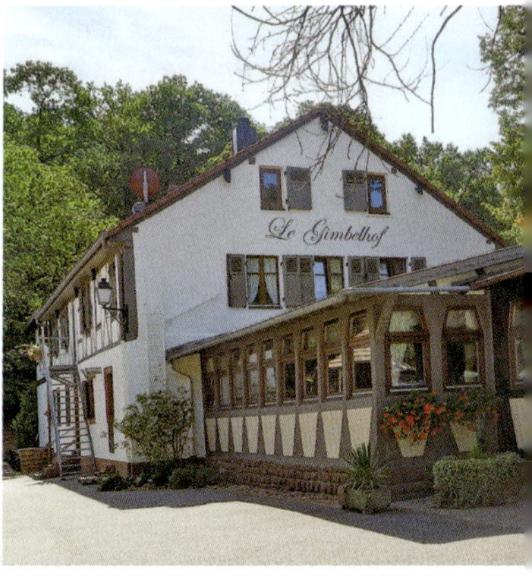

↑ **Die Hohenbourg folgt als dritte Burg.**
↓ **Ausblick durch einen Felsschlitz**
→ **Die Belohnung gibt's im Gimbelhof.**

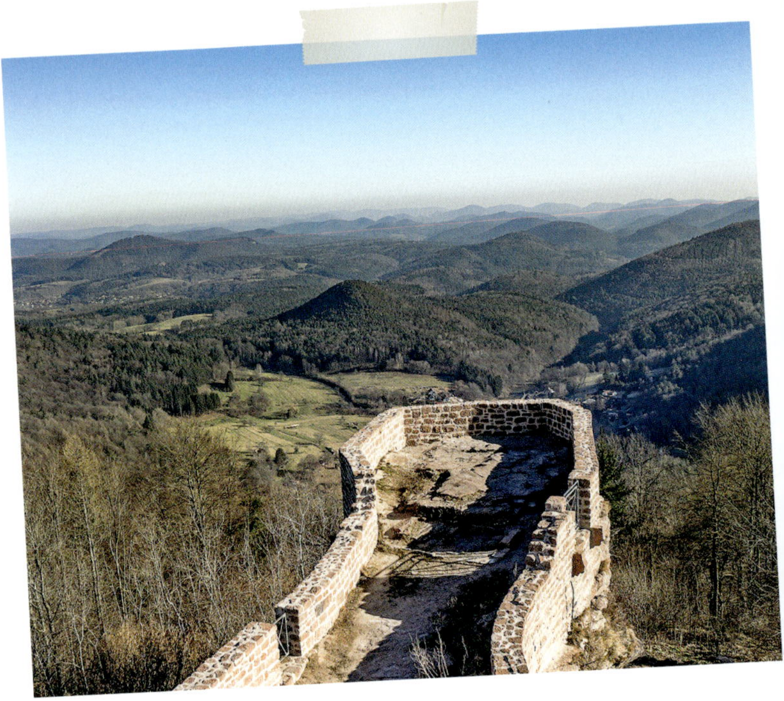

↑ Spektakuläre Aussicht von der Wegelnburg

Der Kreis schließt sich Vor der Ausflugsgaststätte knickt der Weg nach rechts ab und präsentiert noch einmal einen Blick auf die Burg Fleckenstein, die erste der vier Burgen, bevor wir kurze Zeit später wieder den Parkplatz erreichen.

Tipp

Wer nur drei Burgen erwandern möchte, kehrt am Maidenbrunnen um und hat damit die Wegelnburg und 1,2 Kilometer ausgespart (dann insgesamt 6,2 Kilometer). Alle anderen marschieren am Brunnen nach Deutschland zur imposanten Burgruine Wegelnburg, der höchstgelegenen Burganlage der Pfalz.

AUF EINEN BLICK

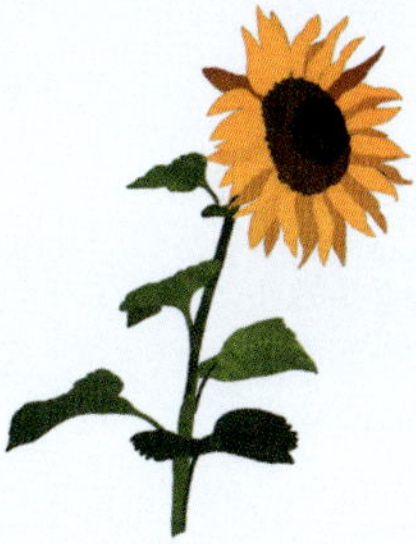

Tour 3: Tour ohne Uhr

Dauer: 2.30 Std.

Höhenmeter: 250 Hm

Länge: 7,4 km

Schwierigkeit: Mittel

Tourencharakter: Knackige, auch längere Anstiege, felsige Pfade, aber alles problemlos machbar

Ausgangs-/Endpunkt: Parkplatz der Burg Fleckenstein, Frankreich (in einer Spitzkehre)

Anfahrt: **Pkw:** Aus Richtung Dahn/B427 Richtung Schönau (Pfalz) fahren, bei Hirschthal nach Frankreich und am Étang du Fleckenstein links fahren bis zum Parkplatz

Einkehr: Café des 4 Châteaux, Hôtel-Restaurant Gimbelhof

Information: www.fleckenstein.fr/de, www.gimbelhof.com

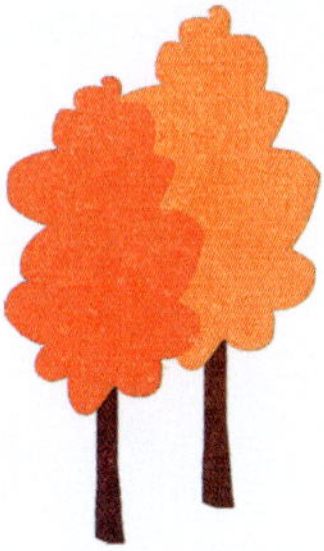

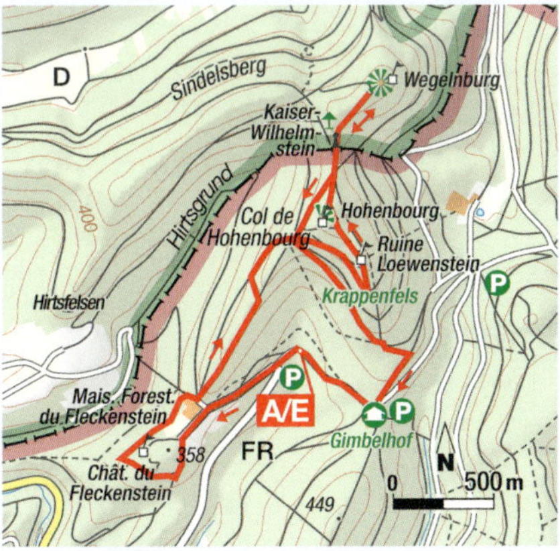

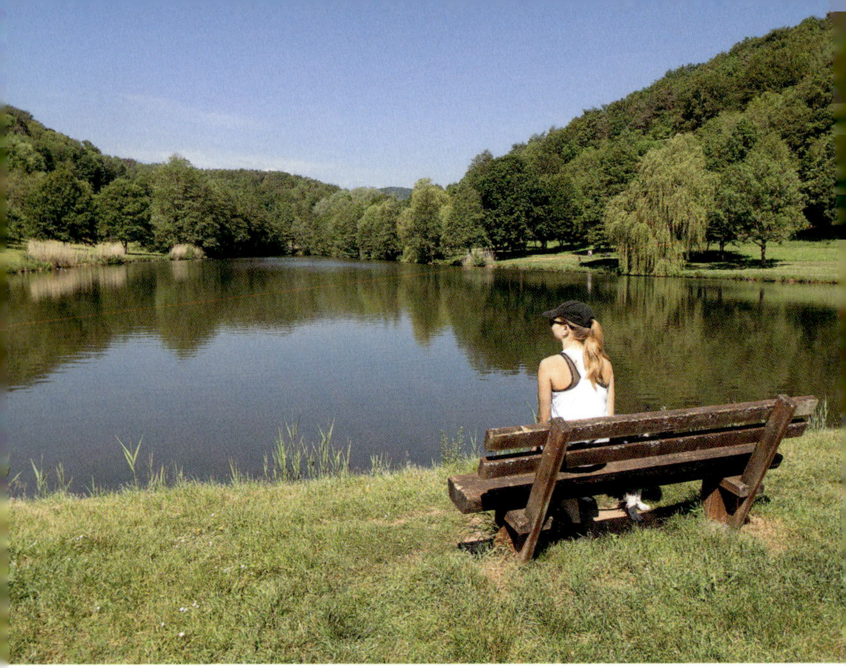

↑ Startpunkt der Wanderung ist der Silzer See. ↓ Aussicht vom Schweinsfels

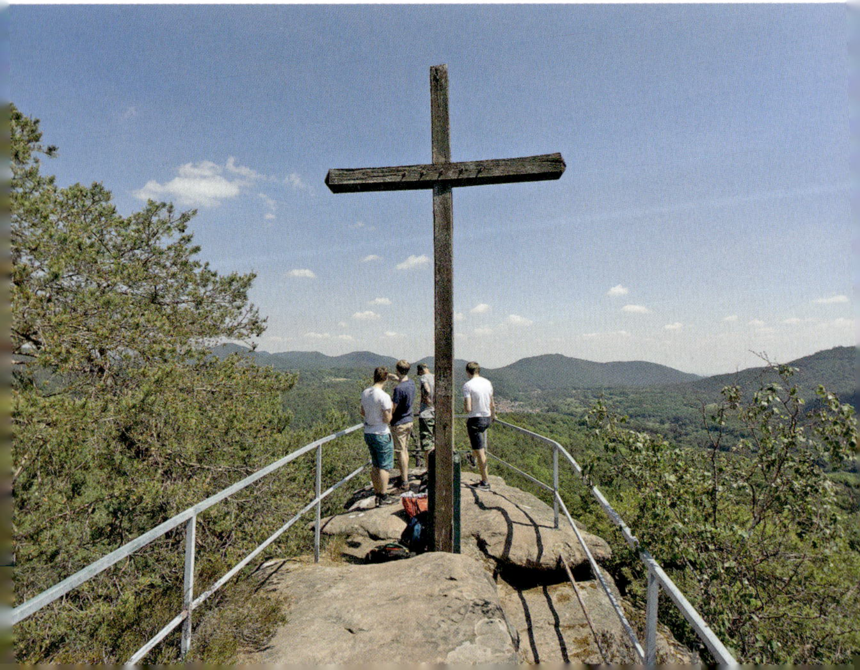

Tour für TOUR 4 die Sinne

SEE IN EINEM TRAUMHAFTEN TAL

Vom Silzer See zu diversen Aussichtsfelsen

Friedvoller kann der Auftakt einer Wanderung nicht sein: Der Silzer See liegt eingeschmiegt in ein Tal und rund um seine Ufer laden herrliche Wiesen und mit Bedacht aufgestellte Bänke zum Träumen ein. Sich loszureißen ist schwierig, aber lohnt sich trotzdem ...

Ausspannen und genießen Es ist erfreulich, dass der Silzer See Start- und Endpunkt der Wanderung ist, denn so fällt es leichter, sich aus dieser Idylle zu lösen – wir kommen ja auf dem Rückweg wieder hier vorbei! Der vom Klingbach aufgestaute Silzer See ist ein Naherholungsgebiet, kein Wunder also, dass Leute hierherkommen, auf der Wiese oder unter den Bäumen liegen und einfach nur genießen. Motiviert durch die verträumte Stimmung, wenden wir uns am rechten Seeufer entlang gegen den Uhrzeigersinn talaufwärts.

Cramerhaus mit Einkehr Zunächst geht es etwa dreieinhalb Kilometer leicht bergauf durch den Wald. Dann erreichen wir unterhalb der Burgruine Lindelbrunn das Cramerhaus Lindelbrunn, eine Waldgaststätte mit Gastronomie, Biergarten und Gästezimmern. Die Einkehrmöglichkeit liegt relativ mittig auf der Strecke, sodass nichts gegen eine Stärkung zur Halbzeit spricht. Ein Abstecher würde uns nun zur Burgruine Lindelbrunn bringen.

Felsenreich Ansonsten ist das Cramerhaus der Umkehrpunkt unserer Wanderung. Nun folgen einige außergewöhnliche Felsgebilde, zwei davon sind etwas ganz Besonderes: Eineinhalb Kilometer nach dem Cramerhaus gelangen wir zum Kellerfels, der oft im Schatten des nachfolgenden berühmteren Schweinsfels steht. Das liegt wohl daran, dass der Kellerfels kein Aussichtsfels ist, dafür aber eine interessante Formation mit großer Öffnung zum Durchgucken und Hindurchgehen hat.

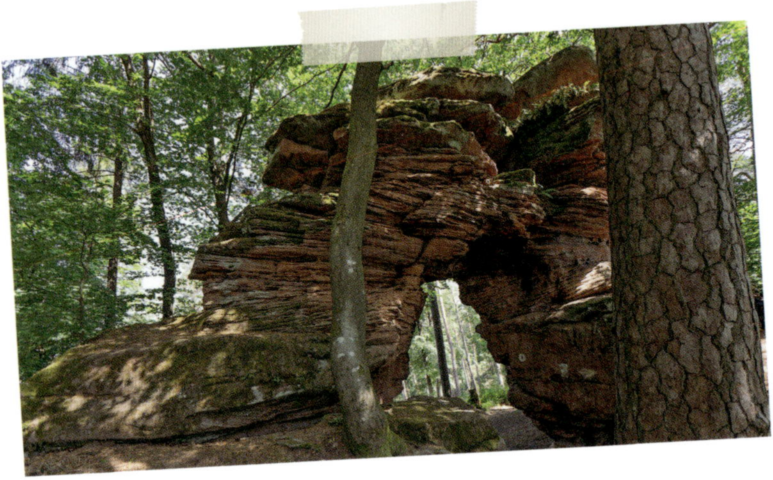

↑ **Der Kellerfels ist ein Felsenriff mit Felsentor**

Stairway to Heaven Als nächstes folgt die Attraktion der Wanderung, der Schweinsfels. Auf die Aussichtskanzel des Felsturms auf 24 Metern Höhe gelangt man über eine luftige Leiter – 45 Stufen sind zu bewältigen, die im Himmel zu enden scheinen, bevor man für den Wagemut mit einem spektakulären Panoramablick belohnt wird!

Silzer See, die Zweite Nach dem Abenteuer Schweinsfels geht es in kurzen Serpentinen bergab. Es folgt eine weitere Wegvariante, nämlich der Abstecher zum südlichen Schweinsfels, der hin und zurück eineinhalb Kilometer lang ist. Zurück im Klingbachtal wandern wir diesmal entlang des anderen Seeufers, erreichen so wieder den Startpunkt der Wanderung und können genussvoll entspannen.

Tipp

Die Wanderung kann man mit einem Abstecher ab dem Cramerhaus mit 1,5 Kilometern mehr und 90 Höhenmetern zur Burgruine Lindelbrunn erweitern. Und/oder nach dem Schweinsfels noch den südlichen Schweinsfels erwandern, dieser Abstecher ist ebenfalls 1,5 Kilometer lang.

AUF EINEN BLICK

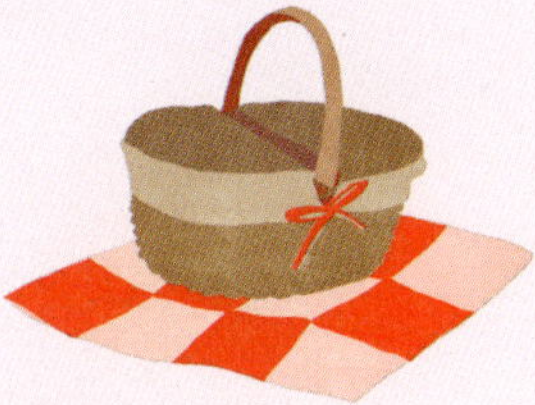

Tour 4: Tour für die Sinne

Dauer: 2.30 Std.

Höhenmeter: 210 Hm

Länge: 8,1 km

Schwierigkeit: Leicht bis mittel

Tourencharakter: Hohe Leiter und Aussichtsplattform des Schweinsfels bei Höhenangst nicht geeignet, ansonsten gut machbare Wanderung

Ausgangs-/Endpunkt: Parkplatz bei den Tennisplätzen des SV Silz

Anfahrt: **Pkw:** Die B48 bis Klingenmünster fahren, dann Richtung Silz über Steinstraße, L493 und Hauptstraße. Nach dem Friedhof in Silz rechts abbiegen zum SV Silz
Bahn/Bus: Mit dem Bus 531 von Klingenmünster Rathaus nach Silz Ortsmitte

Einkehr: Cramerhaus Lindelbrunn

Information: www.cramerhaus.de, www.pfalz.de/de/burgruine-lindelbrunn-bei-vorderweidenthal, www.palzpix.de/schweinsfels.html

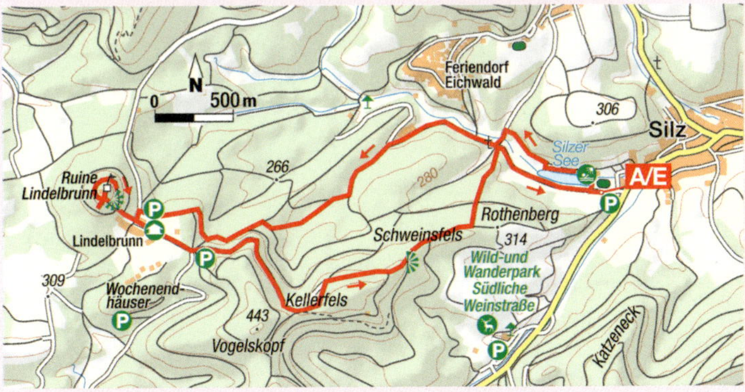

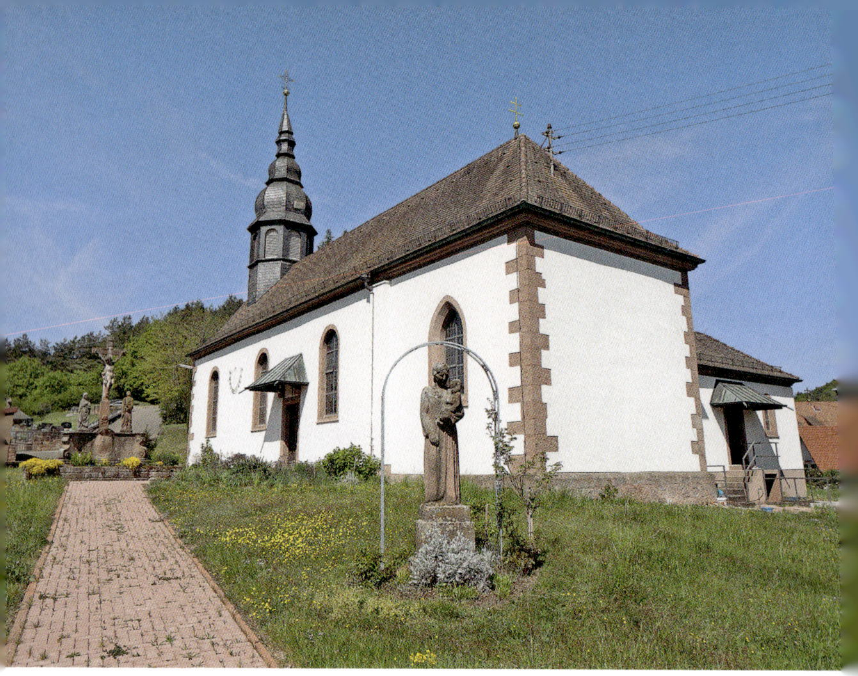

↑ Wir starten im schnuckeligen Ort Waldhambach. ↓ Die Madenburg

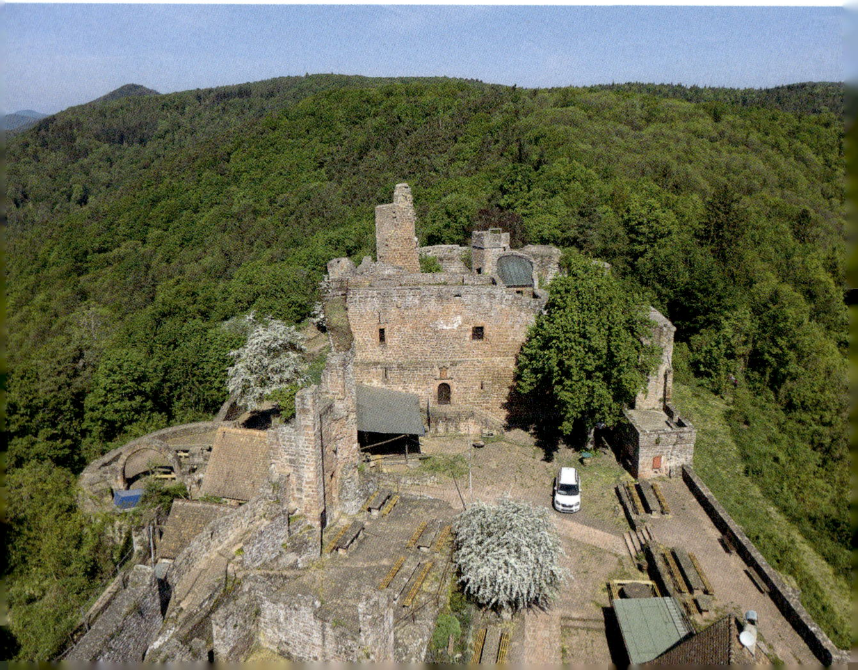

ZEITREISE INS MITTELALTER

Tour
TOUR 5
der Stille

Zur Ruine Madenburg

Trotz einer großen Menge an Burganlagen in der Pfalz thront die Madenburg wie kaum eine andere Burg am Rand der Pfälzer Berge und bietet einen sagenhaften Ausblick auf die Weinberge der Vorderpfalz. Mit ihren stolzen Maßen (180 Meter lang und 50 Meter breit) ist sie zudem höchst beeindruckend.

Aufstieg entgegen dem Mainstream Die meisten Besucher bezwingen die Madenburg auf dem direkten, steilen Weg von der Rheinebene aus. Da wir aber nicht »die meisten Besucher« sind, fahren wir etwas tiefer in den Pfälzerwald hinein bis zu dem schnuckeligen Örtchen Waldhambach. Es ist das erste Highlight der Wanderung. Entlang von Pferdekoppeln wandern wir ins Waldbachtal, dem wir bis zum Sattelpunkt zwischen Rehberg und Wetterberg folgen. Unterwegs im Wald passieren wir künstlich angelegte Fischweiher und längst verlassene Anglerheime.

Auf dem Cramerpfad Am Sattel folgt der Cramerplatz mit dem Rittertein (ab hier Wanderzeichen schwarzer Punkt auf weißem Grund) und im Anschluss startet der wunderschöne Cramerpfad, der auf einer Länge von zwei Kilometern auf einem ebenen Weg entlang des Wetterberges zur Madenburg führt. Der Cramerpfad ist deshalb so schön, weil er zu jeder Jahreszeit ein Erlebnis ist, denn er ist perfekt angelegt und vermittelt mit seiner fast schon unspektakulären Art ein tiefes Gefühl von Ruhe.

Highlight Burg Die Stille endet abrupt mit Erreichen des offiziellen Parkplatzes der Madenburg, der sich am Ende der Fahrstraße durch das Löwental befindet. Nach dem Pieta-Häuschen, einer winzigen Waldkapelle, geht es direkt hinauf zur Burg. Natürlich ist auf der Burg etwas mehr los, aber sie ist so imposant und scheint direkt aus dem Mittelalter zu stammen, sodass man diesen Umstand gerne vernachlässigt. In der Burgschänke kann

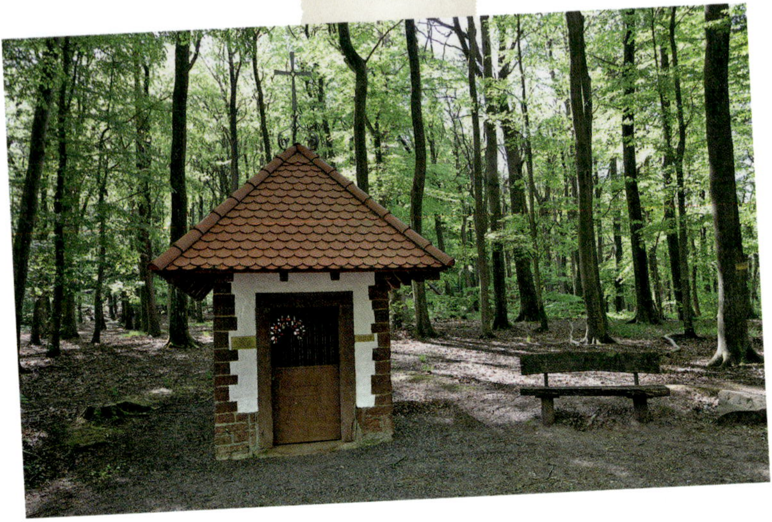

↑ **Das Pieta-Häuschen ist eine winzige Waldkapelle.**

man einkehren, sich stärken und den Ausblick genießen. Die Burganlage aus dem 11. Jahrhundert hatte im Laufe der Jahrhunderte viele verschiedene Eigentümer, wurde sogar von König Ludwig XIV. beansprucht und ist seit 1870 im Besitz des Madenburgvereins, der sie auch umfangreich sanieren ließ. Eine ständige Ausstellung zeigt die Entstehungsgeschichte.

Abstieg von der Burg Nach Besichtigung, Rast und Fernblick geht es südlich um den Rothenberg herum zum Parkplatz und danach dem Wanderzeichen gelb-grüner Balken folgend den Berg hinab, vorbei an Brunnen und Gedenksteinen, bis zum Ausgangspunkt nach Waldhambach.

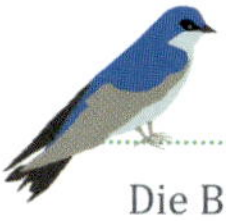

Info

Die Burganlage kann nur während der Öffnungszeiten der Burgschänke besichtigt werden. Das ist von April bis Oktober täglich außer montags von 10.30 bis 20 Uhr der Fall und von November bis März täglich außer montags und dienstags von 11.30 bis 18 Uhr.

AUF EINEN BLICK

Tour 5: Tour der Stille

Dauer: 3 Std.

Höhenmeter: 310 Hm

Länge: 9,7 km

Schwierigkeit: Mittel

Tourencharakter: Teilweise steile Anstiege und schmale Pfade, insgesamt aber leicht begehbar

Ausgangs-/Endpunkt: Kleiner Parkplatz oberhalb des Friedhofes

Anfahrt: **Pkw:** Von der A65 die Ausfahrt 17 Landau-Süd nehmen. Der B38 folgen, durch Eschbach fahren, danach rechts abbiegen auf B48, bis in Waldhambach nach rechts die Hauptstraße abzweigt
Bahn/Bus: Von Godramstein Bahnhof (Landau) mit der Regionalbahn nach Albersweiler Bahnhof, dann mit dem Bus 524 Richtung Klingenmünster nach Waldhambach Ort

Einkehr: Burgschänke Madenburg

Information: www.madenburg-pfalz.de

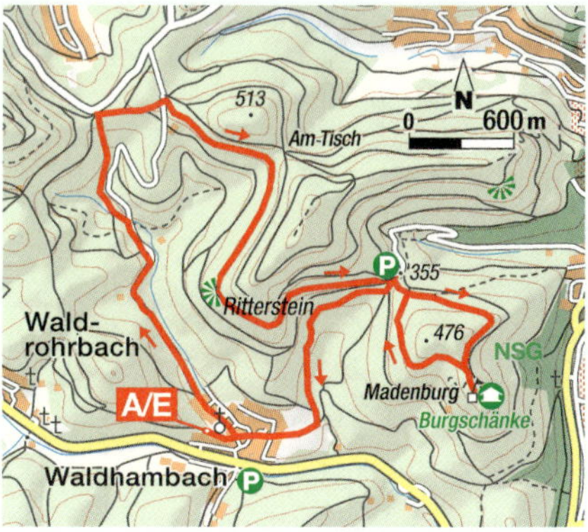

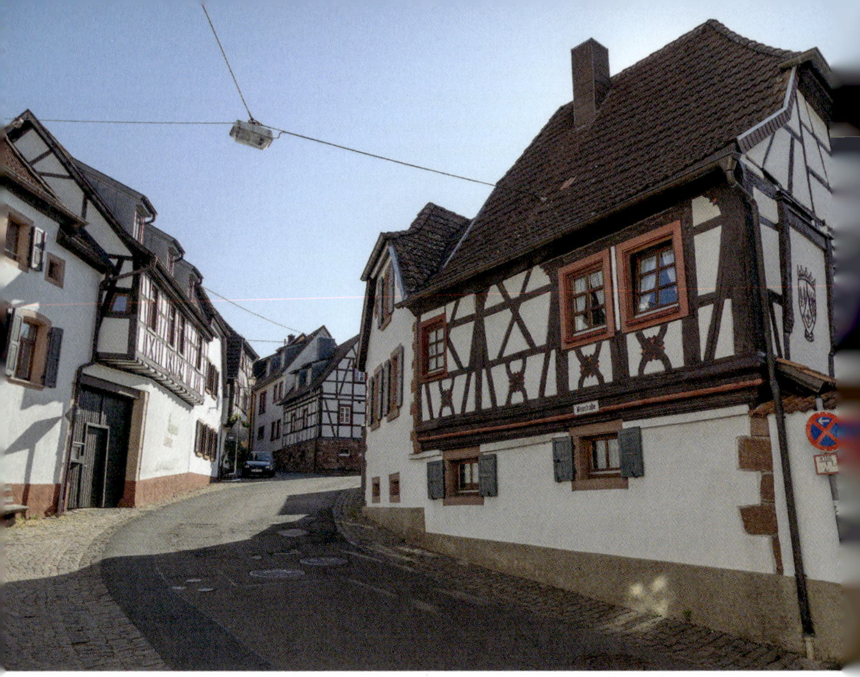

↑ Viel Fachwerk in Leinsweiler ↓ Gruselatmosphäre auf dem Slevogt-Friedhof

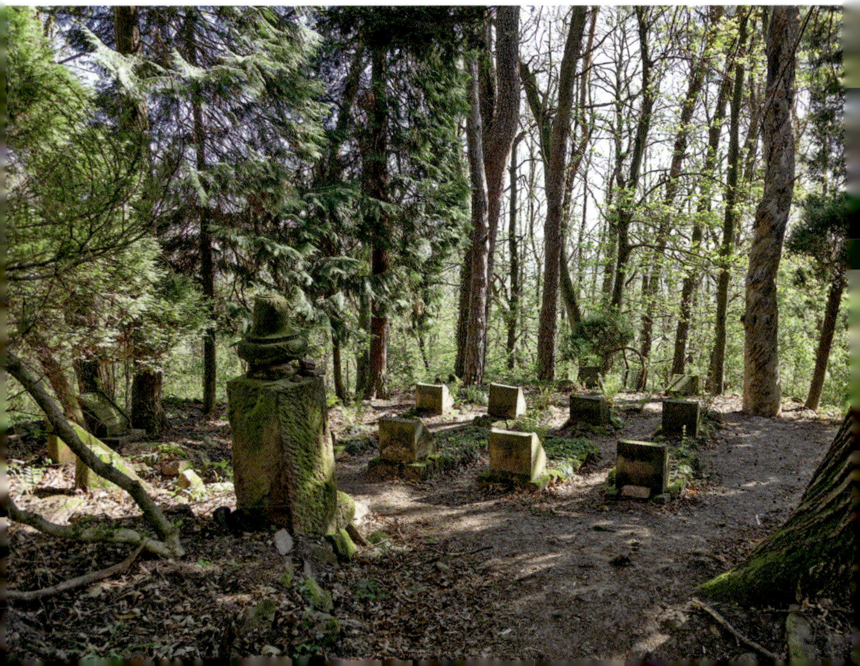

Tour
TOUR 6
ohne Uhr

AUF DEN SPUREN EINES KÜNSTLERS

Ausblicke vom Slevogtweg

Der pittoreske Fachwerkort Leinsweiler war die Wahlheimat des Impressionisten Max Slevogt. 2018 feierte Leinsweiler »150 Jahre Max Slevogt« – zu diesem Anlass wurde der Wanderweg Slevogtweg konzipiert, der auf die Spuren des Künstlers führt.

Abwechslungsreich Auch für Nicht-Kunstinteressierte ist der Slevogtweg eine durch und durch genussvolle Wanderung. Denn neben Stationen zum Leben und Wirken des Impressionisten gibt es eine Ruine, den Slevogthof und zahlreiche Ausblicke. Zu Beginn geht es vom Parkplatz durch Obsthaine in den Ort Leinsweiler mit der idyllischen Ortsmitte und den zahlreichen Fachwerkhäusern.

Slevogthof Der Slevogtweg ist mit dem Konterfei des Künstlers ausgeschildert. In der Nähe des Rathauses geht es ohne Umschweife steil den Berg hinauf. Am Hang weiden friedlich Ziegen, im Frühjahr blüht der Ginster in voller Pracht. Durch die Weinberge erreichen wir den Slevogthof, die frühere Residenz des Impressionisten und seiner Familie. Ein kleiner Abstecher (ausgeschildert) führt zu den Gräbern einiger Familienmitglieder hinter dem Haus. Gespenstisch und ein wenig beklemmend liegen die Grabstätten da.

Ausblicke, so weit das Auge reicht Wir erfreuen uns am ersten Blick auf Leinsweiler und zur Burg Landeck. Hinter dem Slevogthof geht es über einen schmalen, wurzeligen Pfad weiter bergauf zur ersten Anhöhe mit der Burgruine Neukastel. Von der Burg ist eine Aussichtsplattform erhalten geblieben, von der aus man den nächsten sensationellen Blick über die Weinanbaulandschaft der Pfalz und in die Rheinebene genießt: eine angemessene Belohnung für den steilen Aufstieg – inklusive Bank zum Genießen des Ausblicks.

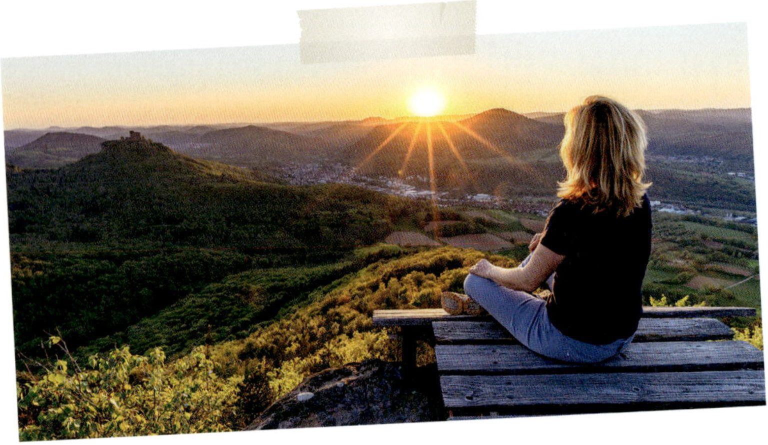

↑ **Genussaussicht mit Blick auf die Burg Trifels**

Markante Wegspinne Es geht leicht bergab zum Hexentanzplatz – hier treffen sage und schreibe acht Waldwege aufeinander! Wir nähern uns über angenehmen Waldboden dem Förlenberg, den wir gegen den Uhrzeigersinn umrunden. An der Bank am Wettereck kann man erneut Pause machen und dabei ein weiteres Bild Slevogts betrachten.

Slevogtfels Auf dem nachfolgenden Slevogtfels präsentieren sich beim Blick gen Osten gleich drei berühmte Burgruinen der Pfalz: die Burgen Trifels, Anebos und Münz.

Leinsweiler von einer anderen Seite Nach diesem lohnenswerten Abstecher wandern wir über den Förlenberg und zurück zum Hexentanzplatz und zum Slevogthof. Dort wählen wir einen alternativen Rückweg nach Leinsweiler über die Slevogtstraße.

Tipp

Die Wanderung lässt sich auf drei oder sechs Kilometer verkürzen. In der Touristinformation Südliche Weinstraße Landau-Land in der Ortsmitte von Leinsweiler kann man sich über die Varianten informieren.

AUF EINEN BLICK

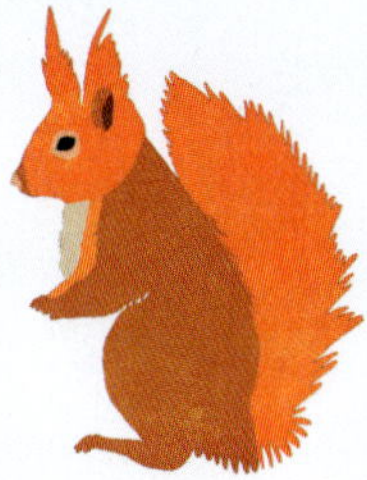

Tour 6: Tour ohne Uhr

Dauer: 3 Std.

Höhenmeter: 340 Hm

Länge: 10,4 km

Schwierigkeit: Mittel

Tourencharakter: Zwei sehr kurze, steile Passagen am Anfang, hauptsächlich breite Waldwege

Ausgangs-/Endpunkt: Kleiner Parkplatz an der Sonnenberghalle

Anfahrt: **Pkw:** Von der B10 die Ausfahrt Richtung Leinsweiler nehmen, durch Birkweiler durch und bis zum Zentrum von Leinsweiler. Dort von der Weinstraße nach links in die Hauptstraße einbiegen, bis es links ab zur Sonnenberghalle geht
Bahn/Bus: Der nächstgelegene Bahnhof ist Siebeldingen-Birkweiler. Von dort mit dem Bus 530 nach Leinsweiler

Einkehr: Unterwegs keine, zahlreiche wunderschöne Gastronomiebetriebe und Weingüter in und um Leinsweiler

Information: www.dhm.de/lemo/biografie/max-slevogt, www.leinsweiler.de, www.landauland.suedlicheweinstrasse.de

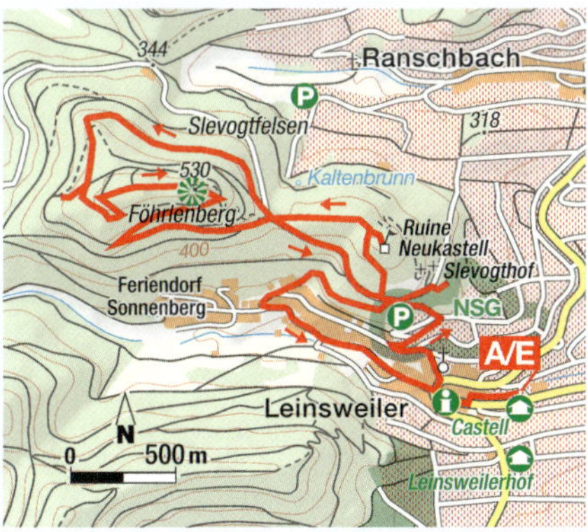

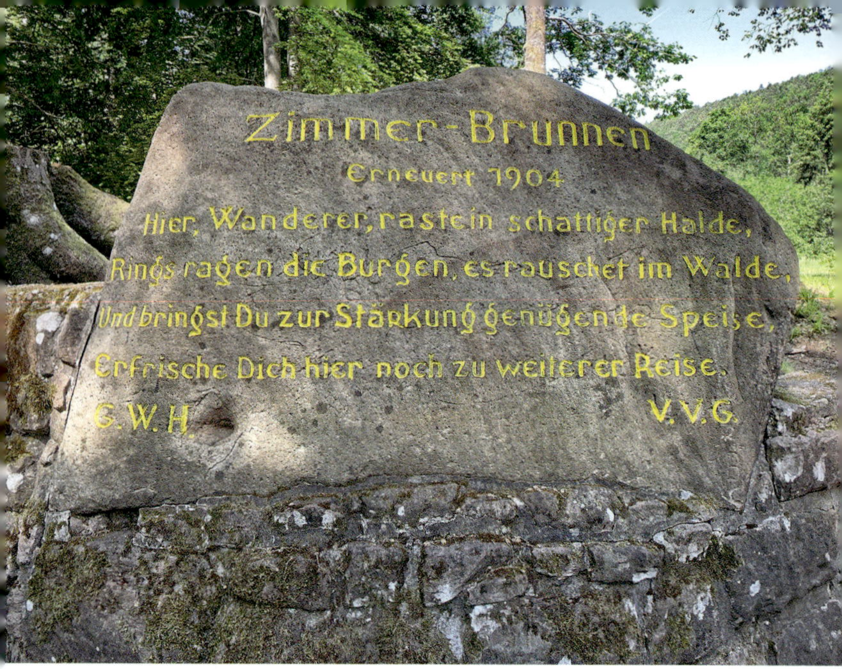

↑ Inschrift am Zimmerbrunnen bei der Landauer Hütte ↓ Platz mit Aussicht!

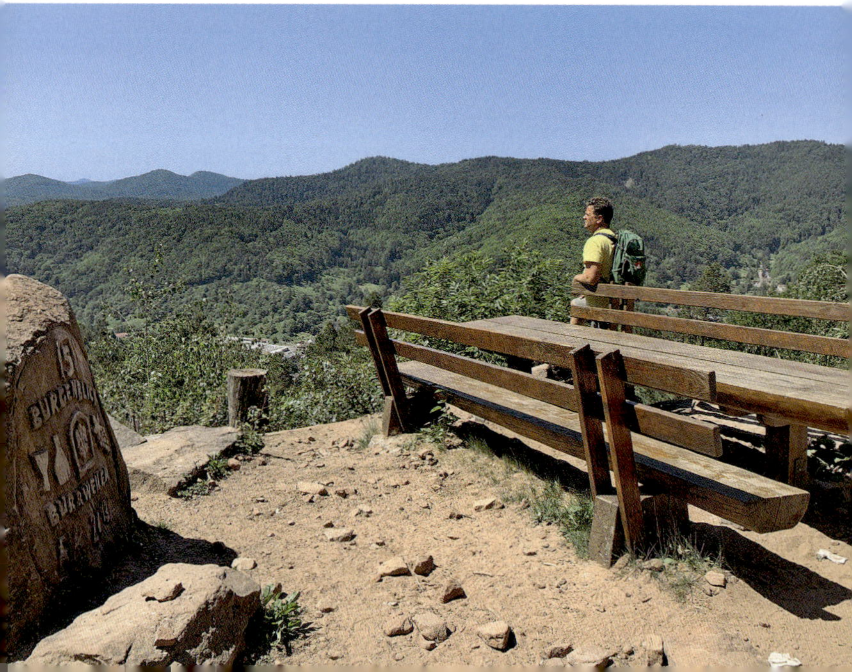

HOHER BERG UND GROSSE BURGRUINE

Um den Roßberg zur Ruine Neuscharfeneck

Zwei Superlative im Pfälzerwald: Der Roßberg bei Ramberg ist mit 637 Metern der dritthöchste Berg der Pfalz, die Burgruine Neuscharfeneck ist eine der größten Burgen – Grund genug, sich beides genauer anzusehen. Und in der Abgeschiedenheit genussreich einzukehren.

Gemächlicher Auftakt Wir umrunden heute einmal einen Berg und zwar den Roßberg. Das klappt zwar nicht ganz ohne Steigung, aber mit moderaten Höhenmetern. Los geht's also auf der gegenüberliegenden Straßenseite der Parkbucht Drei Buchen, wo es auf einem breiten Waldweg leicht bergauf geht. Das Wanderzeichen Pfälzer Weinsteig ist zunächst unsere Wegmarkierung. An einer kleinen Schutzhütte treffen sich mehrere Wanderwege. Wir folgen der Beschilderung zur Landauer Hütte.

Hinter den Bergen Die Einkehr in der herrlich abgeschiedenen Landauer Hütte beziehungsweise deren einladendem Außengelände ist ein Muss dieser Tour für den Genuss. Fast vermutet man in dieser Idylle wilde Tiere wie Bären – hoppla, da ist ja auch tatsächlich einer! Bevor wir uns auf den Weg zur Burg machen, betrachten wir noch den Zimmerbrunnen. Ein romantisches Plätzchen für alle, die das muntere Hüttentreiben aus der Ferne betrachten wollen.

Burgruine Neuscharfeneck Anschließend laufen wir über einen breiten Forstweg sanft bergauf zur Burganlage Neuscharfeneck. Das eindrucksvolle Gemäuer der Burgruine taucht nach und nach vor uns auf, die Anlage wirkt immer mächtiger und ganz wie eine Ritterburg. Sie wurde im frühen 13. Jahrhundert gegründet und mehrfach um- und ausgebaut. Die Schildmauer und große Teile der Wohn- und Wehrbauten der Burg sind erhalten

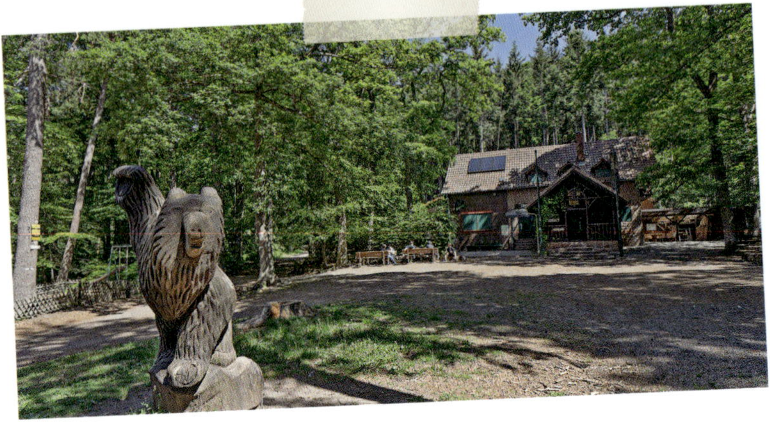

↑ **Ein Bär begrüßt die Gäste der Landauer Hütte.**

geblieben und teilweise frisch restauriert. Neuscharfeneck ist eine der größten Burgruinen der Pfalz. Fast meint man, Hufgetrappel im Wald zu hören, während wir an zwei außergewöhnlichen Panoramablicken gen Westen und Osten vorbeiwandern.

5-Burgenblick Anschließend geht es über einen verwunschenen Waldpfad leicht bergab. Aus dem Wald herausgetreten, folgt eineinhalb Kilometer nach der Burg Neuscharfeneck der 5-Burgenblick. An einem einladenden, nagelneuen Picknickplatz präsentiert sich ein Ausblick auf fünf Pfälzer Burgen – auf die eben besuchte Burgruine Neuscharfeneck, außerdem auf die Burgen Ramberg, Trifels, Anebos und Scharfenberg. Wer die Landauer Hütte nicht zur Einkehr genutzt hat, kann dies am Ende der Tour beim Waldhaus Drei Buchen nachholen. Frisch gestärkt geht es nur wenige Schritte zurück zum Ausgangspunkt der Wanderung.

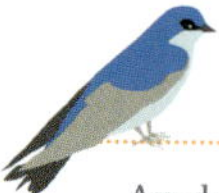

Tipp

An der Burgruine finden Sie ein Schild mit einem QR-Code. Wenn Sie diesen mit Ihrem Smartphone scannen, startet ein Informationsvideo zur Ruine Scharfeneck.

AUF EINEN BLICK

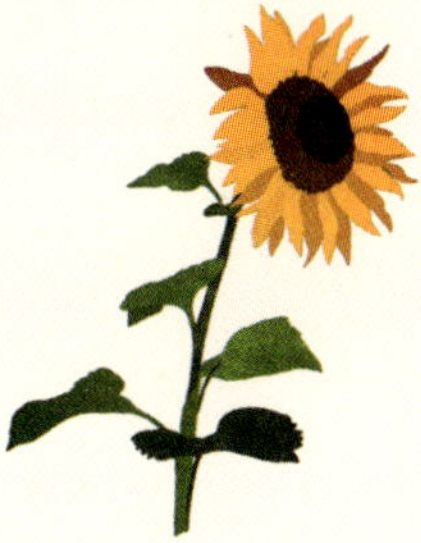

Tour 7: Tour für den Genuss

Dauer: 2.30 Std.

Höhenmeter: 210 Hm

Länge: 8,2 km

Schwierigkeit: Leicht bis mittel

Tourencharakter: Gut begehbare Wege, darunter ein schmaler Waldpfad, mäßige Steigungen

Ausgangs-/Endpunkt: Wanderparkplatz Drei Buchen (Ramberg)

Anfahrt: **Pkw:** Von der A65 die Ausfahrt Edenkoben nehmen, bis Edesheim fahren, nach rechts auf die Ruprechtstraße abbiegen. Bis Hainfeld fahren, dort rechts auf L506 abbiegen und dieser folgen, bis rechter Hand die Parkbucht erscheint.
Bahn/Bus: Mit dem Zug bis Bahnhof Edenkoben, dann mit dem Bus 506 bis Ramberg Modenbacher Hof. Danach 1 km Fußweg zum Startpunkt

Einkehr: Landauer Hütte und Waldhaus Drei Buchen

Information: www.pwv-landau.de/landauer-huette, www.dreibuchen-ramberg.de, www.neuscharfeneck.de

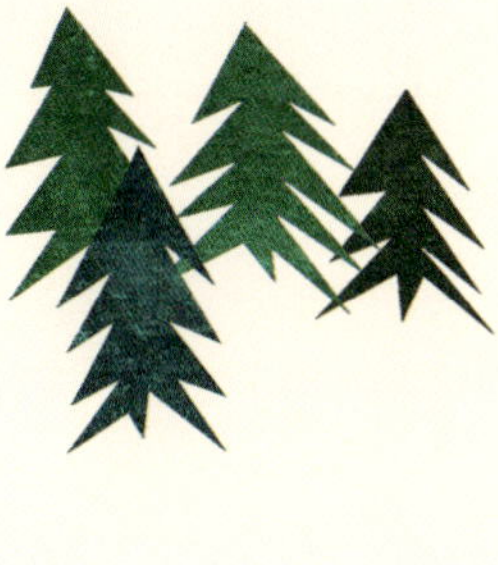

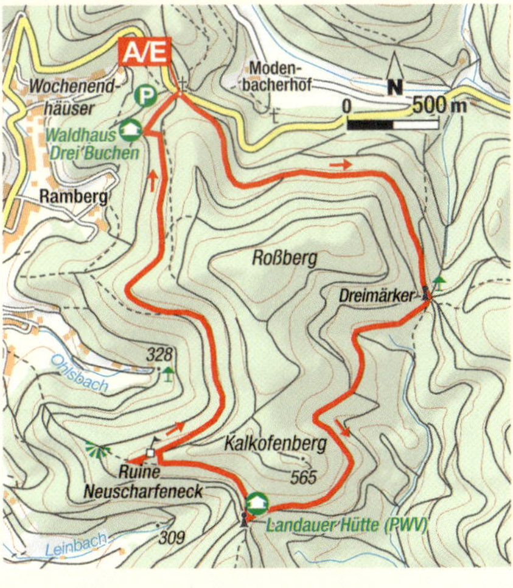

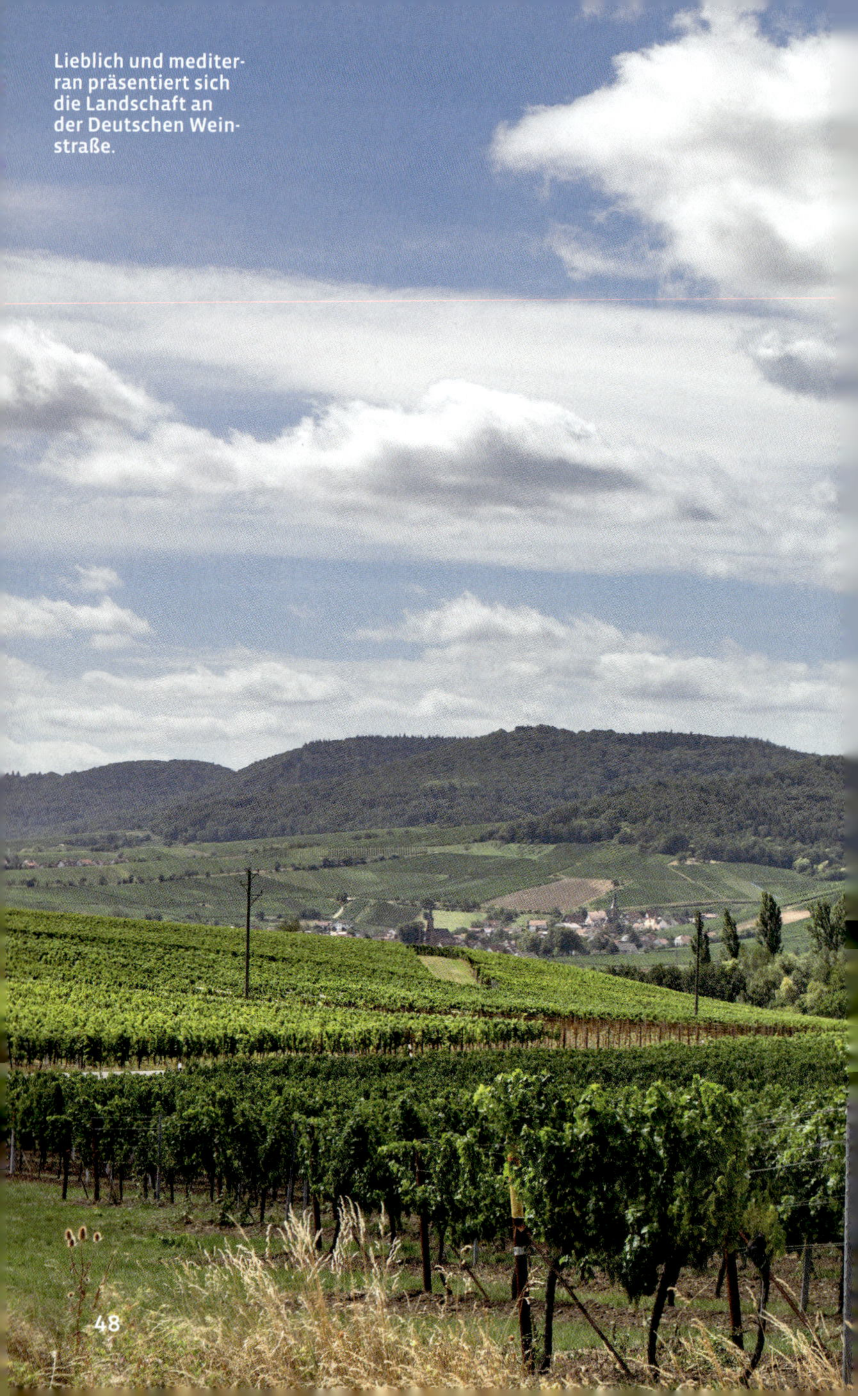

Lieblich und mediterran präsentiert sich die Landschaft an der Deutschen Weinstraße.

DEUTSCHE WEINSTRASSE

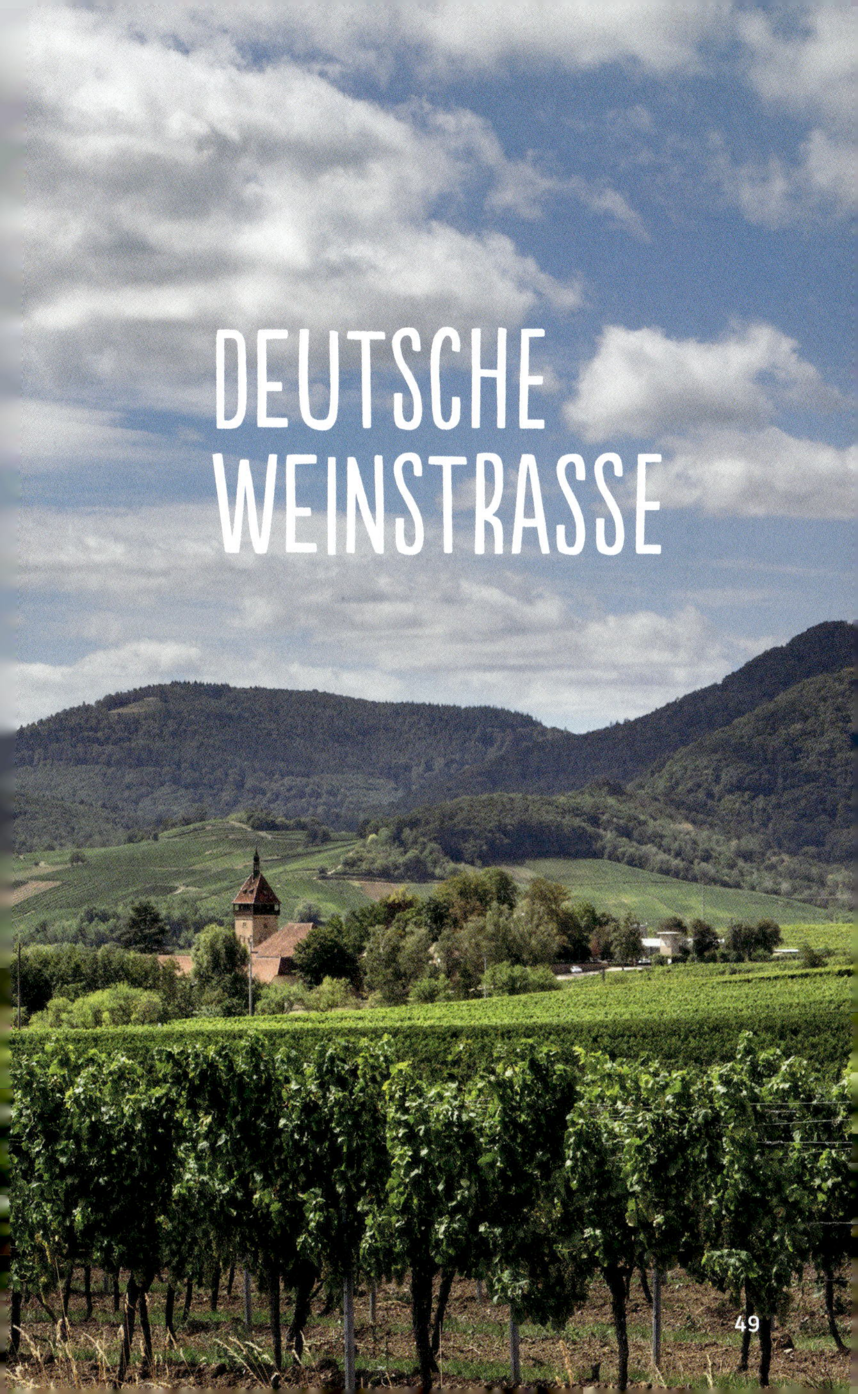

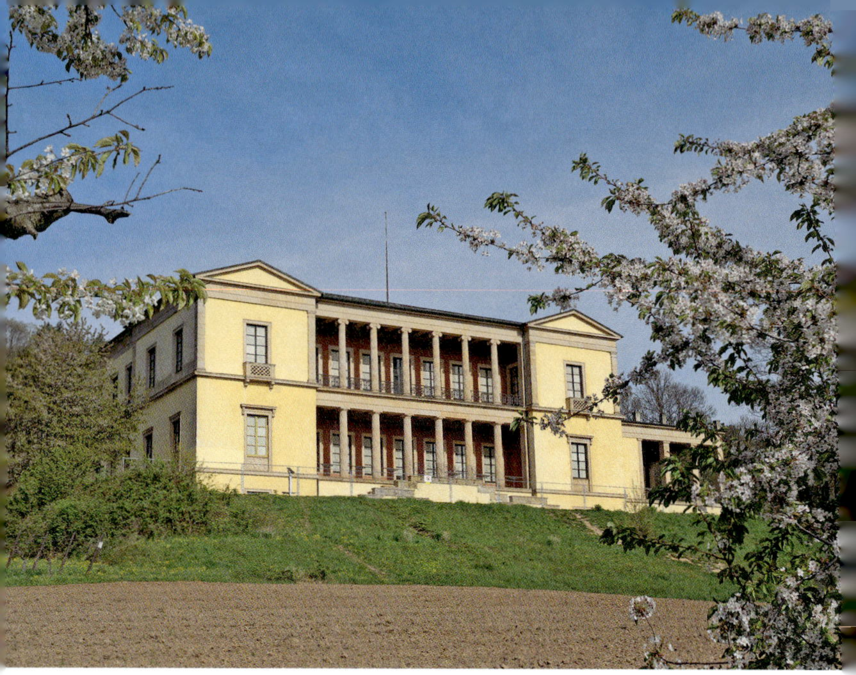

↑ Schloss Ludwigshöhe ↓ Die Bank lädt zur Rast am Hilschweiher ein.

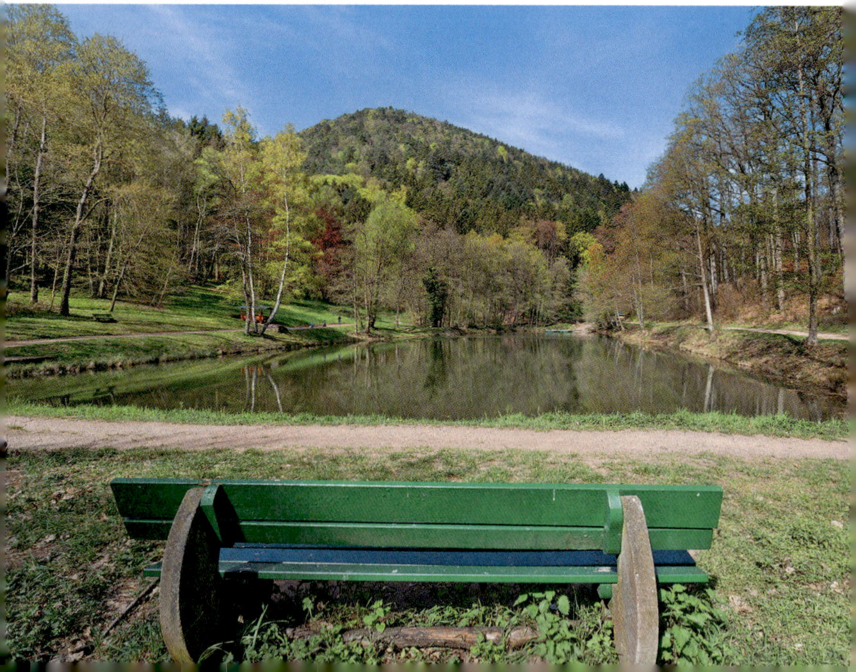

SCHLOSS, BURG UND TURM

Tour für TOUR 8 den Genuss

Erlebnisreiche Runde um die Rietburg

Vielfalt pur ist geboten auf dieser Wanderung. Sie beinhaltet zwar einige Höhenmeter und eine gewisse Länge, aber zum Ausgleich hält sie einige Einkehrmöglichkeiten bereit, sodass man eine genussvolle Halbtages- oder auch Tagestour daraus machen kann. Neben viel Natur sorgen ein Schloss, eine Burg und ein Turm für Kurzweil auf dem Weg.

Der frühe Vogel Die Wanderung am frühen Morgen zu starten, beschert ein besonders schönes Erlebnis – denn während wir gleich zu Beginn an den Weinbergen entlang auf das Schloss Ludwigshöhe zuwandern, wird das charmante Gebäude von der aufgehenden Sonne goldgelb angestrahlt. Es handelt sich dabei um ein ehemaliges bayerisches Königsschloss. Wir umrunden es einmal, dem Wanderzeichen des Pfälzer Weinsteiges (rot-weiße Welle) folgend, und nehmen Kurs auf die Talstation der Rietburgbahn. Das ist ein Sessellift, dessen Technik komplett runderneuert wurde, der aber trotzdem in liebevollem Retrodesign gehalten ist. Der Lift bewältigt 220 Höhenmeter und führt direkt zur mittelalterlichen Rietburg, die an der Bergstation der Bahn liegt. Wir aber sind ja zum Wandern hier und marschieren durch den Wald zum idyllischen Hilschweiher.

Eine Bootsfahrt, die ist lustig Am Hilschweiher gibt es nicht nur einen Waldkiosk mit überdachten Plätzen, sondern auch einen Bootsverleih. Wer also zusätzlich zur Wanderung, die ja genügend Möglichkeiten zur Stärkung bietet, noch eine extra-sportliche Einheit hinzufügen möchte, kann hier die Ruder schwingen. Anschließend umlaufen wir den See auf dessen rechter oder linker Seite und gehen bergauf (Wanderzeichen weißer Punkt) zum bezaubernden Hilschwasserfall, der durch den Triefenbach gespeist wird.

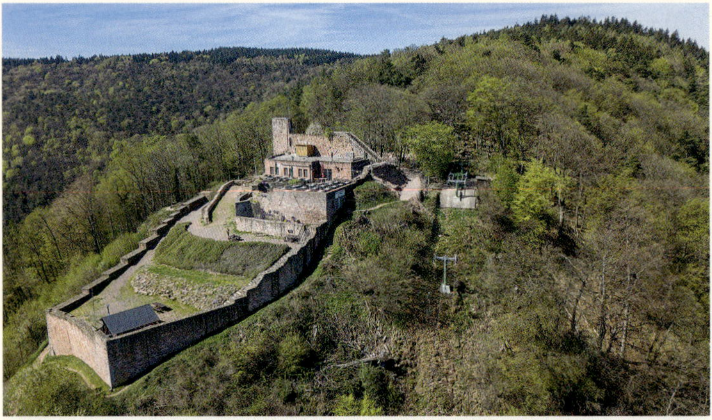

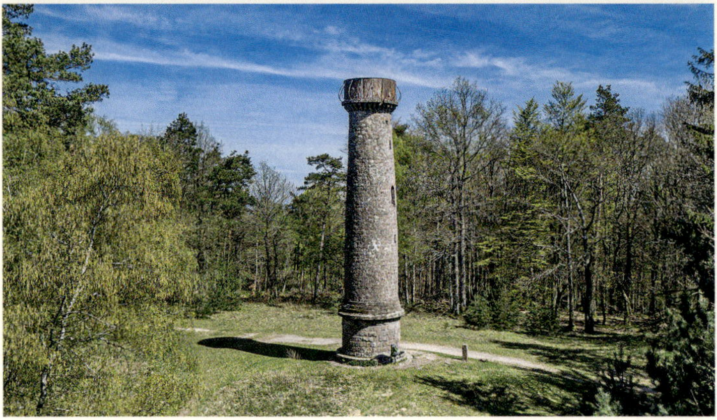

»Aber kein Genuss ist vorübergehend,
denn der Eindruck, den er hinterlässt,
ist bleibend.«

Johann Wolfgang von Goethe

Mittelalterburg mit Panoramablick Schließlich folgen wir dem Weg, der mit einem roten Punkt gekennzeichnet ist, 3,5 Kilometer weit und 240 Höhenmeter bergauf zu einem Wildgehege mit Damhirschen und anderen heimischen Tieren und schließlich zur Rietburg. 5,6 Kilometer nach dem Startpunk ist die Burg erreicht, die um etwa 1200 errichtet wurde – mit dem Sessellift wären wir direkt an der Burg angekommen. Die Rietburg ist eine gut erhaltene Burgruine, die in den Hang hineingebaut ist. In der Höhengaststätte, die wunderschöne Plätze auf einer aussichtsreichen Terrasse bietet, lässt sich eine Weinschorle mit sensationellem Panoramablick in die Rheinebene in mittelalterlichem Ambiente genießen.

Ludwigsturm Wem auf der Rietburg zu viel Trubel herrscht, der kann sich auf den Ludwigsturm freuen, bei dem es geruhsamer zugeht. Der 1889 erbaute Aussichtsturm liegt auf 605 Metern Höhe auf dem Blättersberg. Man kann den 15 Meter hohen Sandsteinturm besteigen und erfreut sich an Blicken über den Pfälzerwald und bis hin zur Reichsburg Trifels.

Zwei bewirtschaftete Hütten Nach der Bezwingung des Turms haben wir uns eine weitere Einkehr verdient. Doch zuvor müssen wir im Zickzackkurs einen schmalen Waldpfad bergab wandern, wobei wir uns an der Ausschilderung »Schweizer Haus« orientieren. Es geht vorbei an einem Aussichtspunkt am Hang der Gleitschirmflieger, von dem aus man einen Blick auf die St.-Anna-Kapelle erhaschen kann. Dann erreichen wir das Schweizer Haus, eine vom Pfälzerwald-Verein verpachtete Schutzhütte. Von der Terrasse aus ist zu Speis und Trank der Blick in die Rheinebene wieder inklusive. Frisch gestärkt ist die Waldgaststätte Rietania unser nächstes Ziel. Sie ist nur einen

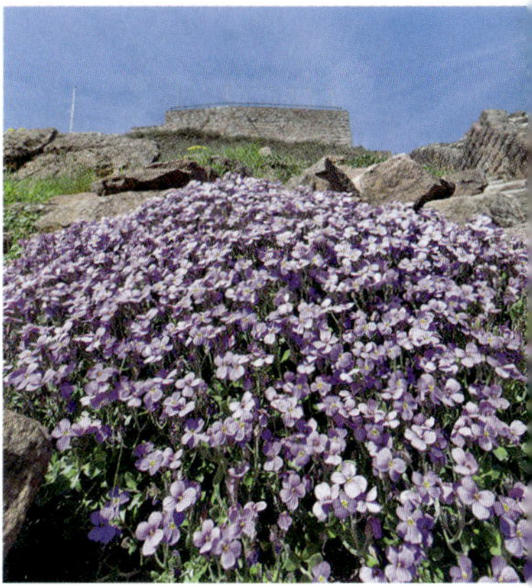

↑ **Zeitreise ins Mittelalter: die Rietburg**
↓ **Kulturdenkmal Ludwigsturm**
→ **Blütenpracht und Burgruine**

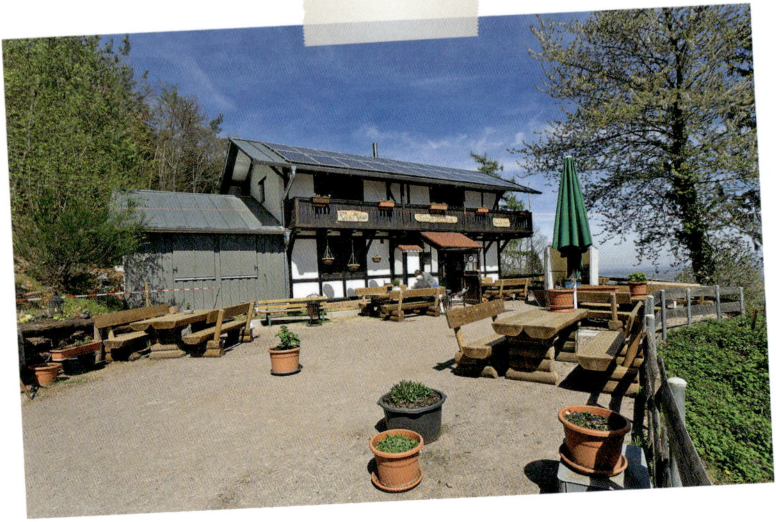

↑ **Das Schweizer Haus ist eine von drei Einkehrmöglichkeiten.**

Kilometer vom Schweizer Haus entfernt und über den Keschdeweg zu erreichen. Auch hier wird man wieder im rustikal eingerichteten Gastraum oder auf der sonnigen Terrasse mit hausgemachten Pfälzer Spezialitäten und natürlich Pfälzer Weinen und Bieren aus der Region verwöhnt.

Entspannter Ausklang Unweigerlich nähern wir uns dem Ende dieser Genusstour. Wieder auf den Spuren des Pfälzer Weinsteiges ist es nur noch ein Kilometer, vorbei an der Talstation des Sesselliftes, bis zum Ausgangspunkt zurück. Abrunden könnte man den Ausflug nun noch mit einem Besuch der Vinification im ehemaligen Cavaliersbau des Schlosses Villa Ludwigshöhe, einem Weingut, bei dem man Pfälzer Spitzenweine probieren und erwerben kann.

Tipp

Wer nicht zum Schweizer Haus absteigen möchte, kann mit der Rietburgbahn hinab zum Ausgangspunkt fahren.

AUF EINEN BLICK

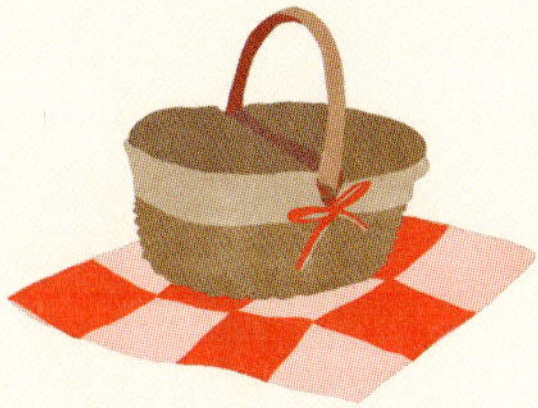

Tour 8: Tour für den Genuss

Dauer: 3.30 Std.

Höhenmeter: 440 Hm

Länge: 11,5 km

Schwierigkeit: Mittel

Tourencharakter: Einige Höhenmeter, optional mit einer Sesselliftfahrt kombinierbar; konditionell und hinsichtlich der Länge gut machbar

Ausgangs-/Endpunkt: Parkplatz am Ende der Villastraße unterhalb der Villa Ludwigshöhe in Rhodt unter Rietburg

Anfahrt: **Pkw:** Von der A65 die Ausfahrt 14-Edenkoben nehmen, dann in westliche Richtung, in Edenkoben auf die Luitpoldstraße fahren, links in die Radeburger Straße einbiegen, dann rechts auf die Weinstraße und am Kreisverkehr geradeaus in die Villastraße
Bahn/Bus: Mit dem Zug nach Neustadt Hauptbahnhof, dann Buslinie 501 nach Edenkoben. Mit dem Bus Linie 506 bis Haltestelle Hilschweiher und dann hier in die Tour einsteigen

Einkehr: Höhengaststätte Rietburg, Schweizer Haus, Waldgaststätte Rietaniahütte, Außerdem: Weingut Vinification Ludwigshöhe

Information:
www.rietburgbahn-edenkoben.de, www.edenkoben.de/Hilschweiher-mit-Bootsverleih.php, www.pwv-weyher.de/schweizer-haus, www.rietania-rhodt.de, www.cuvee.de

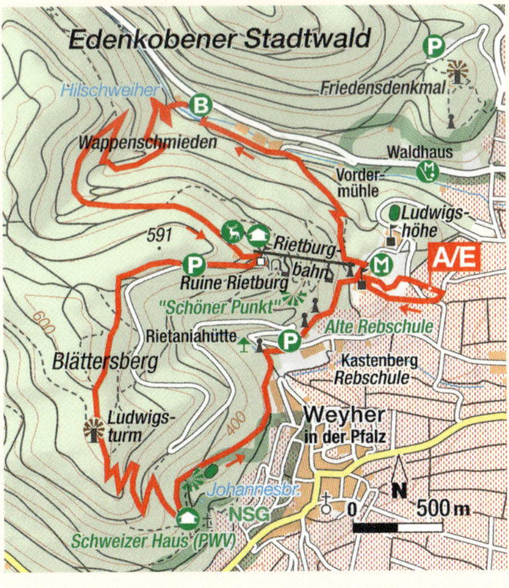

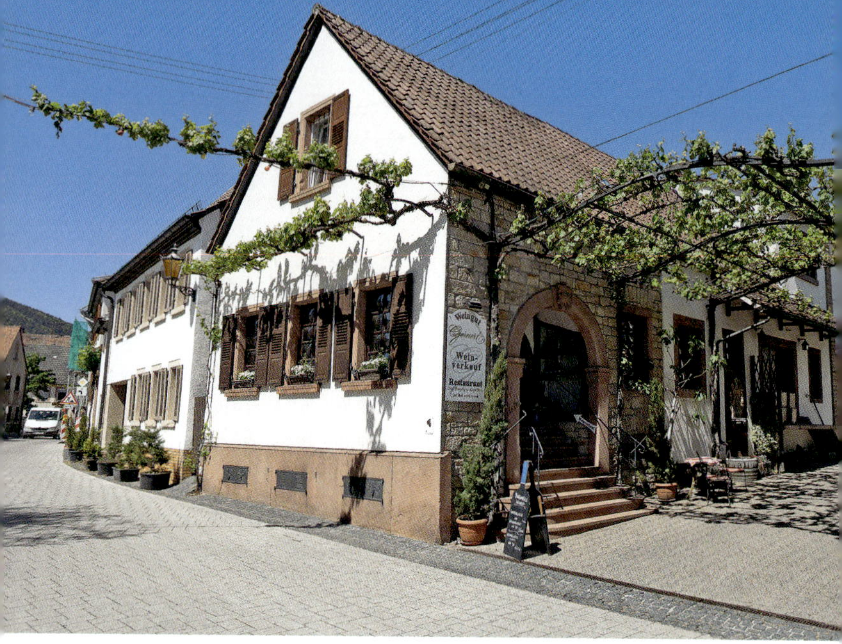

↑ Schmucker Weinort St. Martin ↓ Blick von der Terrasse des Kalmithauses

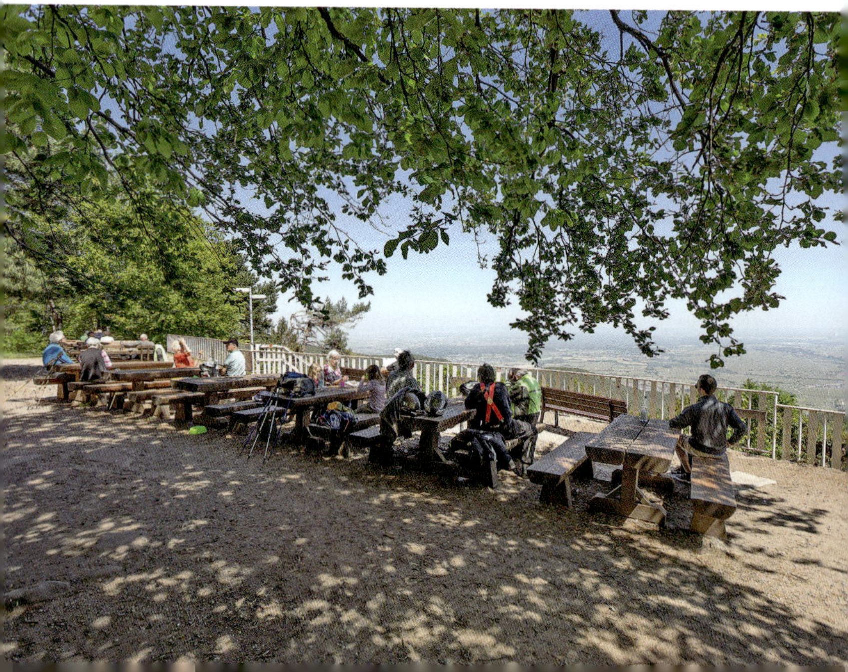

Tour TOUR 9 der Stille

RIESE IM PFÄLZERWALD

Auf den Gipfel der Kalmit

Ein aussichtsreicher Berggipfel, eine Einkehr und ein Felsenmeer, viele Brunnen und Quellen und als Ausgangspunkt das traumhaft schöne Weindorf St. Martin – was braucht man mehr, um beim Wandern alles Glück zu erfahren? Dabei ist es gar nicht schlimm, ein paar Kilometer und Höhenmeter zu überwinden, denn man marschiert abseits des Trubels durch den stillen Pfälzerwald ...

Malerisches St. Martin Die Startrichtung ist Norden, die Wegmarkierung besteht aus einem grünen und einem weißen Balken. Wir erfreuen uns beim Gang durch St. Martin an den einladenden, schmuck herausgeputzten Weingütern und dem Bilderbuchort, den wir über die Weinberge verlassen. Kurz vor der Kalmithöhenstraße biegen wir nach links ab und in das Tal hinein, durch das wir nun zur Kalmit aufsteigen wollen (nunmehr entlang des Pfälzer Weinsteiges). Wir tauchen ein in den Pfälzerwald und folgen den Wegweisern zur Kalmit. Ein bequemer Waldweg nimmt uns auf und präsentiert uns ... Stille, Beschaulichkeit und Natur.

Steiler Aufstieg Das Tal ist richtig steil. Wenn es mal regnet, reißt der Bach hier wohl alles mit. Durch eine ebenso kuriose wie fotogene Fußgängerunterführung passieren wir die Kalmitstraße. Anschließend ist es nicht mehr ganz so steil. Wir erreichen einen schönen Fichtenwald und wandern über weichen Waldboden. Von unten her nähern wir uns langsam, aber sicher der Aussichtsplattform des Berggipfels Kalmit.

Auf dem Gipfel Der Blick von der 673 Meter hoch gelegenen Kalmit ist sensationell. Unten ausgebreitet liegen das Rebenmeer der Pfalz und die Rheinebene. Wir haben uns eine Rast verdient und kehren im vom Pfälzerwald-Verein bewirtschafteten Kalmithaus ein, wo es zum atemberaubenden Panoramablick (großer Außenbereich vorhanden) Pfälzer Gerichte

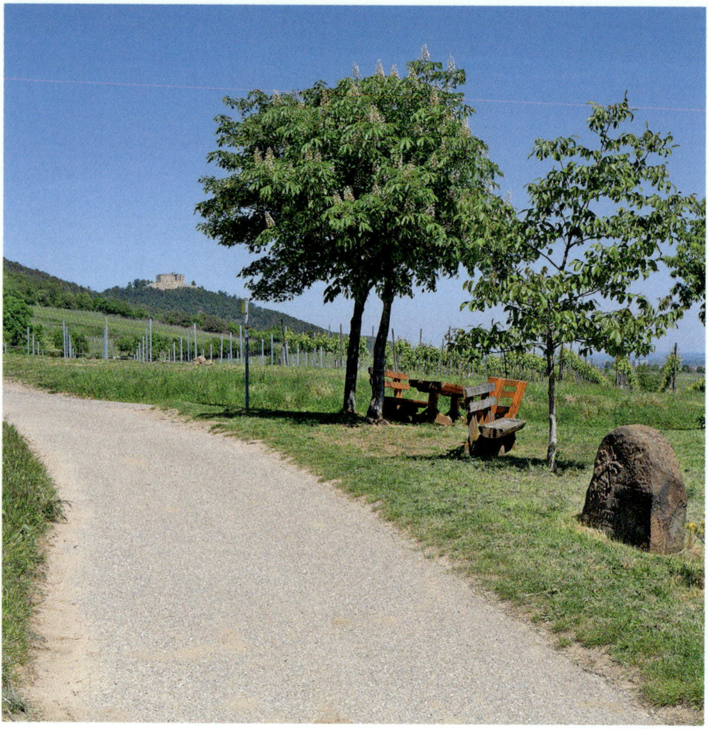

»Das Ziel liegt nicht auf dem Gipfel,
sondern im Tale, wo der Aufstieg begann.«

Carl-Gustav Jung

gibt. Ebenfalls auf dem Berggipfel befinden sich eine Wetterstation und ein Stahlfachwerk-Sendeturm. Uns begegnet eine Kuriosität in Form eines seltsamen Automaten: Der sogenannte »Pfalz-Stoppomat« ist eine Zeitmessanlage, mit deren Hilfe man sich einen Wettkampf mit anderen Wanderern auf den Kalmit-Gipfel liefern kann. Da wir uns aber glücklich und nicht erschöpft wandern wollen, lassen wir den Automaten links liegen. Wir überqueren unterhalb des Gipfels den Parkplatz (ja, man kann mit dem Auto hier hochfahren!) und erreichen kurz darauf das nächste Highlight der Tour: das Naturphänomen Felsenmeer.

Ein Meer aus Felsen Hinter dem Begriff Felsenmeer verbirgt sich ein mit Felsblöcken übersätes Gelände auf dem Grat des Kalmit-Vorberges Hüttenberg. Auf einer Länge von knapp einem halben Kilometer kann man durch die bizarren Felsformationen hindurchwandern, rechts oder links an ihnen vorbeilaufen, über sie drüberklettern oder man wandert unter ihnen entlang und betrachtet sie von unten. Immer wieder kann man Kletterer beim Bouldern beobachten.

Abstieg Irgendwann endet der Weg über den von Buntsandsteinfelsen überzogenen Bergrücken und bringt uns zur Hüttenberghütte (Schutzhütte). Ab hier beginnt der Abstieg. Wir kommen an der Wolselquelle vorbei, wo wir an einem schönen Rastplatz innehalten und die Rückkehr der Stille genießen können (Kalmitgipfel und Felsenmeer sind zu entsprechenden Zeiten mitunter gut besucht). Die Quelle stammt aus dem Jahr 1927 und ist hübsch eingefasst. Auch anschließend bleibt es beschaulich, wenn wir am Kropsbach entlang-

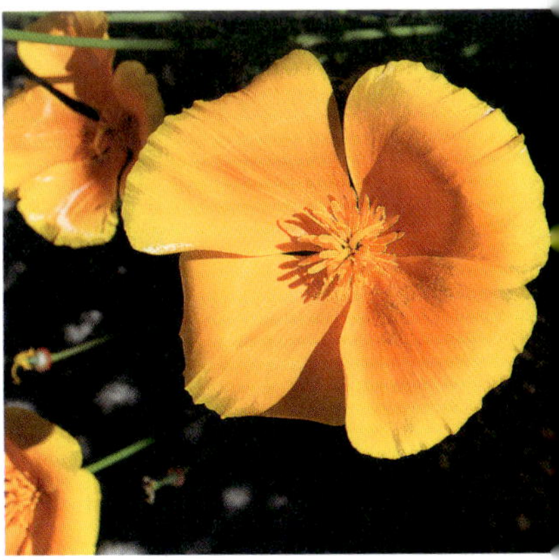

← **Der Aufstieg startet mit Blick auf das Hambacher Schloss.**
→ **Unterwegs gesichtet: Kalifornischer Goldmohn**

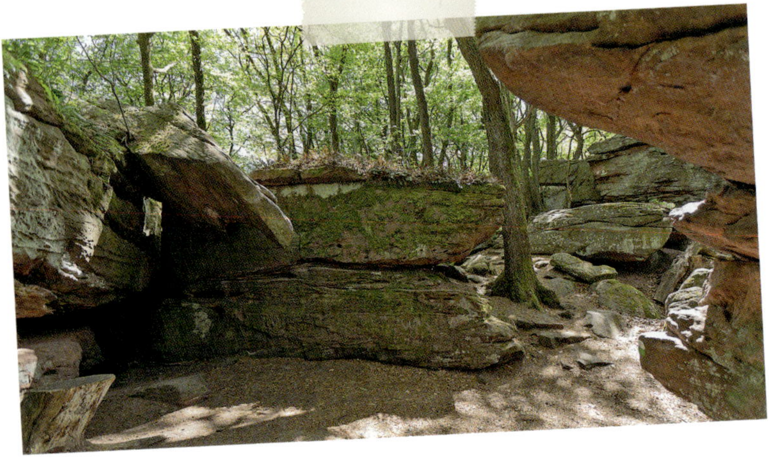

↑ **Mitten durchs Naturdenkmal Felsenmeer!**

gehen und fünfmal über romantische Holzbrückchen die Seiten wechseln. Dann erreichen wir die Totenkopfstraße.

Gewässer zum Schluss Weiter hinab und auf der rechten Seite der Landstraße folgt als nächstes der eingefasste Hollerbrunnen und in der Folge, am Ortsrand von St. Martin, der Bellachini-Weiher mit seiner kleinen Wasserfontäne. Ein verträumtes Fleckchen Erde und ideal für alle, die noch einmal intensiv die erholsame Ruhe des Waldes genießen wollen. Abschließend spazieren wir zwischen Gärten hindurch und erreichen wieder das wunderschöne St. Martin, wo wir nun zwingend einem der schnuckeligen Weingüter einen Besuch abstatten sollten – oder einfach nur den pittoresken Ort mit seinen Fachwerkhäusern, den Eisdielen und den wilden Weinreben zwischen den Häusern bewundern.

Info

Die Kalmit ist mit einer Höhe von knapp 673 Metern nicht nur der höchste Berg im Pfälzerwald, sondern nach dem Donnersberg (686,5 Meter) sogar die zweithöchste Erhebung der Pfalz überhaupt.

AUF EINEN BLICK

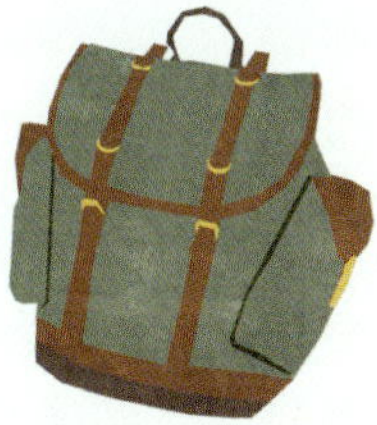

Tour 9: Tour der Stille

Dauer: 4 Std.

Höhenmeter: 470 Hm

Länge: 13,2 km

Schwierigkeit: Schwer

Tourencharakter: Lange Wanderung mit steilem Aufstieg und vielen Höhenmetern, gute Grundkondition, Trittsicherheit und festes Schuhwerk erforderlich

Ausgangs-/Endpunkt: Gebührenpflichtiger Parkplatz im Osten von St. Martin (Riedweg)

Anfahrt: **Pkw:** Die A65 an der Ausfahrt Edenkoben verlassen, in Edenkoben am zweiten Kreisverkehr zweite Ausfahrt nehmen und am nächsten Kreisverkehr die dritte Richtung St. Martin. Über die Maikammerer Straße nach St. Martin und links in den Riedweg einbiegen
Bahn/Bus: Mit dem Zug nach Neustadt Hauptbahnhof, dann Buslinie 500 bis Haltestelle St. Martin Ort (unmittelbar neben dem Parkplatz als offiziellem Ausgangspunkt)

Einkehr: Unterwegs Kalmithaus und zahlreiche Weingüter im Ort St. Martin (rund um den Parkplatz)

Information: www.maikammer.de/kalmit.html, www.kalmithaus.de, www.suedlicheweinstrasse.de

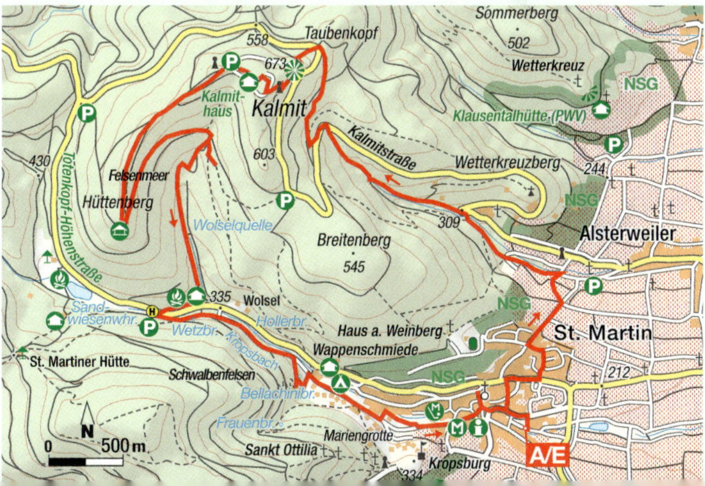

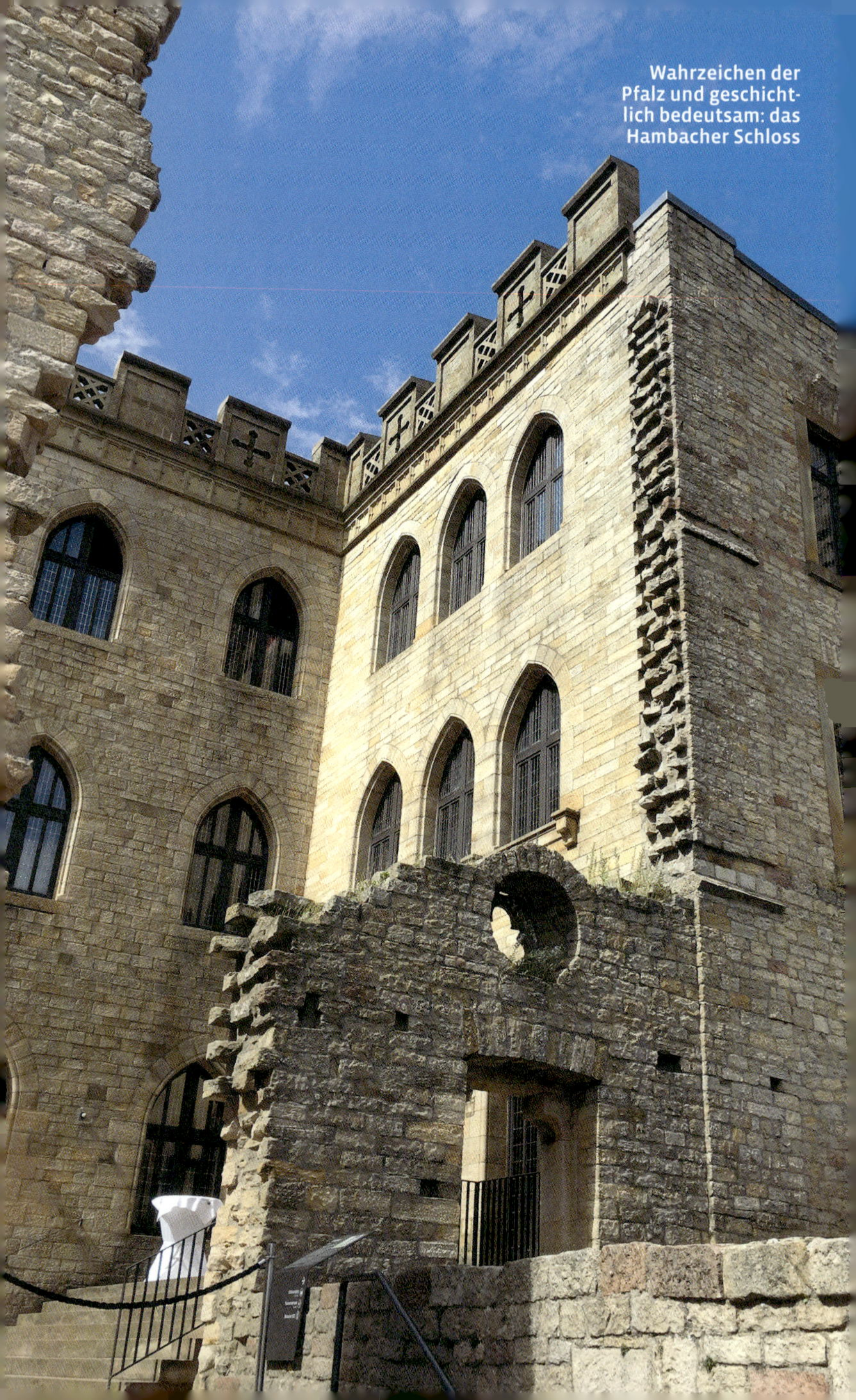

Wahrzeichen der Pfalz und geschichtlich bedeutsam: das Hambacher Schloss

SCHLOSS DER SCHLÖSSER

Tour für
TOUR 10
die Sinne

Ausblicke auf das Hambacher Schloss

Die schwarz-goldene Fahne weht auf dem Schloss, das bei Neustadt auf dem Kastanienberg thront und als Wiege der Demokratie gilt. Berühmt geworden durch das Hambacher Fest im Jahr 1832, ist es heute ein beliebtes Ausflugsziel, das mit einer wunderschönen Umgebung aufwartet.

Hambacher Schloss Wir schauen uns das geschichtsträchtige Schloss erst einmal aus der Nähe an, bevor wir es umwandern und die Blicke aus verschiedenen Perspektiven darauf genießen. So kann man einfach nur durch die Anlage schlendern, im Restaurant 1832 einkehren, das in die Ringmauern des Schlosses integriert ist und schöne Panoramablicke preisgibt, oder aber an einer Führung teilnehmen inklusive einem Besuch der Ausstellung »Hinauf, hinauf zum Schloss!«, in der die Ereignisse rund um das Hambacher Fest thematisiert werden. Da man das Highlight, das Hambacher Schloss, bereits zu Beginn besichtigt hat, ist das nächste Ziel der nun folgende Weg. Es ist Genuss pur, über schöne Waldwanderwege und Pfade durch den Pfälzerwald zu streifen, an Aussichtspunkten innezuhalten und auf halber Strecke schön einkehren zu können.

Aus der Ferne betrachtet Es geht hinaus in die Natur. Auf einer Wandertafel am Zugang zum Schloss kann man aus diversen Wanderwegen einen auswählen. Wir wählen heute eine knapp zehn Kilometer lange Strecke, von der aus es gleich mehrere Ansichten auf das Schloss gibt – es ist eine Kombination aus den Wegen 5 und 6 der Wanderkarte. Der Weg führt links an der Burgschenke Rittersberg vorbei in den Wald hinein. Auf einem bequemen, breiten Weg geht es kontinuierlich bergauf, dem Wandersymbol Pfälzer Weinsteig folgend (das später durch die Markierung rot-weiße Welle ergänzt wird). Sehr bald schon werden wir mit dem ersten Blick auf das prächtige Schloss belohnt, bevor der Weg eine Rechtskehre beschreibt

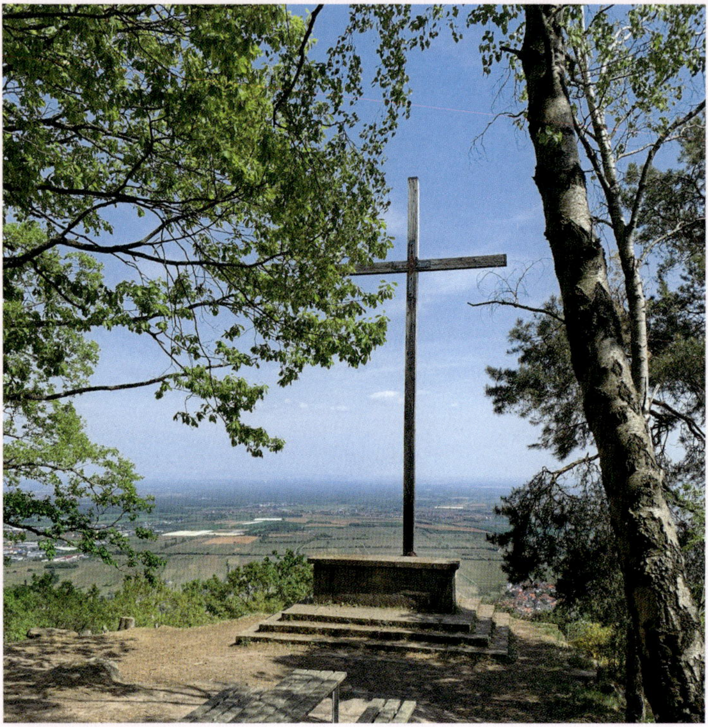

»Einzig die Richtung hat einen Sinn.
Es kommt darauf an, dass du auf etwas zugehst,
nicht dass du ankommst.«

Antoine de Saint-Exupéry

und an einer Schutzhütte in einen kleineren Pfad übergeht. Dieser windet sich eben, still und unspektakulär durch den Wald, dessen Ruhe und Duft man genießt.

Einkehr mit Aussicht Es folgen schon bald Hinweisschilder auf das Hohe-Loog-Haus – wir freuen uns auf eine Einkehr mit fantastischem Ausblick. An einem Fels mitten auf dem Weg geht es auf einem noch etwas schmaleren Pfad direkt zum Hohe-Loog-Haus, eine auf 613 Metern Höhe gelegene, bewirtschaftete Schutzhütte des Pfälzerwald-Vereins. Während man sich einen Schoppen und eine typische Pfälzer Mahlzeit munden lässt, blickt man auf die Südpfalz und bei guter Sicht bis zum Schwarzwald und zum Odenwald im benachbarten Baden-Württemberg. Danach geht es oberhalb der Hütte auf einem Weg weiter bis zu einer großen Kreuzung mit Bank inklusive Aussicht.

Aussichtsfels Nach der Bank biegen wir links ab. Wieder geht es genussvoll über Waldpfade, die sich von federnd über wurzelig bis steinig verändern, bis die kleine Schutzhütte Speierheld erreicht ist. Hier befindet sich an exponierter Stelle eine Picknickgelegenheit der Extraklasse mit Aussicht auf der einen und dichtem Wald auf der anderen Seite. Hier muss man einfach kurz anhalten und genießen – mit oder ohne Picknick! Als nächste Attraktion am Weg folgt der Hambacher Bergstein, ein kleiner Aussichtsfels mit eingezäunter Aussichtsplattform, die man über eine kurze Leiter erreicht. Natürlich erlaubt uns die Plattform einen erneuten Blick aufs Hambacher Schloss.

Sühnekreuz Es folgt über einen kurzen Abstecher eine letzte, wunderschöne Stelle, markiert mit dem Sühnekreuz am

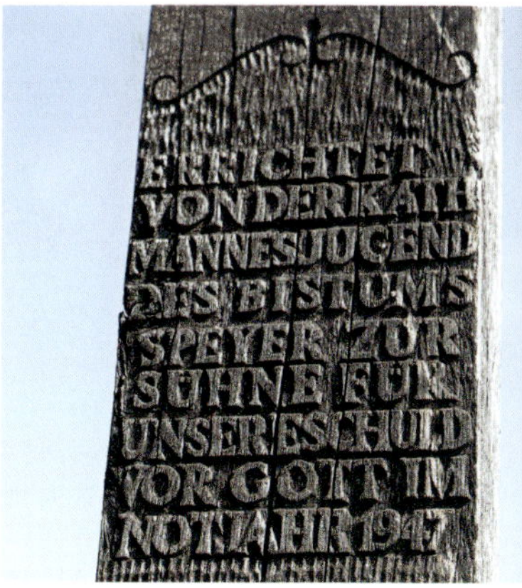

← 1947 errichtetes Sühnekreuz
→ Inschrift des Sühnekreuzes

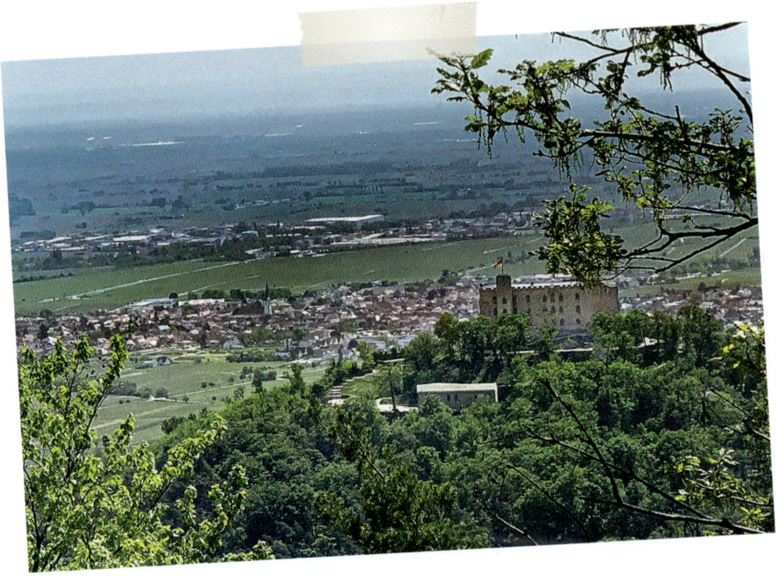

↑ **Blicke auf das Hambacher Schloss bereichern den Weg.**

Rittersberg. Das Beste kommt bekanntlich zum Schluss und so hat man von diesem beschaulichen Ort den bislang allerbesten Blick aufs Hambacher Schloss – aber auch die geschichtliche Bedeutung verursacht uns eine Gänsehaut: Das Kreuz war das erste christliche Mahnmal in der Pfalz nach dem Zweiten Weltkrieg; außerdem wurden die beiden Eichenholzbalken mit Granatsplittereinschlägen von ehemaligen Soldaten und der katholischen Mannesjugend auf den Rittersberg getragen und dort zu einem Kreuz zusammengesetzt (siehe Inschrift). Nach dem Sühnekreuz führt uns der Weg zurück zur Burgschenke, die wir nun auf dem oberen Weg erreichen.

Info

Das Hambacher Fest (27. bis 30. Mai 1832) auf dem Hambacher Schloss gilt als Höhepunkt der bürgerlichen Opposition während der Zeit der Restauration und als Beginn des Vormärz. Die Teilnehmer forderten nationale Einheit, Freiheit und Volkssouveränität.

AUF EINEN BLICK

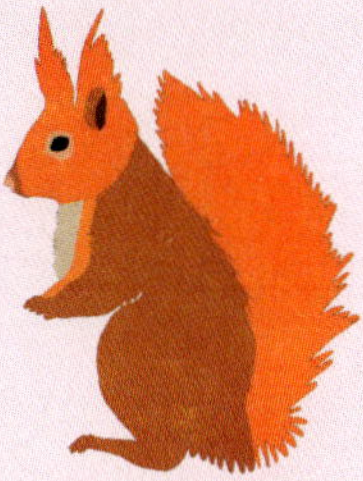

Tour 10: Tour für die Sinne

Dauer: 2.45 Std.

Höhenmeter: 310 Hm

Länge: 8,6 km

Schwierigkeit: Mittel

Tourencharakter: Gut begehbare Wege, teilweise felsig, anfangs steil bergan steigend

Ausgangs-/Endpunkt: Ausgewiesene und gebührenpflichtige Parkplätze entlang der Zufahrtsstraße zum Hambacher Schloss (Schlossstraße)

Anfahrt: **Pkw:** Von der B39 Richtung Hambach abfahren, durch den Ort durch und über die Schlossstraße den Berg auf dessen östlicher Seite umrunden bis zu den ausgewiesenen Parkplätzen
Bahn/Bus: Mit den Buslinien 500 oder 501 vom Hauptbahnhof Neustadt an der Weinstraße zum Hambacher Schloss

Einkehr: Restaurant 1832, Burgschänke Rittersberg, Hohe-Loog-Haus

Information: www.hambacher-schloss.de, www.pwv-hambach.de/index.php/hohe-loog-haus

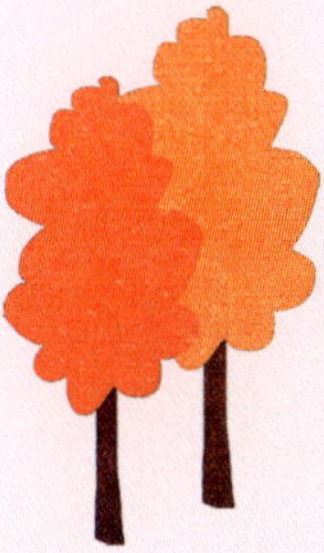

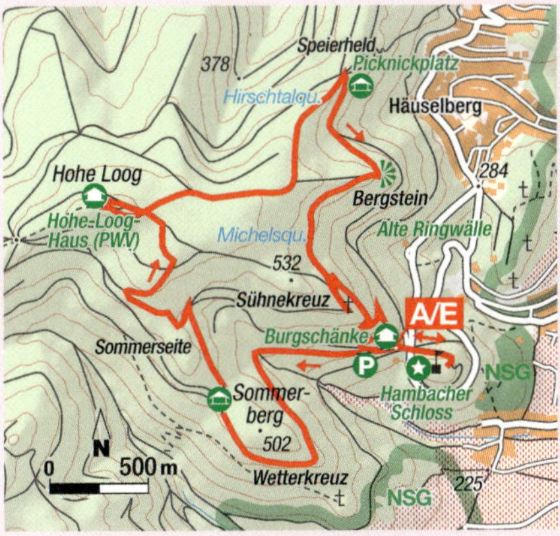

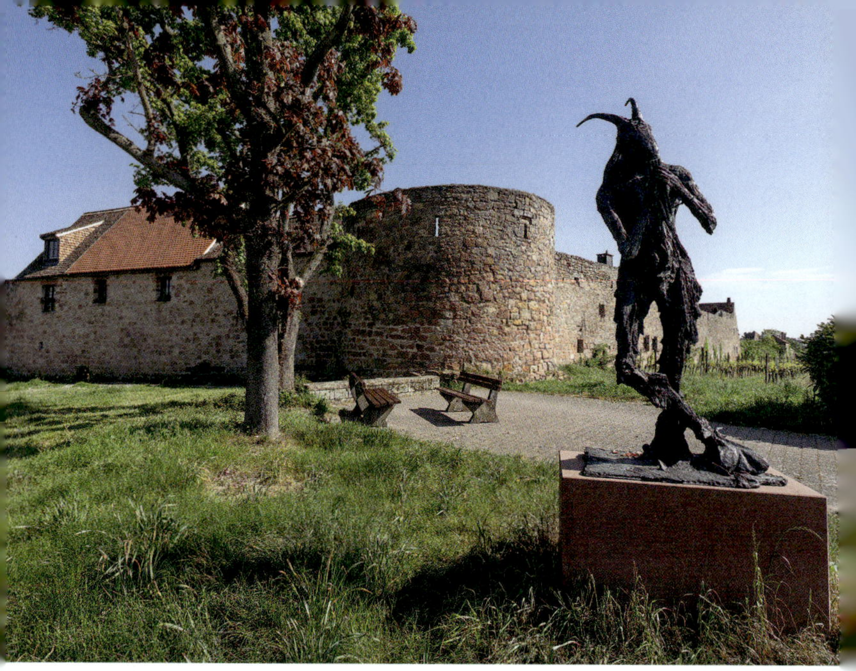

↑ Zeitreise ins Mittelalter: Stadtmauer … ↓ … und Burgruine in Wachenheim

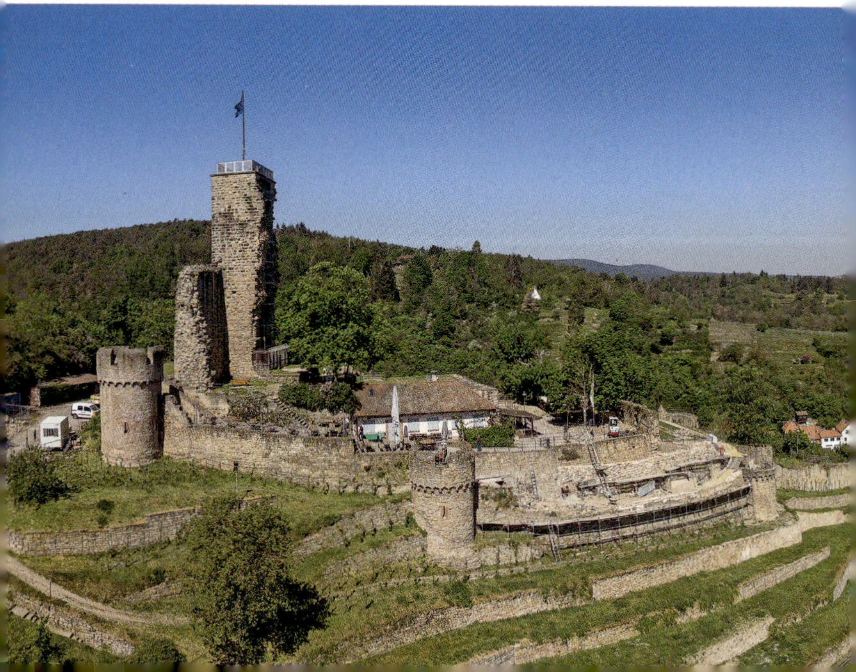

Tour
TOUR 11
ohne Uhr

TRUTZBURG UND ROMANTISCHER SEE

Von der Wachtenburg zum Basaltsee

Wahrzeichen der Stadt Wachenheim ist die weithin sichtbare, imposante Wachtenburg, eine Salierburg aus dem 12. Jahrhundert. Das beliebte Ausflugsziel ist Startpunkt für eine entspannte Wanderung zum Basaltsee, an dessen Ufer man die Seele baumeln lassen kann.

Balkon der Pfalz Von der Wachtenburg aus präsentieren sich wunderschöne Ausblicke, was der Burgruine den Beinamen »Balkon der Pfalz« eingebracht hat. Wir starten die heutige Wanderung im Ort Wachenheim, wo es zunächst an der Stadtbefestigung entlanggeht. Die frühere, über einen Kilometer lange Wehranlage aus Mauern, Türmen und Graben ist mit ihren eineinhalb Meter dicken Mauern noch gut erhalten, direkt daneben stehen Reihen von Weinreben (Wegemarkierung Pfälzer Mandelpfad). Der Anstieg ist steil, lohnt aber alle Mühe. Ist die Burg erst einmal erreicht, genießt man ihre mittelalterliche Atmosphäre und die herrlichen Ausblicke.

Bis zur grünen Bank Nach der gut besuchten Wachtenburg nehmen wir Kurs auf die Wälder und damit auf ruhigere Gefilde. Mit der Wegmarkierung Pfälzer Weinsteig folgen wir zunächst einem geschotterten Weg, der eben verläuft und schließlich in einen schmalen Waldpfad mündet. Stille umgibt uns und wir genießen es, dass wir ohne jede Eile durch den Wald spazieren. An einer markanten grünen Bank tritt der Pfad schließlich aus dem Wald heraus. An dieser Stelle geht es in viele Richtungen – wir biegen scharf links auf einen breiten geschotterten Weg ab, von dem kurz darauf eine Abzweigung nach rechts führt.

Willkommen in der Natur! Der Abzweig führt zu den Ufern des Basaltsees. Hier sitzen Wanderer und Spaziergänger am See, picknicken, lassen sich

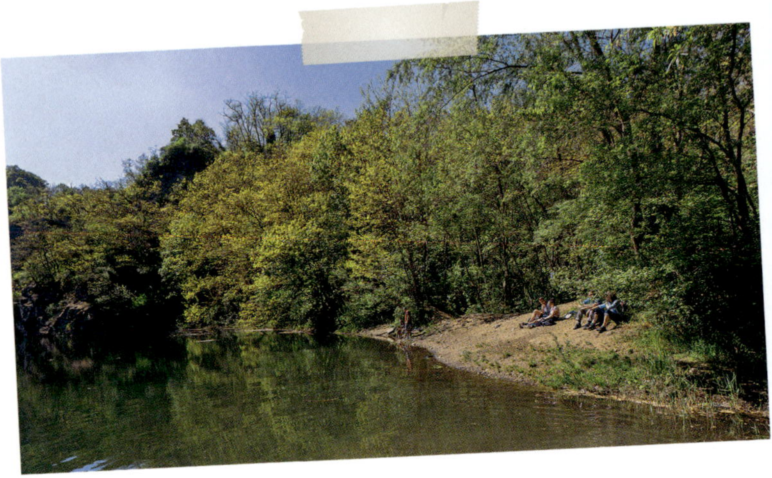

↑ **Pure Entspannung am Ufer des Basaltsees**

mitgebrachten Pfälzer Wein schmecken oder genießen einfach den abgelegenen See inmitten der Natur. Hunde planschen im See, Kinder spielen am Wasser, die Leute sind entspannt und sonnen sich. Nichts drängt hier, die Zeit steht einfach still. Der tiefgrüne See mit den steilen Felswänden an der einen und den flachen Ufern an der anderen Seite zieht alle in seinen Bann. Baden ist in dem See inmitten des Naturschutzgebietes allerdings nicht erlaubt.

Durch die Weinberge Zurück auf dem breiten Schotterweg gehen wir nun stetig bergab, bis wir am Ende des Weges einen Wanderparkplatz erreichen. Hier biegen wir links und gleich wieder links ab und gelangen zu der urigen Waldgaststätte Thomas' Waldweinstube. Ein letztes Wegstück entlang der Weinberge führt uns zurück nach Wachenheim.

Info

Wachenheim ist für den gleichnamigen Sekt Schloss Wachenheim bekannt, für den ein Winzeranwesen in der Kommerzienrat-Wagner-Straße 1in Wachenheim einen Standort bietet. Hier kann man den Sekt probieren und Kleinigkeiten dazu essen.

AUF EINEN BLICK

Tour 11: Tour ohne Uhr

Dauer: 2.15 Std.

Höhenmeter: 220 Hm

Länge: 7,5 km

Schwierigkeit: Leicht

Tourencharakter: Anstiege im Ort und auf die Burg, teilweise schmale, aber gut begehbare Waldwege

Ausgangs-/Endpunkt: Parkplatz am Freibad Wachenheim in der Friedelsheimer Straße

Anfahrt: **Pkw:** Von der B271 die Ausfahrt Forst an der Weinstraße nehmen, dann der L516/Weinstraße bis zur Friedelsheimer Straße in Wachenheim an der Weinstraße folgen
Bahn/Bus: Mit der Regionalbahn von Frankenthal Hauptbahnhof oder Neustadt/Weinstraße Hauptbahnhof nach Wachenheim (Pfalz) Bahnhof

Einkehr: Burgschänke Wachtenburg, Thomas' Waldweinstube

Information: www.wachtenburg.de, www.schloss-wachenheim.com

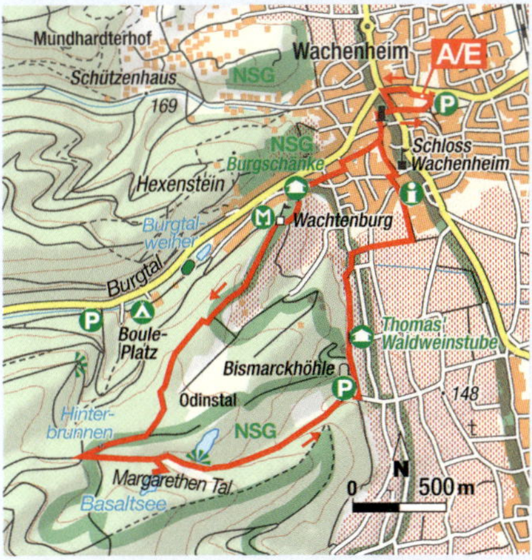

Mächtig ragt der Bismarckturm aus dem Pfälzerwald heraus.

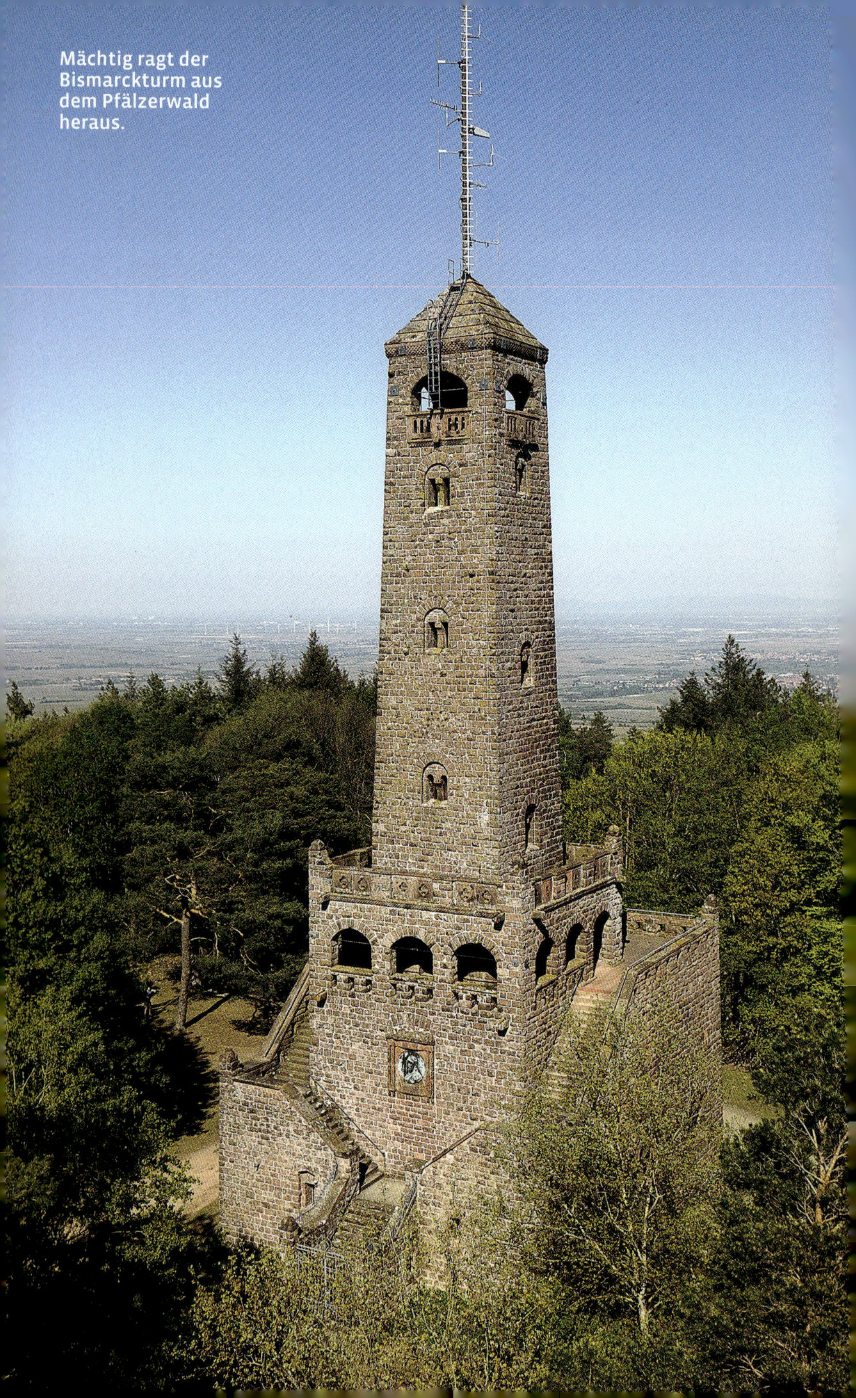

Tour
TOUR 12
der Stille

ENTSPANNT AUF HISTORISCHEN SPUREN

Lauschige Rastplätze auf dem Ganerbenweg

Viel Geschichtliches gibt es auf dem Ganerbenweg zu erleben, seien es alte Grenzsteine oder sagenumwobene Felsformationen oder der wuchtige Bismarckturm, der das Pathos der Kaiserzeit ausstrahlt. Und um all das in Ruhe betrachten und genießen zu können, gibt es so viele Rast- und Ruheplätze, dass auch bei größerem Andrang jeder einen gemütlichen Ort zum Entspannen findet.

Harmonischer Auftakt Nach einer traumhaft schönen Anreise über die sich durch den Pfälzerwald schlängelnde L518 erreichen wir vier Kilometer westlich von Kallstadt den Parkplatz des Forsthauses Lindemannsruhe. Es sieht sehr einladend aus, aber noch haben wir uns ja die Einkehr nicht verdient. Wir tauchen sofort in den Wald ein, wo uns ein wohltuend weicher Waldboden in Empfang nimmt. Der Weg, der dem Wanderzeichen schwarzes Beil auf gelbem Grund folgt, ist recht neu angelegt und mit neuen Bänken ausgestattet.

Teufelsmauer, Kanapee und Suppenschüssel Zuerst wandern wir durch nunmehr lichten Wald zu den Teufelsfelsen, das sind von Wald und Moos ummantelte, dahingewürfelte Gesteinsbröckchen, und anschließend zur Teufelsmauer, einem gewaltigen Steinbrocken, der den Namen wahrhaftig verdient. Eineinhalb Kilometer nach dem Startpunkt passieren wir den Fernmeldeturm von Bad Dürkheim, dann folgt nach weiteren 500 Metern das Kanapee. Bitte Platz nehmen auf dem steinernen Sofa! Die Ruhebank liegt auf 450 Metern auf der Wilhelmshöh, etwa 100 Meter abseits des Weges, und ist Bestandteil einer mittelalterlichen Einsiedelei. Wir bestaunen anschließend den Grenzstein von Leiningen aus dem Jahr 1595 mit dem Wappen der Leininger Grafen, dann folgt mit der Suppenschlüssel ein

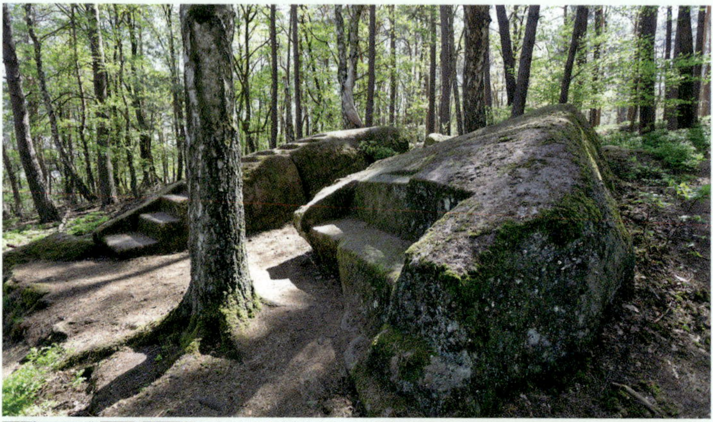

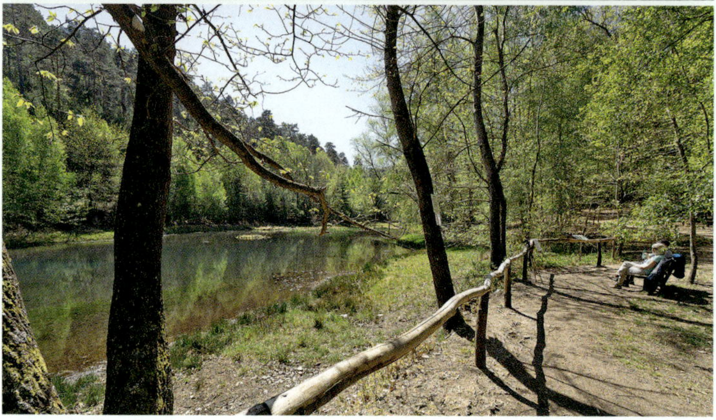

»Nichts bringt uns auf unserem Weg besser voran als eine Pause.«

Elisabeth Barrett-Browning

weiteres bizarres Steingebilde. Als Behältnis für Suppe kann man es sich nur eingeschränkt vorstellen, allerdings hat der Stein eine historische Bedeutung: Er ist ein mittelalterliches Rechts- und Grenzdenkmal, an dem vom 12. bis zum 18. Jahrhundert Abschlussbesprechungen mit Umtrunk stattgefunden haben, wenn man die Gemarkungsgrenzen abgegangen war. Schließlich erreichen wir einen alten Steinbruch mit der ulkigen Bezeichnung Krumholzer Stuhl.

Ungeheuerlich Ungeheuerlich schön ist der Ungeheuersee. Verwunschen liegt er im Krumbachtal, in das wir nach dem Burgunder Rastplatz auf einem Forstweg hinabsteigen. Ursprünglich im Mittelalter als Viehtränke angelegt, ist der Ungeheuersee inzwischen ein flacher, mooriger Teich, der unter Naturschutz steht. Es bestehen zwei Erklärungen für den Namen des eigentlich so idyllischen Sees. Wissenschaftlich lässt er sich aus »Unger« für Waldweide und »Heyer« für Gehege ableiten. Abenteuerlicher aber ist die Sage, dass umgestürzte Bäume unter Wasser mit einem fluoreszierenden Bewuchs überzogen waren und leuchteten – das war den Viehhirten und Waldarbeitern nicht so recht geheuer. Wie auch immer es sich verhalten mag – am Ufer stehen Bänke, auf denen man sich niederlassen und sich seine eigene Version zum Ungeheursee ersinnen kann. Auch eine Einkehrmöglichkeit mit Seeblick ist vorhanden, die vom Pfälzerwald-Verein bewirtschaftete und sehr empfehlenswerte Weisenheimer Hütte.

Weitere Felsformationen Anschließend wird es Zeit, wieder bergauf zu gehen. Durch einen Laubwald verlassen wir das bezaubernde Tal. Es geht vorbei an Feuchtwiesen Richtung Süden, wir überqueren die Landstraße L518. Etwa vier Kilometer nach dem Ungeheuersee folgt

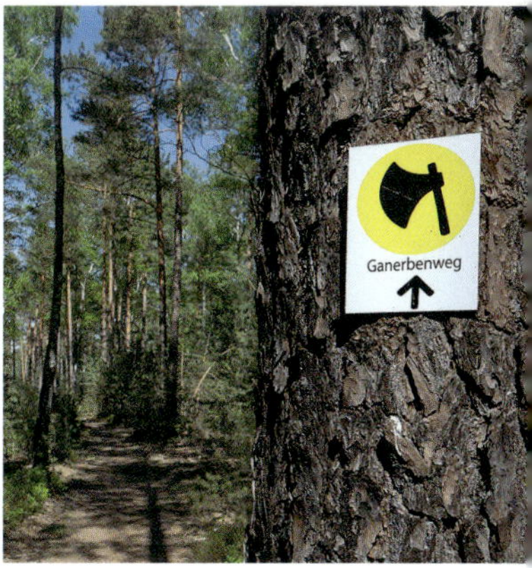

↑ **Das Kanapee sieht nicht gerade bequem aus …**
↓ **Am Ungeheuersee**
→ **Der Weg ist gut ausgeschildert.**

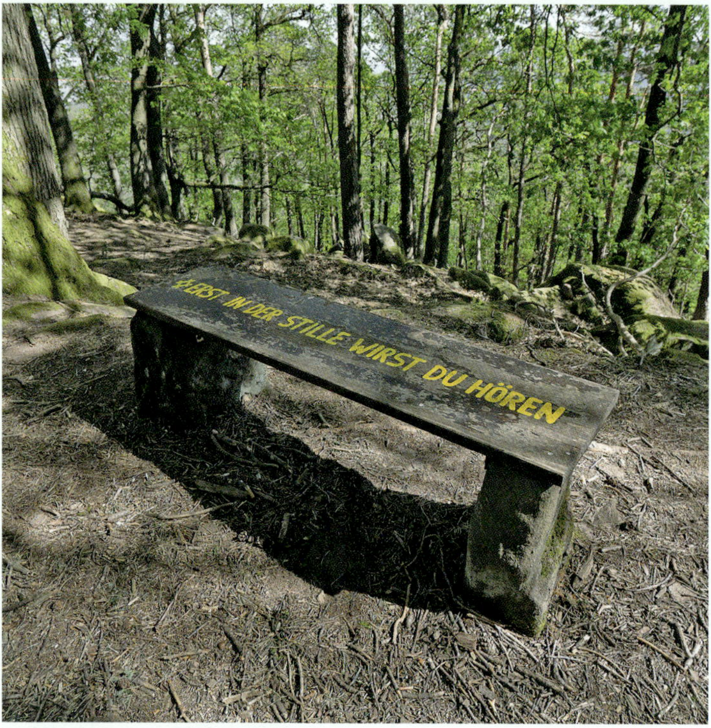

»Ich habe mir meine besten Gedanken
ergangen und kenne keinen Kummer,
den man nicht weggehen kann.«

Søren Kierkegaard

der Heidenfels. Ein Abstieg über die Steintreppen hinab in das Felsenmeer des Heidenfelses mit seinen Felsformationen und -vorsprüngen lohnt sich! Am Monoblock führen Kletter- und Boulder-Routen entlang, man kann den Kletterern bei ihrem Sport zuschauen. Oder unter dem »Vordach« der Heidenfelsgrotte an einem steinernen Tisch Platz nehmen.

Zum mächtigen Bismarckturm In Serpentinen und auf schmalen Pfaden steigen wir ohne größere Steigungen oder Gefälle hinab und durch den stillen Mischwald. Es folgt der Gayersbrunnen, eine eingefasste Quelle mit Rastplatz. Dann befinden wir uns auf der Zielgeraden zum denkmalgeschützten Bismarckturm. Rund um dieses Highlight geht es natürlich etwas trubeliger zu, aber auch hier findet man versteckte Bänke und Rastmöglichkeiten und kann den behäbigen Buntsandsteinturm in aller Ruhe bewundern. Während seiner Öffnungszeiten kann man ihn begehen und den Blick in die Rheinebene bis nach Ludwigshafen genießen (geöffnet von Mai bis Oktober Mittwoch, Samstag, Sonntag und an Feiertagen von 10 bis 18 Uhr und von November bis April an Sonn- und Feiertagen von 10 bis 16 Uhr).

Ausruhen in der Lindemannsruhe Nun sind wir nur noch einen halben Kilometer vom Ausgangspunkt der Wanderung entfernt. Nach so viel Genuss an den schönsten Stellen brauchen wir dringend eine Stärkung und kehren in der rustikalen Forsthausgaststätte Lindemannsruhe ein. Sie liegt direkt an der Landstraße und ist deshalb auch gut besucht. Per Selbstbedienung kann man sich mit Pfälzer Haumannskost und wechselnden Specials versorgen. Außer im Winter gibt es an der Gaststätte auch ein kleines Gehege mit freilaufenden Ziegen.

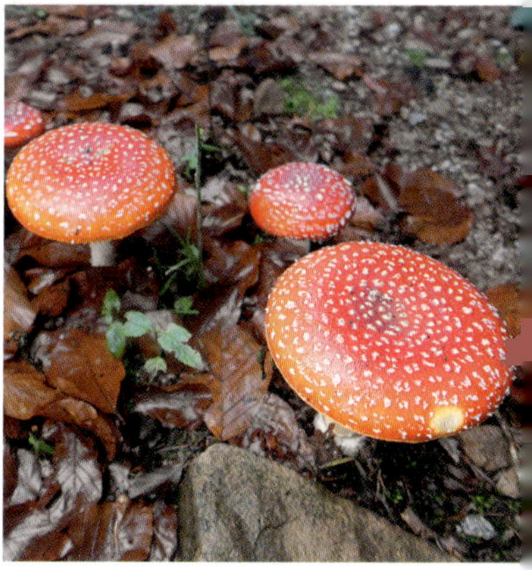

← Passend zum Motto der Tour …
→ Den Fliegenpilz sieht man häufig im Pfälzerwald.

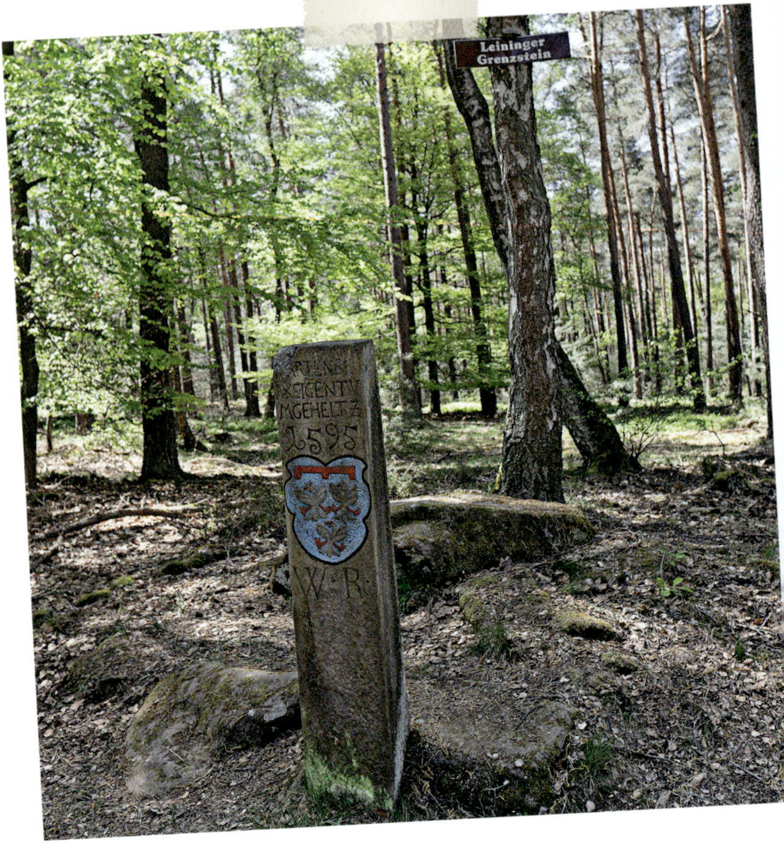

↑ **Leininger Grenzstein aus dem Jahr 1595**

Info

Nach altdeutschem Erbrecht bezeichnet das gemeinsame Familienvermögen, zumeist Grundbesitz, eine Ganerbenschaft. Die Erben konnten nur gemeinsam darüber verfügen. Belegt sind Ganerbenschaften bis ins 13. Jahrhundert. Der Wald der Ortsgemeinden Freinsheim wurde mit dem Wald von Bad Dürkheim und dem der Leininger Schulwaldstiftung von Grünstadt im Jahr 2007 zum Forstgebiet Ganerben zusammengefasst – wo heute der Wanderweg hindurchführt.

AUF EINEN BLICK

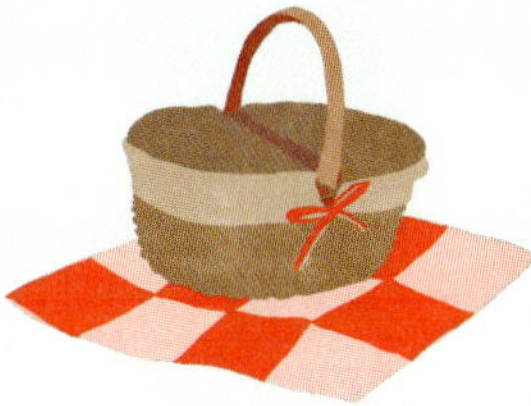

Tour 12: Tour der Stille

Dauer: 3 Std.

Höhenmeter: 200 Hm

Länge: 10,9 km

Schwierigkeit: Mittel

Tourencharakter: Mittellange Wanderung mit vergleichsweise wenigen Höhenmetern, felsige Abschnitte, Steinstufen

Ausgangs-/Endpunkt: Parkplatz Lindemannsruhe

Anfahrt: Pkw: Ab Bad Dürkheim Richtung Leistadt fahren. Vor dem Ortseingang Leistadt im Kreisel dritte Ausfahrt nehmen Richtung Höningen und über die L518 bis Parkplatz Lindemannsruhe
Bahn/Bus: Mit dem Zug nach Bad Dürkheim, dann mit der Buslinie 488 zur Lindemannsruhe (3-mal täglich)

Einkehr: Forsthaus Lindemannsruhe, Weisenheimer Hütte (am Ungeheuersee)

Information:
www.lindemannsruhe.de,
www.pwv-weisenheim.de/rasten-und-entspannen

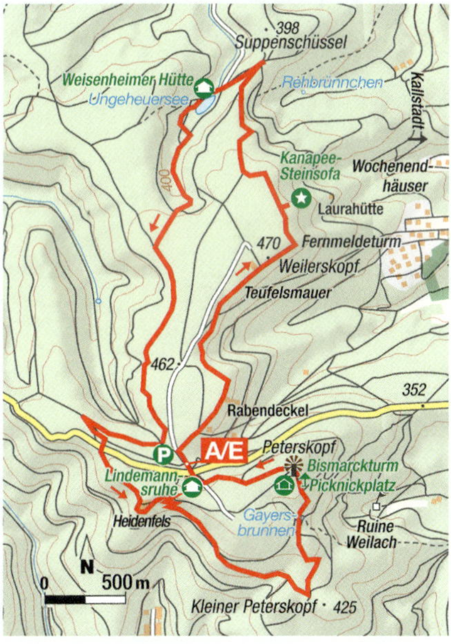

Abenteuerliche Erkundungsgänge inklusive: Burg Erfenstein

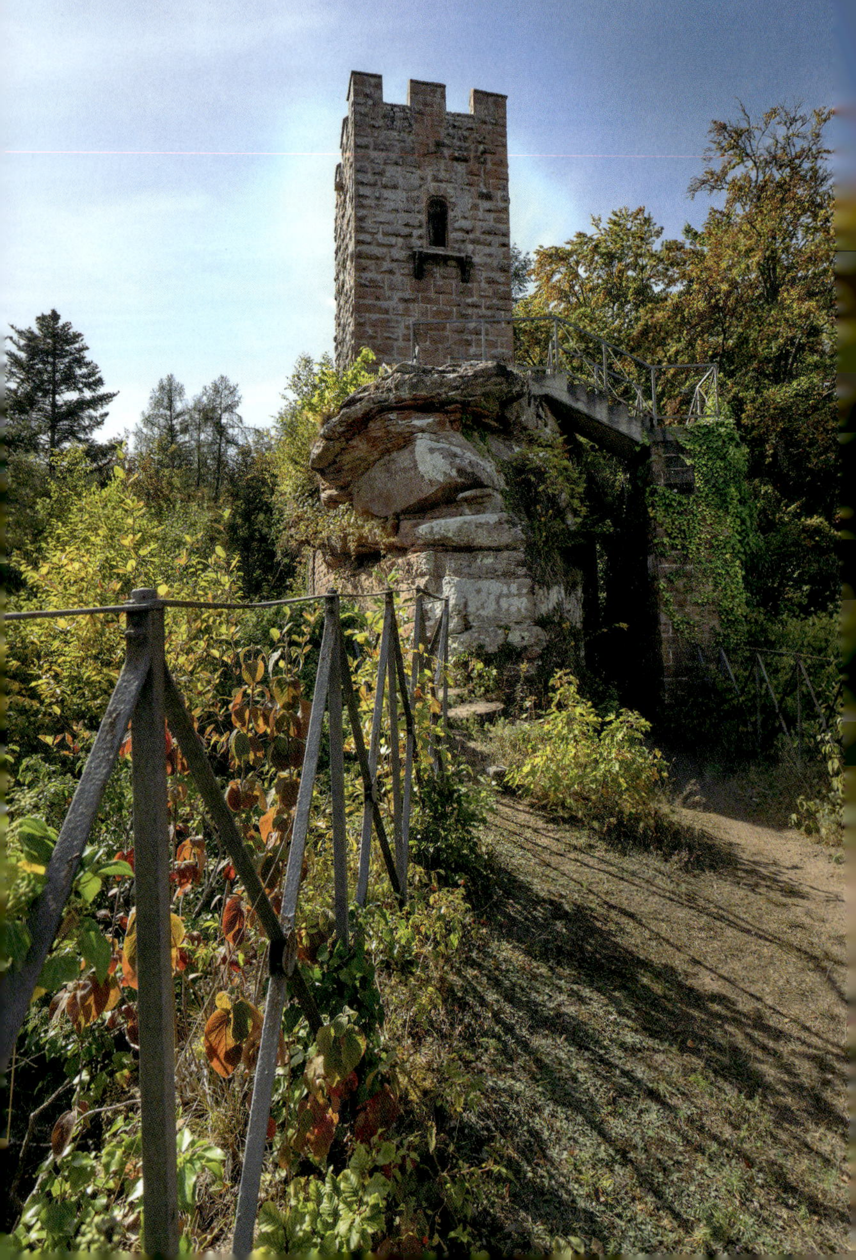

Tour
TOUR 13
ohne Uhr

EINE BURG UND ZWEI RUINEN

Drei-Burgen-Rundweg im Elmsteiner Tal

Im idyllischen Elmsteiner Tal verbindet ein Rundweg die Burgruinen Erfenstein, Breitenstein und Spangenberg. Die Aussichtspunkte auf die steil abfallenden Sandsteinfelsen, auf denen die Burgruinen thronen, laden zum Verweilen und Erkunden der Anlagen ein.

Zwei Burgen auf einen Streich Wir starten am Bahnhof von Erfenstein, überqueren die Talstraße und folgen dem weißen Schild mit einer Burg und der Aufschrift »Drei-Burgen-Rundweg«. Sofort bewältigen wir einen steilen Anstieg, der uns 50 Höhenmeter nach oben bringt. Die gute Nachricht ist, dass die erste Ruine unseres Burgenprogramms, Burg Erfenstein, sehr schnell erreicht ist. Eine steinerne Treppe führt zum Eingang, wo wir uns alle Zeit der Welt lassen, die Ruine über ihre unterschiedlichen Ebenen über Metallleitern und Treppen zu erkunden. Burg Erfenstein wurde laut Schild 1960 zuletzt restauriert. Der Höhepunkt ist mit Sicherheit der Aussichtspunkt ganz vorne am Felssporn: Lassen wir uns auf einer Bank nieder und erfreuen uns am Blick auf die Burg Spangenberg auf der gegenüberliegenden Seite! Der Sandstein hüben wie drüben wetteifert farblich mit dem satten Grün des Waldes. Ein herrliches Erlebnis!

Zur Vorgängerburg Sobald wir uns von dem schönen Anblick losreißen können, folgen wir weiteren Steintreppen nach oben und gelangen nach wenigen Schritten zur alten Ruine Erfenstein – diese ist wirklich alt, das heißt, es sind nur noch einzelne Felsbrocken von ihr vorhanden. Sie wurde 1237 von den Grafen von Leiningen zum Schutz ihres Waldbesitzes erbaut. Auch in dieser Ruine können wir uns in Ruhe umtun und auf Entdeckungsreise gehen. Von einer sonnigen Bank aus blicken wir gleichzeitig auf die neue und die alte Ruine Erfenstein.

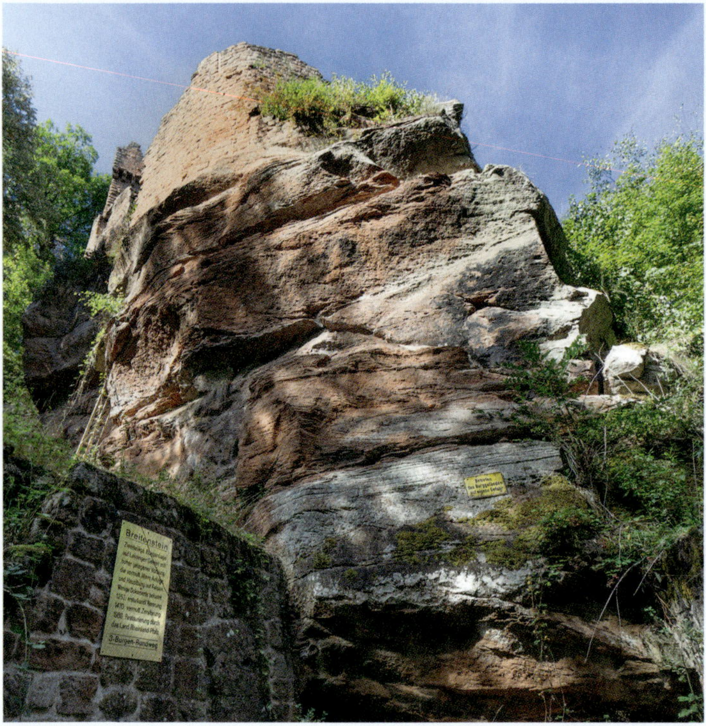

»Sich tragen lassen zeugt von Ohnmacht,
gehen von Kraft.«

Gottfried Seume

Burg Breitenstein Weiter folgen wir einem Forstweg, auf den nach einem halben Kilometer die Straße einmündet. Leicht ansteigend wandern wir weiter und über einen Wanderparkplatz hinweg, dann wenden wir uns nach rechts und nehmen den breiten Schotterweg steil bergauf. In einer Kehre biegen wir auf unserem breiten Weg scharf links ab und erreichen wenig später die Reste der höhergelegenen Vorburg Breitenstein. Hier können wir nach den eben zurückgelegten Höhenmetern kurz durchatmen, bevor wir uns nach links über einen schmalen, teils unwegsamen und zugewucherten Pfad der imposanteren Hauptburg nähern. Sie thront hoch oben über dem Elmsteiner Tal, auf einem 220 Meter hohen Steilhang. Über eine abenteuerliche Leiter, die etwas Mut erfordert, gelangt man ins Innere von Palas und Ringmauer und kann auch hier wieder auf einer Zeitreise zurück ins 13. Jahrhunderts die Jetzt-Zeit ausblenden.

Historische Relikte Wir folgen dem schmalen Pfad weiter bergab und gelangen über ein Steintreppchen zurück auf den breiten Forstweg. Es geht zum Parkplatz über die Talstraße und die Gleise des Kuckucksbähnel (siehe Tipp) hinweg. Kurz danach biegen wir nach links auf einen Forstweg ein. 300 Meter später geht es nach links in den Alten Weinweg und etwa einen Kilometer danach nach rechts auf das Gelände des Stutengartens, einer bischöflich-speyerische Pferdekoppel aus dem Jahr 1505. Die Hälfte der hohen Sandsteinpfosten der Einzäunung sind noch vorhanden. Die kurz darauffolgende Burgquelle Spangenberg, eine natürlich eingefasste Quelle, wurde früher als Pferdetränke genutzt.

Gut erhaltenes Schluss-Highlight Die Burg Spangenberg aus dem 11. Jahrhundert überblickt als Wahrzeichen hoch

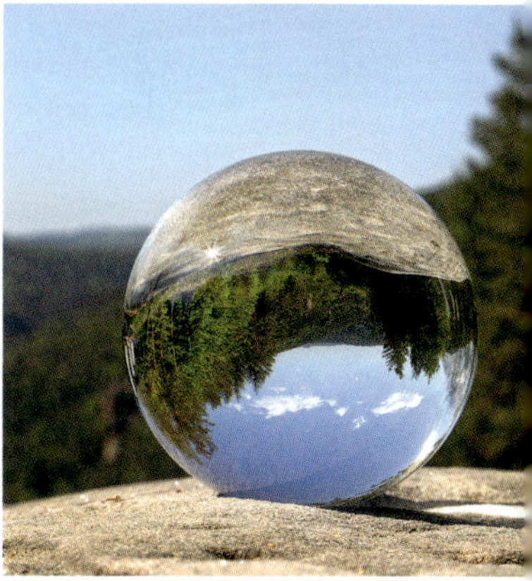

← **Hauptburg der Burg Breitenstein**
→ **Besonderer Blick von der Burgmauer**

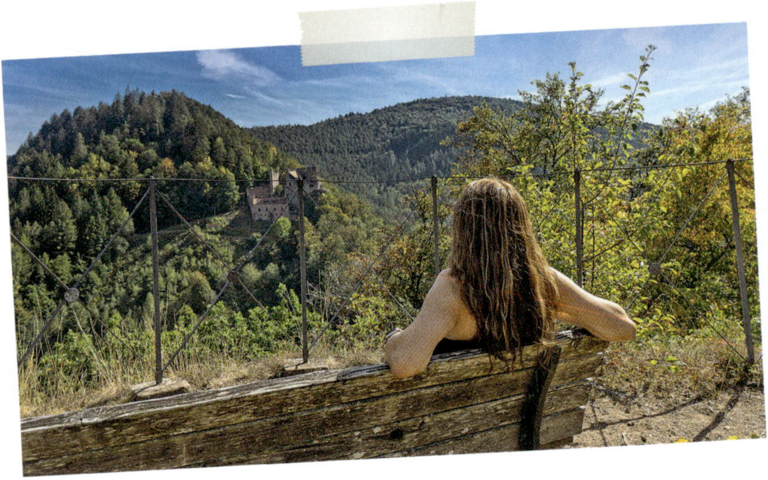

↑ **Ausblick von Burg Erfenstein auf Burg Spangenberg**

oben auf einem mächtigen Felskeil das Elmsteiner Tal. Sie diente einst als Wohnsitz für die Stutenmeister, die für die Speyerer Bischöfe Pferde züchteten. Sowohl Burg als auch Burgschänke sind restauriert – einer Einkehr nach einer zeitlosen Wanderung mit ein paar Höhenmetern und vielen schönen Impressionen steht also nichts im Weg. Während der Öffnungszeiten der Burgschenke ist die Unterburg frei zugänglich. Wer sich das Burginnere ausgiebig angeschaut und auch einen Blick auf die gegenüberliegende Burg Erfenstein geworfen hat, gelangt über den Alten Burgweg in zehn Minuten zurück zum Ausgangspunkt oder – für alle, die bisher noch keine Rast eingelegt haben, – direkt zum Forsthaus Breitenstein am Ausgangspunkt, wo man mit einer zünftigen Brotzeit die Wanderung angemessen ausklingen lässt.

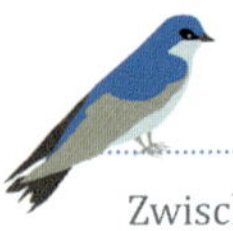

Tipp

Zwischen dem Bahnhof Neustadt an der Weinstraße und dem Elmsteiner Tal verkehrt der historische Dampfzug Kuckucksbähnel. Neben regulären Fahrten gibt es auch Sonderfahrten. Der Zug fährt von Gleis 5 im Hauptbahnhof Neustadt ab (letzter Bahnsteig), das ist direkt beim Eisenbahnmuseum.

AUF EINEN BLICK

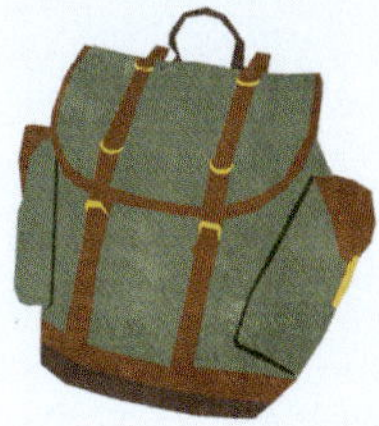

Tour 13: Tour ohne Uhr

Dauer: 2.30 Std.

Höhenmeter: 270 Hm

Länge: 7,8 km

Schwierigkeit: Mittel

Tourencharakter: Vorwiegend gut begehbare Wege, einige schmale und auch unwegsame Pfade, stetiges Auf und Ab wegen der Anstiege zu den Burgen

Ausgangs-/Endpunkt: Parkplatz an der Talstraße an der Bushaltestelle Erfenstein-Schlossschenke

Anfahrt: **Pkw:** Von Neustadt/Weinstraße über die B39 Richtung Frankenstein, dann im Ort Frankeneck links auf die Talstraße ins Elmsteiner Tal abbiegen. Der Straße 11 km folgen, der Parkplatz liegt an der linken Straßenseite.
Bahn/Bus: Besonders schön: Ab Neustadt/Weinstraße mit der historischen Dampfeisenbahn Kuckucksbähnel bis Bahnhof Erfenstein. Ansonsten Buslinie 517 vom Hauptbahnhof Neustadt bis Erfenstein-Schlossschenke (Bahnhof und Haltstelle direkt am Startpunkt der Wanderung)

Einkehr: Burgschänke Burg Spangenberg, Forsthaus Breitenstein

Information: www.neustadt.eu/Tourismus-Wein, www.burg-spangenberg.de, www.eisenbahnmuseum-neustadt.de/kuckuck.html

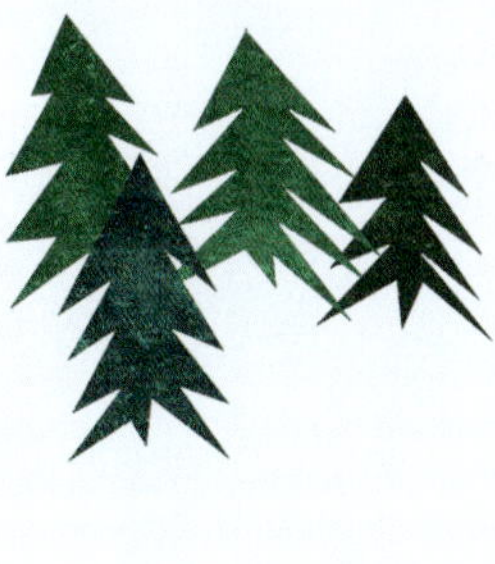

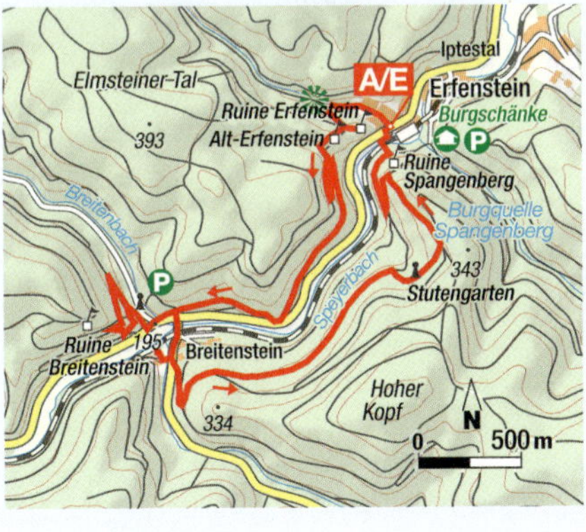

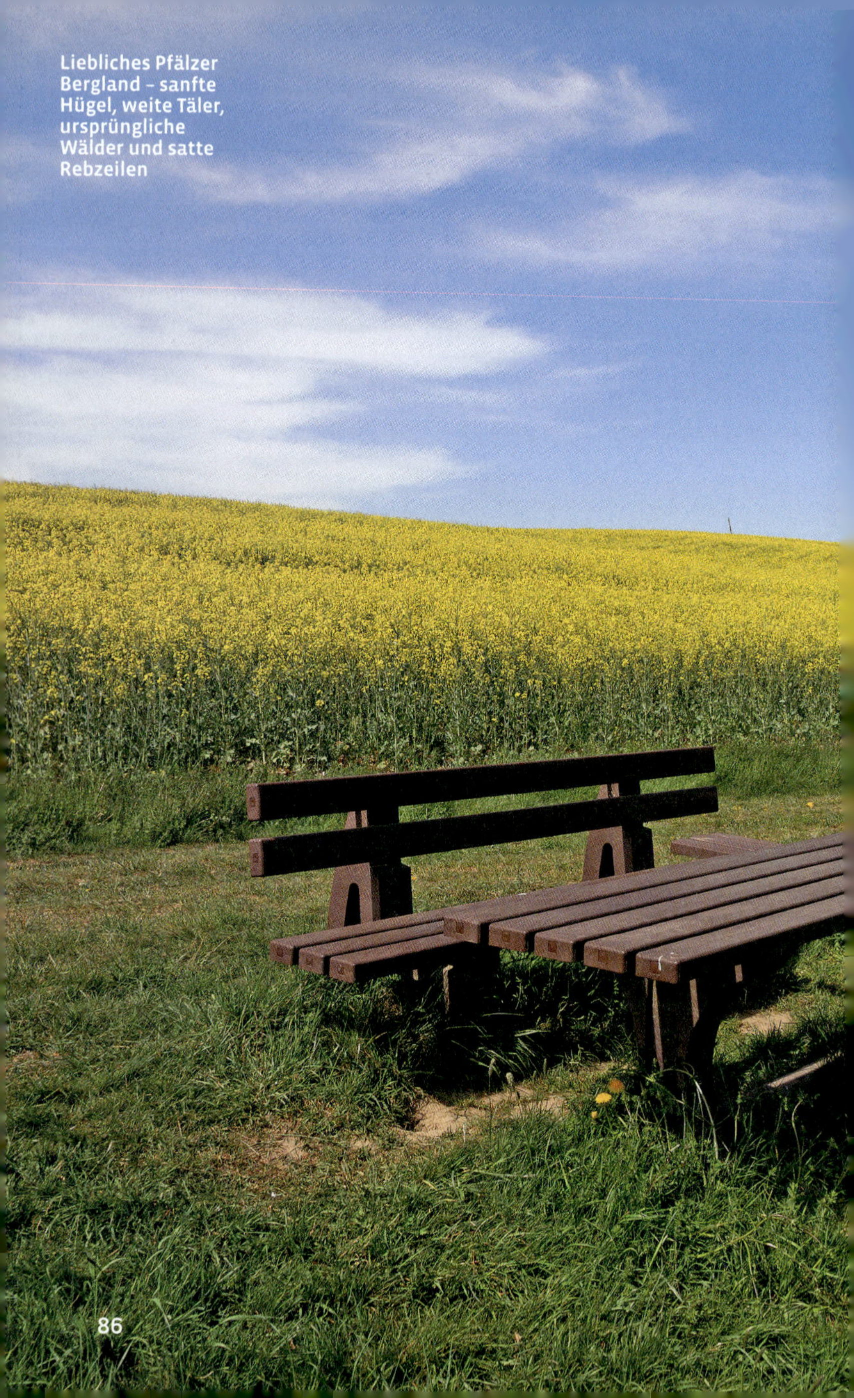

Liebliches Pfälzer Bergland – sanfte Hügel, weite Täler, ursprüngliche Wälder und satte Rebzeilen

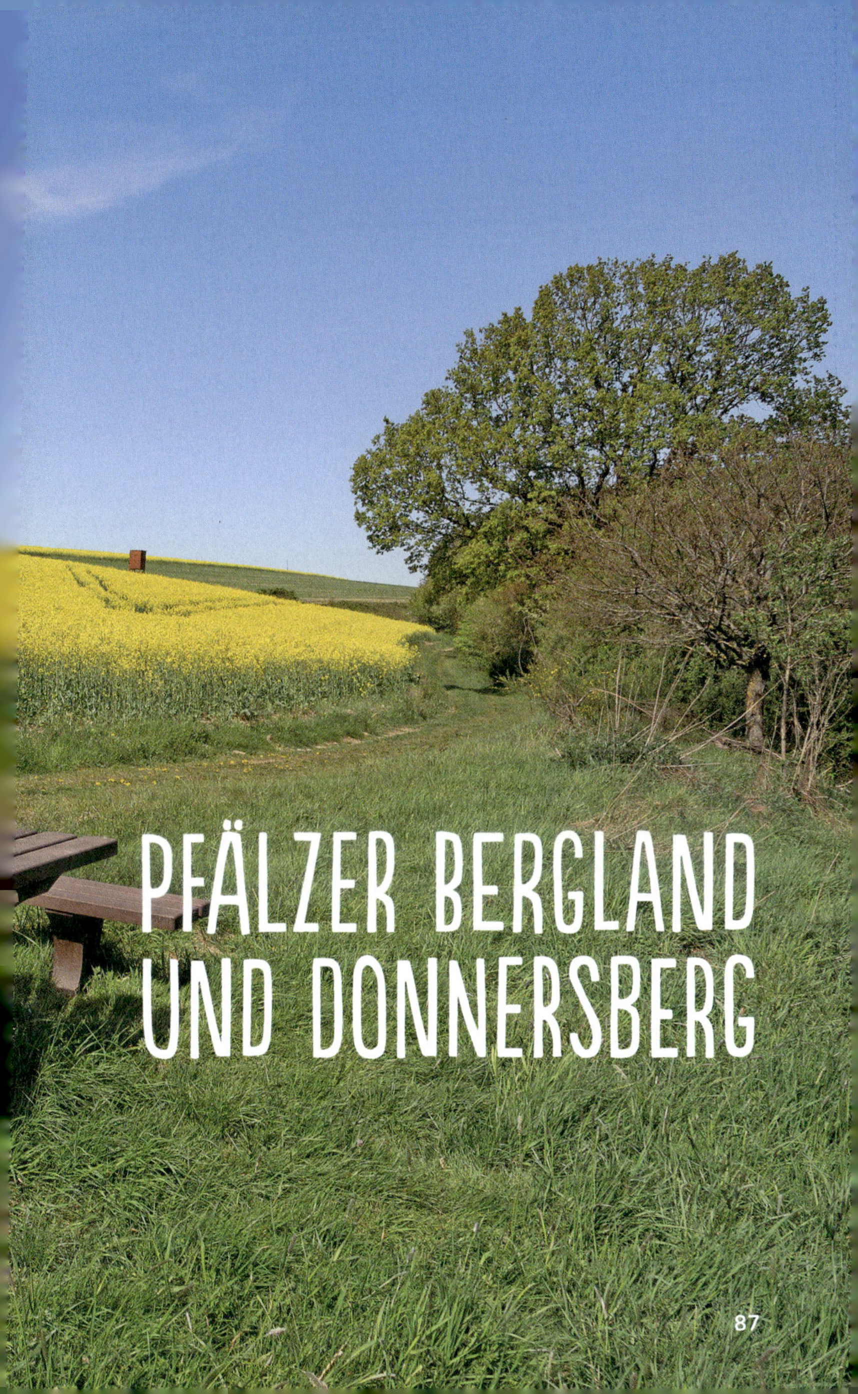

PFÄLZER BERGLAND UND DONNERSBERG

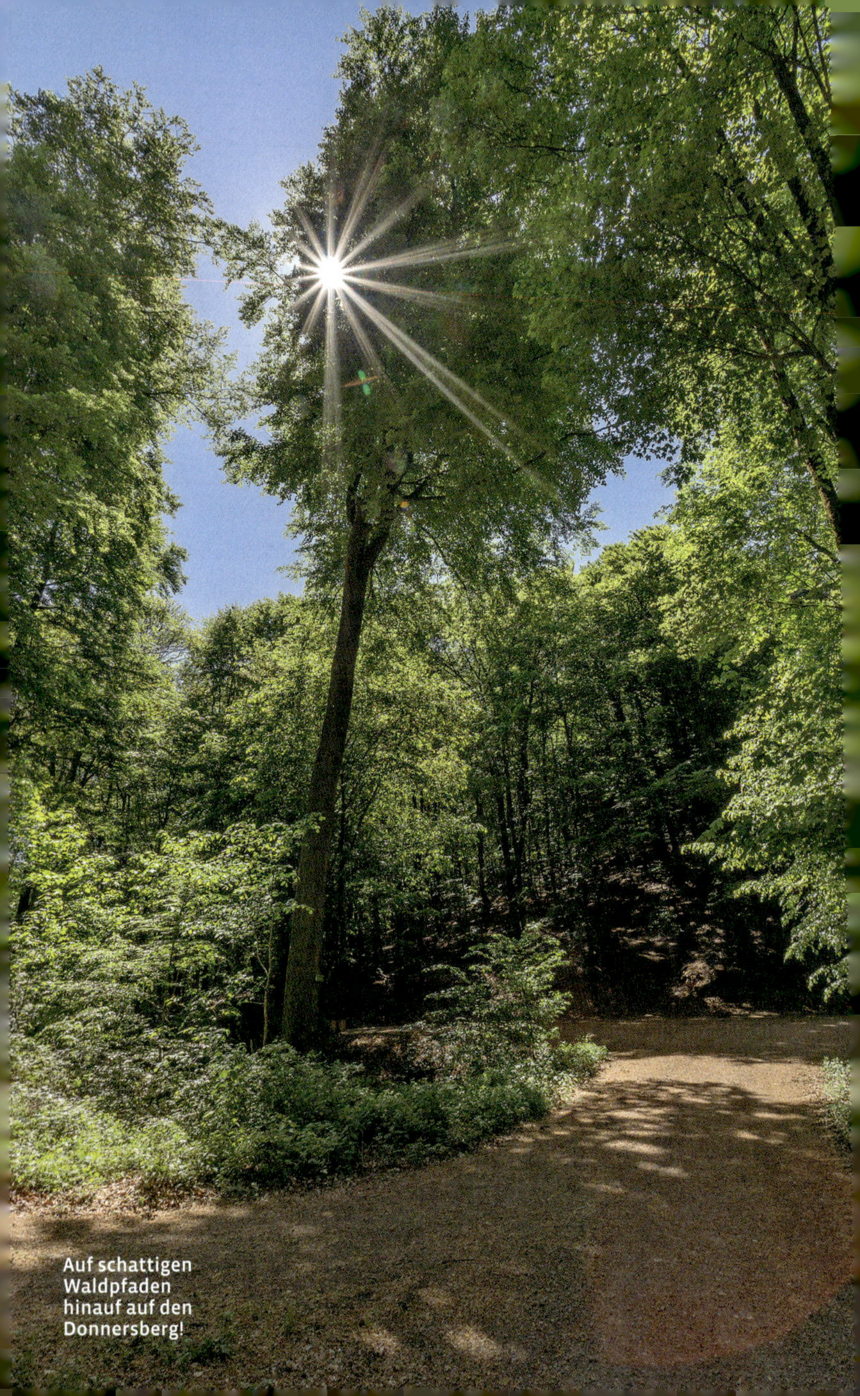

Auf schattigen
Waldpfaden
hinauf auf den
Donnersberg!

AUF DEM GIPFEL DER PFALZ

Tour TOUR 14 der Stille

Keltische Spuren auf dem Donnersberg

Der Donnersberg ist mit 686 Metern nicht nur der höchste Berg der Pfalz, sondern auch der aussichtsreichste und zudem wegen der Relikte aus der Keltenzeit kulturgeschichtlich bedeutsamste. Schon von weitem bietet das Gebirgsmassiv einen imposanten Anblick.

Weithin sichtbar Schon die Anfahrt zum Donnersberg steigert die Vorfreude – denn die deutliche Wölbung des höchsten Berges der Pfalz ist weithin sichtbar. So nehmen wir denn auch beschwingt den ersten Anstieg in Angriff und folgen diversen Wegmarkierungen: blauer und roter Balken auf weißem Untergrund, sowie die gelben Punkte mit den Wegnummern 4,6 und 7. Nachdem wir auf einen wildromantischen Pfad entlang eines Bachbettes gestoßen sind, biegen wir rechts ab, gleich darauf wieder links und überqueren die Landstraße.

Es wird keltisch Kurz darauf ist die Keltenhütte erreicht, eine vom Pfälzerwald-Verein betriebene Wanderhütte, die allerdings nur samstags, sonn- und feiertags geöffnet ist. In einem gemütlichen Innen- und einem lauschigen, schattigen Außenbereich kann man Pfälzer Gerichte und kühle Getränke genießen. Die Keltenhütte ist der Auftakt für einige Attraktionen aus dieser Zeit. Vor über 2000 Jahren herrschte hier oben auf dem Donnersberg ein geschäftiges Treiben in einer frühen Stadt, die von Markttagen, Handwerk und Handel geprägt war. Mehrere Tausend Menschen lebten hier!

Ringwall Als Relikt der einstigen Stadtmauer ist der bis zu sechs Meter hohe Ringwall zu sehen, dessen restaurierte Mauerstücke nun auf unserer Wanderung liegen. Wir stoßen am Originalstandort auf die ehemalige

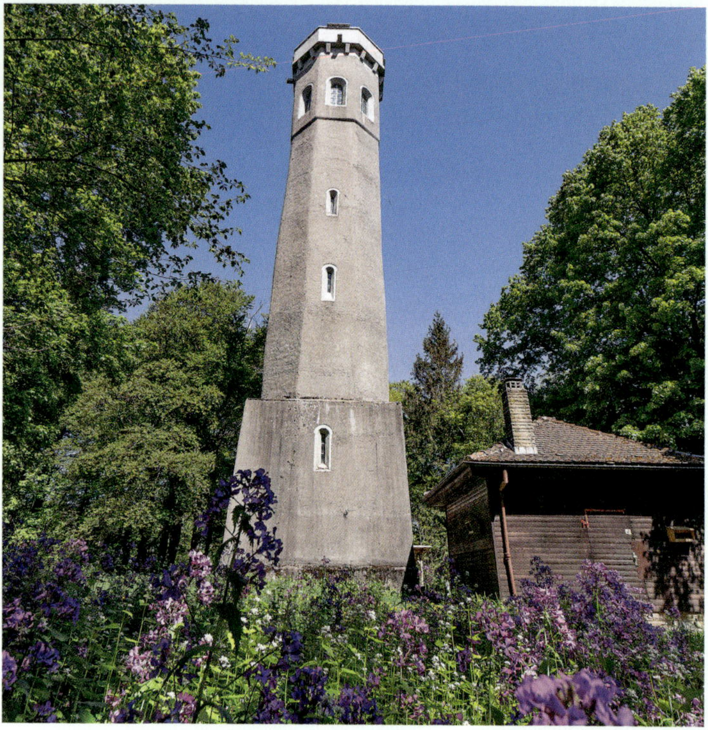

»Wandern ist die vollkommenste
Art der Fortbewegung,
wenn man das wahre Leben entdecken will.
Es ist der Weg in die Freiheit.«

Elizabeth von Arnim

Stadtmauer. Tafeln informieren ausführlich über diese kulturhistorische Besonderheit. Der geschichtlichen Bedeutung der Stätte wird die mystische Atmosphäre gerecht – eine magische Stille umgibt den Berg und seine Artefakte.

Skulpturenweg und Ausblick An einer kurz darauffolgenden Kreuzung stoßen wir nicht nur auf den keltischen Skulpturenweg, sondern können auch nach links den Abstecher zum Hirtenfels einbauen. Dieser liegt 630 Meter hoch und bietet ein romantisches Rastplätzchen mit genussvollem Ausblick. Eine geräumige Schutzhütte ist ebenfalls vorhanden. Unterwegs zum Hirtenfels passieren wir die Skulptur »Eber«, den eine Infotafel näher beschreibt. Zurück auf dem Hauptweg folgen wir in westliche Richtung weiter dem Skulpturenweg und erreichen kurz darauf ein Schmankerl, das als Kontrastprogramm aus der Jetzt-Zeit stammt.

Ludwigsturm mit Aussicht und Schoppen 142 Stufen sind zu erklimmen, dann präsentiert sich von der Aussichtsplattform des steinernen, achteckigen Ludwigsturms eine spektakuläre Aussicht auf das Nordpfälzer Bergland und den Pfälzerwald (der Turm kann samstags, sonn- und feiertags für einen Euro bestiegen werden). Bei einem Kiosk neben dem Turm kann man sich mit einer Weinschorle, Fleischgerichten und Kuchen eindecken oder regionale Produkte wie Honig und Wurstwaren zum Mitnehmen erwerben – im Sommer gibt es außerdem Eis, im Winter Glühwein.

Dach der Pfalz Wir wandern an einem Funkturm vorbei und gelangen schließlich zum Königsstuhl, dem höchsten Punkt der Pfalz. Markant thront eine etwa hausgroße Granitformation aus hartem, vulkanischem Gestein auf dem

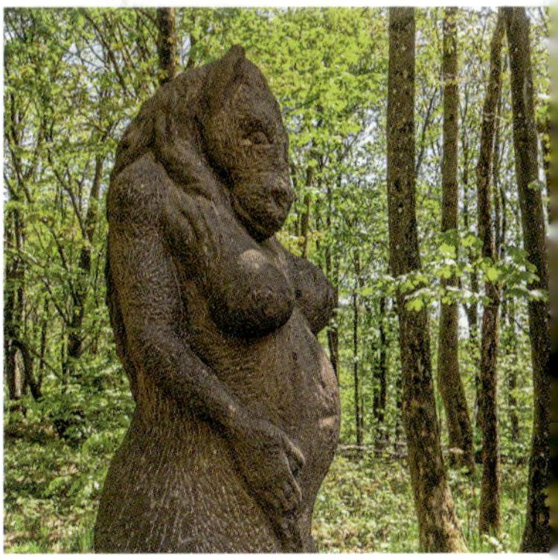

← **Ludwigsturm mit Kiosk**
→ **Keltische Göttin Epona**

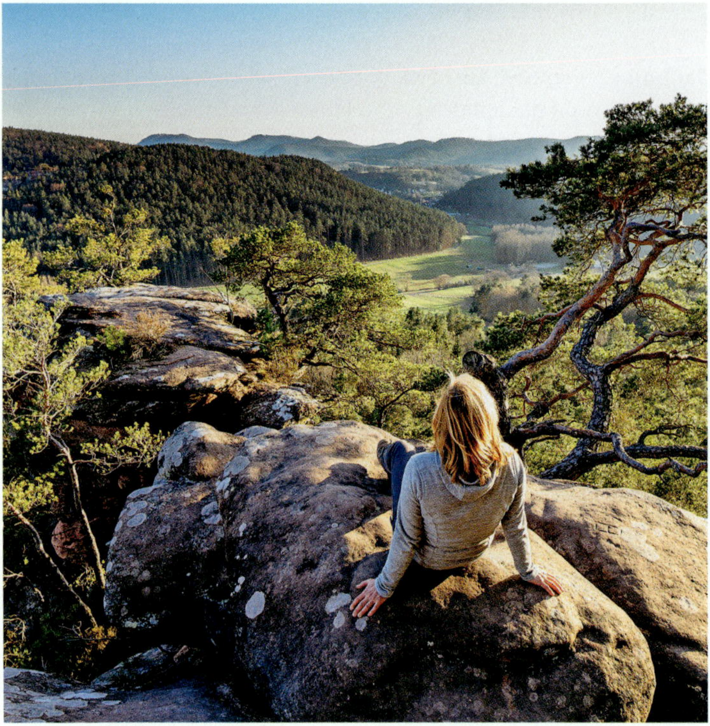

»Kannst du nicht wie der Adler fliegen,
klettre nur Schritt für Schritt bergan;
wer mit Mühe den Gipfel gewann,
hat auch die Welt zu Füßen liegen.«

Victor Blüthgen

Berg. Rund um den höchsten Punkt kann man die besondere Struktur des langsam erkalteten und dadurch großkristallinen Gesteins gut erkennen – zu dieser geologischen Besonderheit gesellt sich eine fantastische Aussicht, wie man sie nur selten zu sehen bekommt.

Zerfallene Burg Zwei Kilometer nach diesem einzigartigen Panoramablick kommen wir an der Wegkreuzung Hühnerberg vorbei, ein hoher Steinpfeiler markiert die Stelle. Noch einen Kilometer weiter finden wir die kleine Schutzhütte »Fressplatz« – wenn das nicht einladend klingt!

Abstecher – unbedingt mitnehmen! Wir gelangen an der Kreuzung Grohes Rondell an einen Punkt, wo uns ein lohnenswerter Abstecher in eine Sackgasse führt. An deren Ende wartet der Beutelfels, ein weiterer vulkanischer Granitbrocken, der unter der Erde langsam erkaltet ist. Unterwegs dorthin liegt die Ruine Hohenfels. Die aus dem frühen 12. Jahrhundert stammende Burganlage ist sagenumwoben, jedoch leider kaum mehr vorhanden. Dennoch ein Platz der Stille und Beschaulichkeit. Am Beutelfels erwartet uns neben der beeindruckenden Felsformation ein toller Rundumblick und der farbenfrohe »Eiserne Mann«, der über der Szenerie wacht.

Köstlichkeit mitten im Wald Zurück auf dem Hauptweg geht es schnurstracks zur nächsten Einkehrmöglichkeit, der Kronenbuchhütte. Das ist eine nette kleine Hütte des Verkehrsvereins Imsbach mitten im Wald, deren Spezialität geräucherte Forellen sind, die es immer am ersten Sonntag im Monat gibt (geöffnet an Sonn- und Feiertagen). Wir passieren einen großen Wanderparkplatz, von dem aus wir über einen weiteren, aber hier nicht vorgesehenen Abstecher zur Burgruine

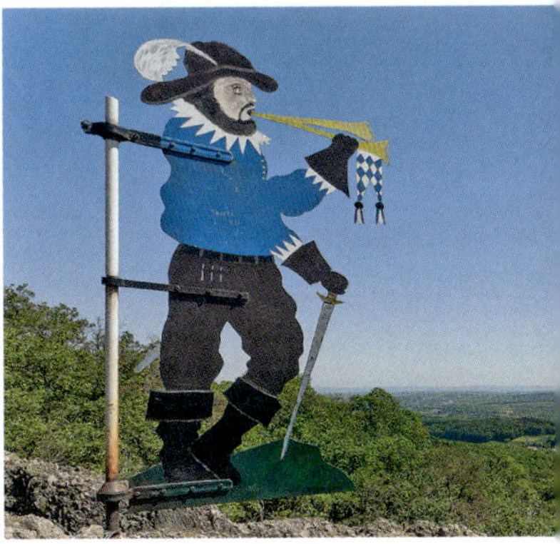

← **Glücklich ist, wer einen Gipfel erreicht hat.**
→ **Der »Eiserne Mann« bewacht den Beutelfels.**

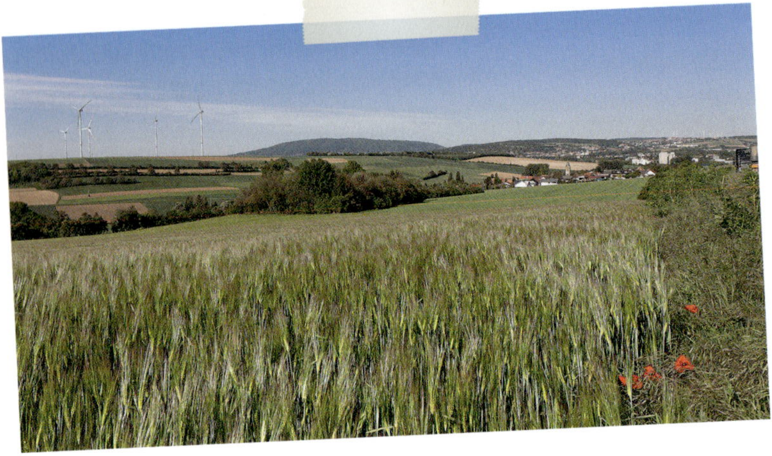

↑ **Blick zurück: Auf der »Erhebung« ganz hinten waren wir!**

Falkenstein wandern könnten. Wir indessen biegen scharf rechts ab und machen uns auf den sechs Kilometer langen Rückweg zum Startpunkt.

Gemächlicher Abschluss Der Weg verläuft nun weitgehend eben am Wald entlang und bietet immer wieder schöne Aussichten nach Westen in die Ebenen und auf Dörfer, Wäldchen und Felder. Eine ruhige Strecke, auf der sich die vielen Eindrücke der abwechslungs- und variantenreichen Wanderung setzen können. Der Donnersberg ist ein Wahrzeichen der Region, und nur, wer ihn schon einmal erwandert und die Aussicht vom Ludwigsturm oder dem Königsstuhl genossen hat, war ganz oben – auf dem Gipfel der Pfalz. Wer allen Einkehrmöglichkeiten widerstanden hat, kann sich im Restaurant Bastenhaus am Startpunkt die verdiente Belohnung abholen.

Tipp

Ohne den Abstecher zum Aussichtspunkt »Eiserner Mann« ist die Wanderung insgesamt zwei Kilometer kürzer. Etwa einen Kilometer spart man, wenn man den Abstecher zum Hirtenfels auslässt.

AUF EINEN BLICK

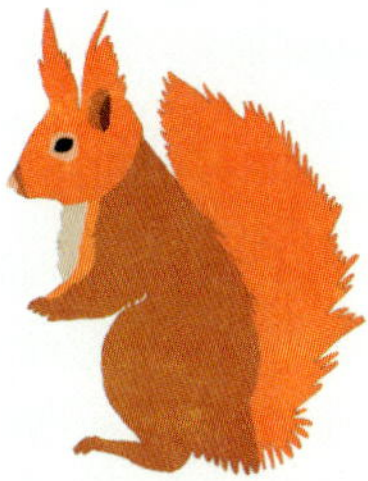

Tour 14: Tour der Stille

Dauer: 5.30 Std.

Höhenmeter: 500 Hm

Länge: 19,2 km

Schwierigkeit: Schwer

Tourencharakter: Langer Weg mit vielen Höhenmetern, gute Grundkondition und Trittsicherheit von Vorteil

Ausgangs-/Endpunkt: Großer Wanderparkplatz beim Hotel Bastenhaus

Anfahrt: **Pkw:** A63 bis Ausfahrt Göllheim fahren. Dann die L397 bis Dannenfels Kreisverkehr, von diesem die dritte Ausfahrt nehmen, Parkplatz folgt unmittelbar
Bahn/Bus: Mit der Bahn bis Kaiserslautern und weiter nach Bahnhof Rockenhausen, dann mit der Buslinie ALT 4912 bis Bastenhaus Dannenfels (direkt am Startpunkt)

Einkehr: Keltenhütte, Kiosk am Ludwigsturm, Kronenbuchhütte, Restaurant Bastenhaus

Information: www.donnersberg-touristik.de, www.bastenhaus.de

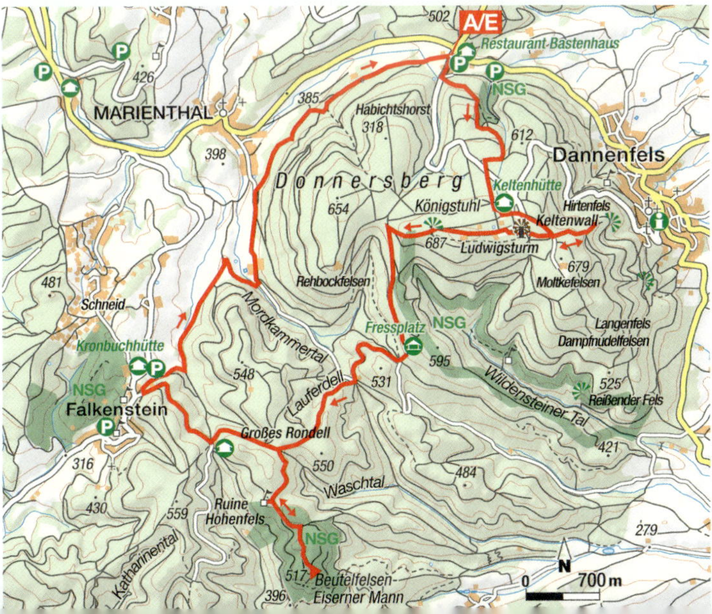

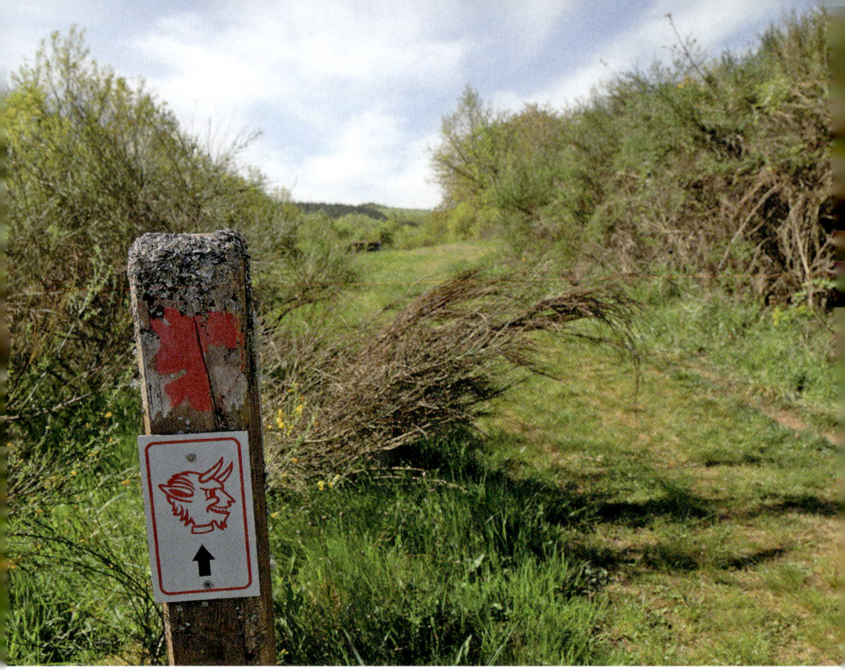

↑ Ein Teufel führt über den himmlischen Weg. ↓ Überwucherter Teufelsstein

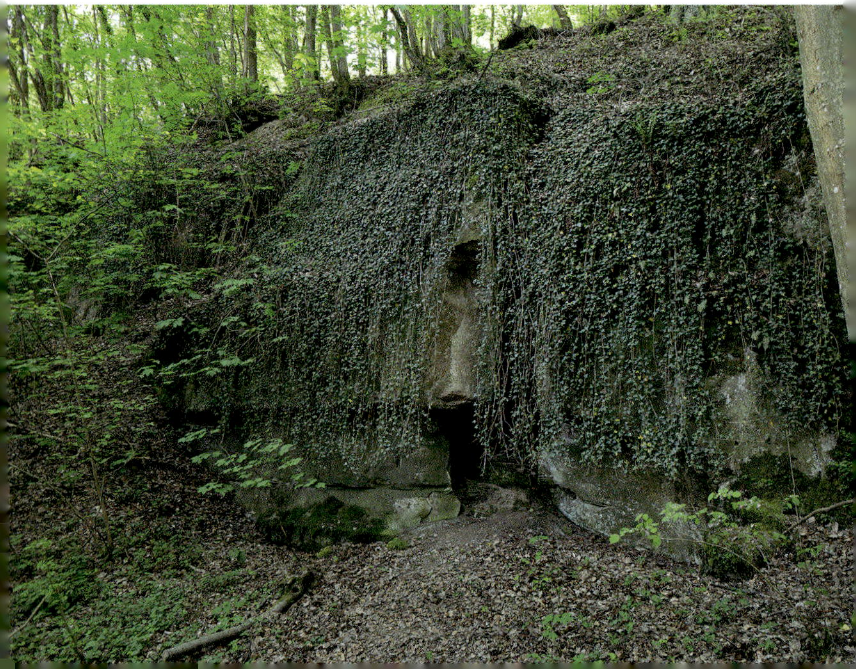

TEUFLISCHE ANSTIEGE UND HIMMLISCHE AUSSICHTEN

Tour für TOUR 15 die Sinne

Teufelstour in Olsbrücken

Die Infotafel am Beginn der Wanderung bringt es auf den Punkt: teuflische Anstiege und himmlische Aussichten. Zudem hält die Teufelstour alle Landschaftsformen bereit, die es gibt: Wald, Felder, grüne Wiesen mit und ohne Obstbäume, Heckenlandschaften und wildromantische Bachtäler zuzüglich fantastischer Fernsichten. Die pure Entdeckungstour der Pfalz!

Paten der Tour Als Wegmarkierung führt das Teufelslogo vom Betzenberg (roter Teufel auf weißem Untergrund) des 1. FC Kaiserslautern durch die Tour. Namensgeber und damit zweiter Pate der Tour ist der Teufelsstein, ein ehemaliger römischer Steinbruch bei Frankelbach. Zu Beginn laufen wir noch ein paar Schritte durch den Ort, dann knickt der Weg scharf links ab und wir widmen uns dem ersten, ziemlich steilen Anstieg, der uns 130 Höhenmeter nach oben bringt. Nach zwei Kilometern passieren wir einen Unterstand mit Infotafeln, dann werden wir mit dem ersten Panoramablick belohnt.

Namensgeber Teufelsstein Über idyllische, schmale Wald- und Wiesenpfade erreichen wir den Teufelsstein – er selbst ist weniger spektakulär und mit Efeu zugewachsen – der Ausblick indes ist wunderbar! Entgegen etwas schauriger Überlieferungen handelt es sich trotz eines erkennbaren Altars und eines Blutbeckens mit einer zehn Zentimeter breiten Blutrinne nicht um eine keltische Opferstätte, sondern um einen römischen Steinbruch aus dem 3./4. Jahrhundert. Auf Picknickbänken lassen wir uns nieder, bewundern die kunstvollen Schnitzereien und informieren uns an den Infotafeln.

Hinauf! Nun führt uns der Weg am Frankelbach entlang, der munter neben uns her plätschert und unseren Weg über verschlungene Pfade

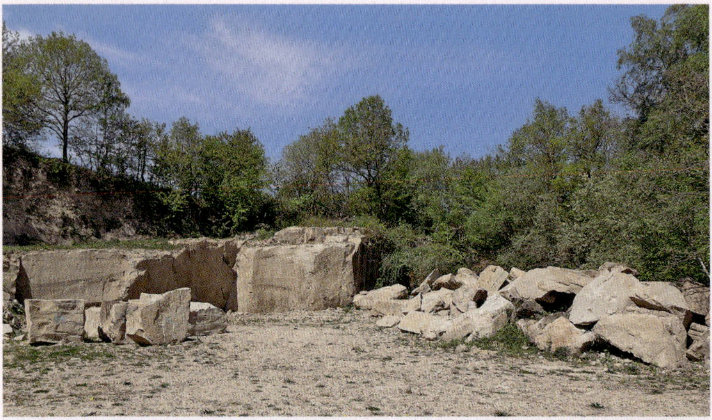

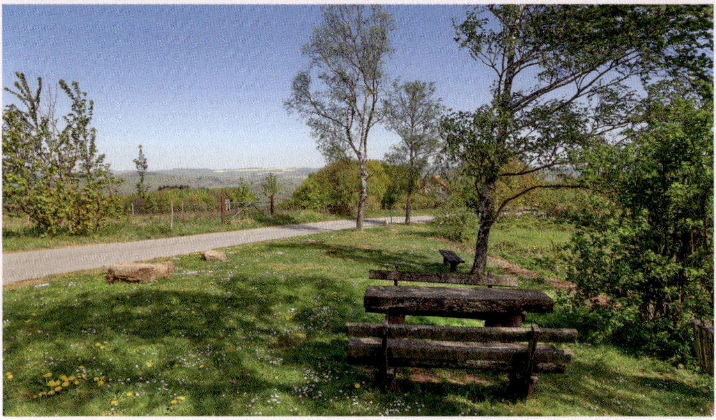

»Es ist absolut nicht wichtig,
wie viele Gipfel du besteigst oder wie hoch dein Berg ist,
sondern ob du die Schönheit sehen kannst.«

Anonym

romantisch untermalt. Das kurze Durchatmen tut gut, vor allem, weil wir gleich den zweiten knackigen Anstieg in Angriff nehmen – diesmal sind wir anschließend 180 Meter weiter oben! Nach einer verlassenen Hütte, deren Inneres wir neugierig durchstöbern, treffen wir am höchsten Punkt der Tour auf den kleinen, stillgelegten Steinbruch Sulzbachtal, in dem früher Sandstein abgebaut wurde. Alles sieht so aus, als könnten die Arbeiter morgen wiederkommen und weitermachen, fast errät man, welcher Stein als nächstes herausgebrochen wird. Der Blick von der Hochebene bis hin zum Donnersberg, dem höchsten Berg der Pfalz, ist traumhaft!

Gemächlicherer Teil Wir nähern uns der Zivilisation und erreichen die Ortschaft Eulenbis. Wer genau hinschaut, erkennt am Ortsrand den Eulenkopfturm. Wir verlassen Eulenbis am Friedhof vorbei, nach dem einige traumhaft schöne Fernsichten auf uns warten. Diesmal gleitet der Blick Richtung Süden, nachdem wir zuvor vor allem Fernsichten gen Norden und Nordwesten präsentiert bekamen. Perfekt auf der Strecke – nach 11,2 Tourkilometern – liegt der Panorama-Gasthof Stemler. Die Einkehr in den gemütlichen Gasthof haben wir uns mehr als verdient! Es gibt Fleisch aus eigener Rinderzucht und der durstige Wanderer kann sich an Kaffee, Wein oder Bier erfreuen.

Gebündelte Sinneseindrücke am Ende Gestärkt geht es nun weiter – liegt es an der Einkehr oder daran, dass es bergab geht? Auf jeden Fall folgen wir nun beschwingt einem breiten Forstweg bergab und kommen vorbei an blühenden Sträuchern, die herrlich duften. Wir gelangen ins Sulzbachtal, ein wildes Bachtal, durch das aber nicht die Sulz

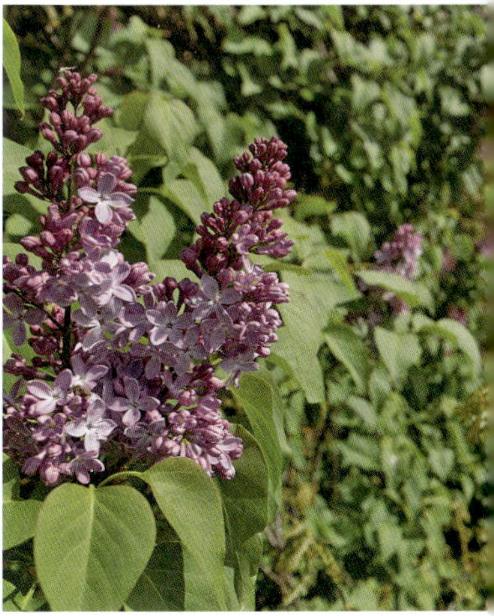

↑ **Steinbruch Sulzbachtal**
↓ **Am Ortsausgang von Eulenbis**
→ **Verschönerter Rückweg ...**

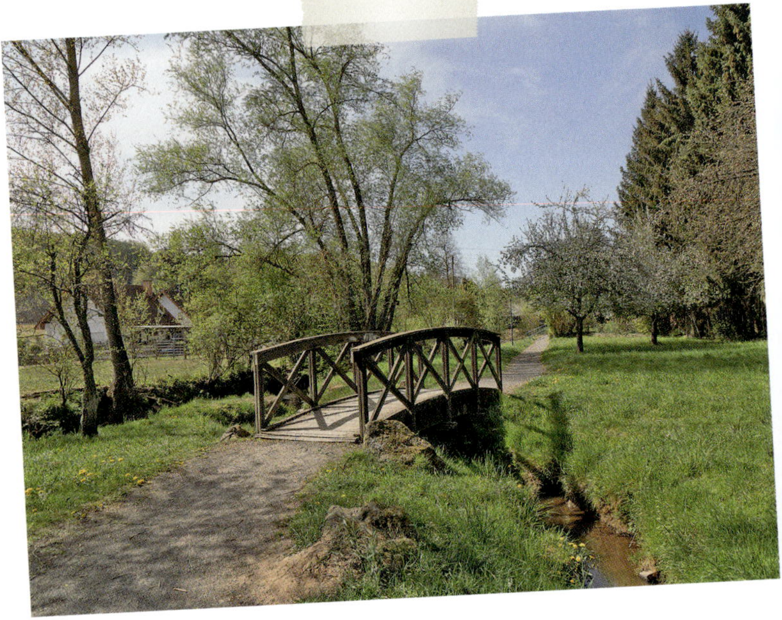

↑ **Erschöpft, aber glücklich zurück in Olsbrücken**

fließt, sondern die aus Kaiserslautern fließende Lauter. Im Ort Sulzbachtal angekommen, stehen wir vor der Entscheidung: Möchten wir die restlichen 2,2 Kilometer entlang der Zugstrecke auf einem schönen Weg und kurz auf einem Radweg zu Fuß gehen oder nehmen wir die Bahn? Wir wählen Ersteres! Die Verbindungsstrecke zwischen Sulzbachtal und Olsbrücken ist mit Pfeilwegweisern mit einer gelben Spitze ausgeschildert. Der perfekte Abschluss, um uns alle Sinneseindrücke dieser abwechslungsreichen Tour noch einmal zu vergegenwärtigen.

Tipp

Zwischen Sulzbachtal und Olsbrücken verkehrt eine Bahn (Regionalbahn Richtung Lauterecken-Grumbach). Die Wanderroute liegt sowohl in Olsbrücken als auch in Sulzbachtal am Bahnhof. Die Züge fahren stündlich.

AUF EINEN BLICK

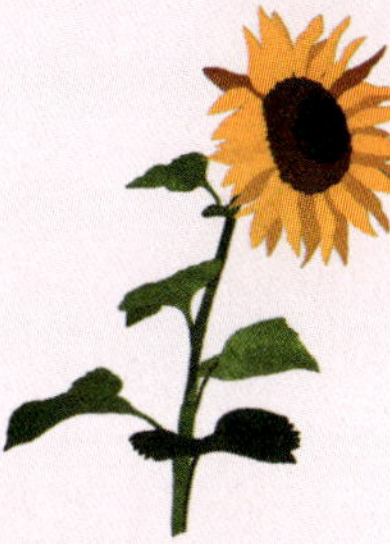

Tour 15: Tour für die Sinne

Dauer: 5.30 Std.

Höhenmeter: 420 Hm

Länge: 18,8 km

Schwierigkeit: Schwer

Tourencharakter: Anspruchsvolle, etwas längere Wanderung mit zwei knackigen Anstiegen. Gute Grundkondition erforderlich. Es gibt eine Abkürzungsmöglichkeit, mit der man 2,2 km spart.

Ausgangs-/Endpunkt: Wanderbahnhof von Olsbrücken (zahlreiche Parkplätze)

Anfahrt: Pkw: Über die A6 bis Ausfahrt Kaiserslautern-West. Dann über die B270 Richtung Otterbach/Wolfstein bis nach Olsbrücken
Bahn/Bus: Mit der Bahn über Kaiserslautern nach Olsbrücken (Lautertalbahn, verkehrt im Stundentakt). Der Startpunkt liegt direkt am Bahnhof.

Einkehr: Panorama-Gasthof Stemmler in Eulenbis

Information: www.otterbach-otterberg.de/unsere-gemeinden/olsbruecken, www.fewo-stemler.de/restaurant.php

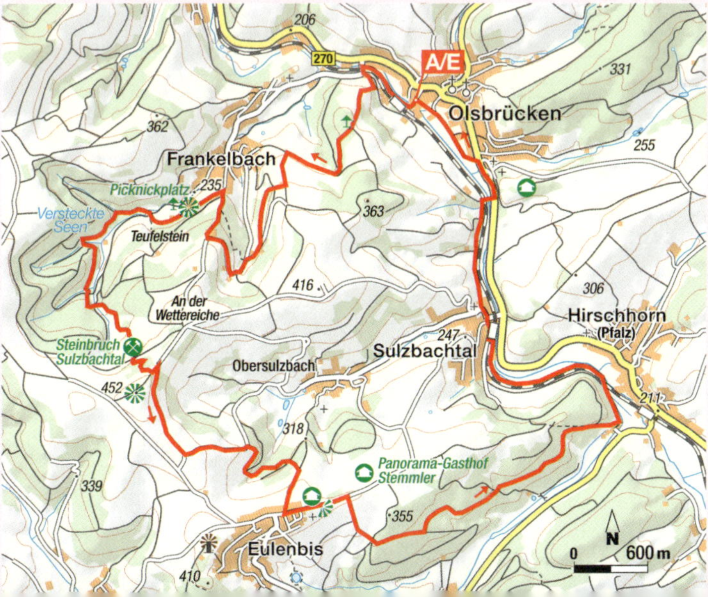

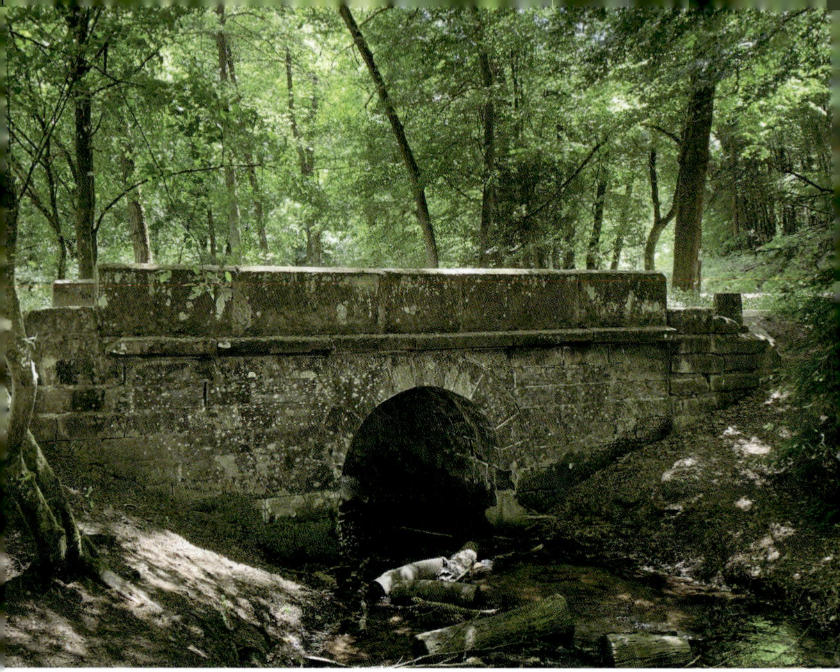

↑ Romantische Brücke über die Isenach ↓ Auf dem See kann man Boot fahren.

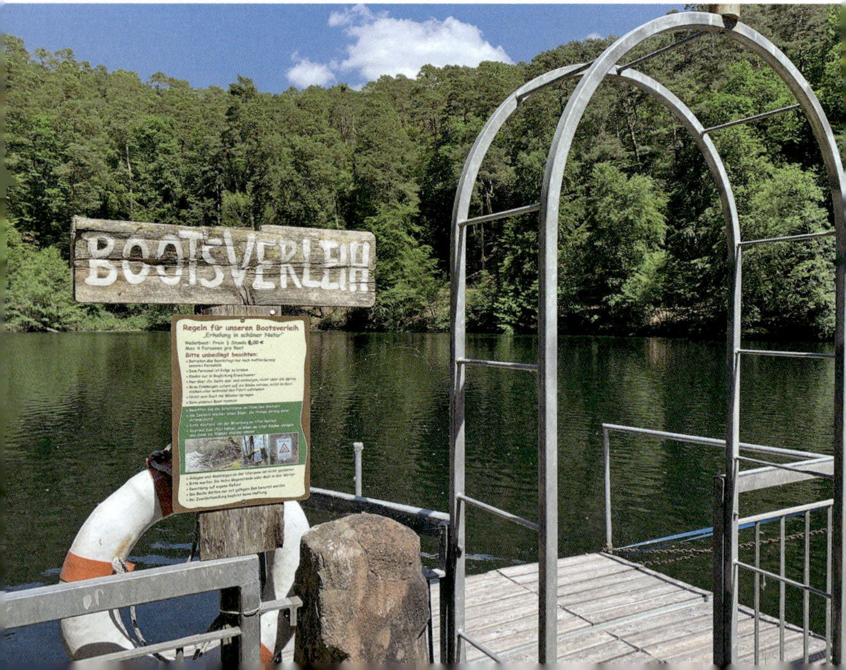

Tour für TOUR 16 die Sinne

VERWUNSCHENE WEGE UND GEWÄSSER

Vom Wolfental zum Isenachweiher

Wenngleich die versteckten Pfade dorthin traumhaft schön sind und so richtig entschleunigen, ist doch der Isenachweiher das attraktive Ziel der Wanderung. Und auch der Start durch das mit Farn bewachsene Wolfental bei Bad Dürkheim, durch dichte Buchen- und Douglasienbestände, ist ein Genuss.

Durchs Wolfental Den Bach Isenach sieht man nicht, wenn man durch das urtümliche Wolfental wandert (am Ausgangspunkt zunächst links halten, das ist schöner, als von Anfang an den Forstweg zu gehen). Nur der Schleipbrunnen, eine kleine, eingefasste Quelle, ist vom Weg aus sichtbar und mit ein paar Schritten zu erreichen. Über Steintreppchen geht es hinunter zur Quelle. Kühl, still und schattig ist es an diesem verborgenen Ort. Kurz darauf treffen wir auf den breiten, geschotterten Forstweg, dem wir nun ein ganzes Stück folgen. Die Wegmarkierung ist ein grünes Kreuz. Umgeben von hohen Bäumen rechts und links, genießen wir die Sonnenstrahlen auf dem Gesicht.

Versteckte Pfade Nach knapp zweieinhalb Kilometern zweigt scharf links ein schmaler Pfad ab, die einzige steile Passage der Wanderung. Ab jetzt verläuft der Weg überwiegend schattig, gleichzeitig wird es immer schöner und romantischer. Wir erreichen einen verwunschenen Gang und man spaziert durch einen von Bäumen überdachten Tunnel, an manchen Stellen muss man sich sogar bücken. Das ist so magisch wie es klingt – dieser Wegteil könnte in jedem Märchen vorkommen!

Am Wasser Dann treffen wir erstmals auf Wasser. Eine romantische Steinbrücke überquert den Bach Isenach, der von rechts als schmales Gewässer kommt und sich nach links zu einem kleinen See ausweitet. An der Brücke

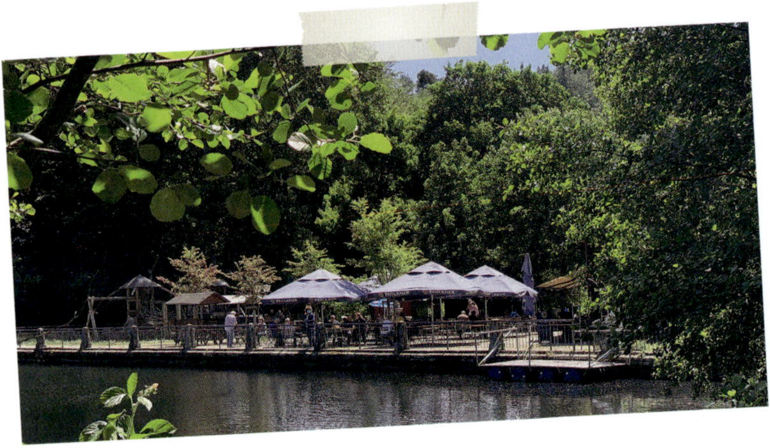

↑ Biergarten des Forsthauses zur Isenach direkt am Weiher

können wir ein Stückchen am Bachufer entlang in die »falsche« Richtung laufen und die mystische Stimmung in uns aufnehmen.

Träumen am Weiher Schließlich folgen wir der Isenach in die andere Richtung und laufen nah am Seeufer des Isenachweihers. Von Bänken aus kann man auf den verträumt daliegenden Weiher blicken und entschleunigen. Dann begeben wir uns zum Forsthaus zur Isenach, es liegt am Ende des Weihers. Man kann dort nicht nur sehr lecker essen und einen Pfälzer Schoppen genießen – vor allem im wunderschönen Biergarten direkt am Seeufer –, sondern auch Tretboote ausleihen.

Die Runde schließt sich Danach gehen wir zur Bundesstraße, überqueren diese und laufen parallel zu ihr zurück zum Ausgangspunkt.

Tipp

Aufgrund der leichten Erreichbarkeit des Forsthauses (großer Parkplatz für die direkte Zufahrt mit dem Auto) ist der Isenachweiher zumindest am Wochenende kein Geheimtipp. Man sollte, wenn möglich, diese Genusswanderung unter der Woche unternehmen.

AUF EINEN BLICK

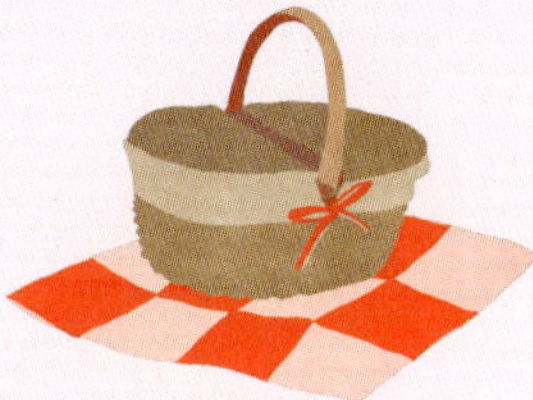

Tour 16: Tour für die Sinne

Dauer: 2 Std.

Höhenmeter: 170 Hm

Länge: 6,6 km

Schwierigkeit: Leicht

Tourencharakter: Leicht begehbare Wege, nur eine kurze, steile Passage, wenig Höhenmeter, viel Schatten

Ausgangs-/Endpunkt: Wanderparkplatz neben dem Parkplatz des Waldhaus Wolfental

Anfahrt: **Pkw:** Vom Zentrum Bad Dürkheim die B37 in westliche Richtung nehmen, der Straße etwa 10 km folgen, der Parkplatz liegt rechter Hand.
Bahn/Bus: Mit dem Zug nach Bad Dürkheim, von dort Buslinie 485 bis Haltestelle Wolfental

Einkehr: Forsthaus zur Isenach, Waldhaus Wolfental

Information: www.forsthaus-isenach.de

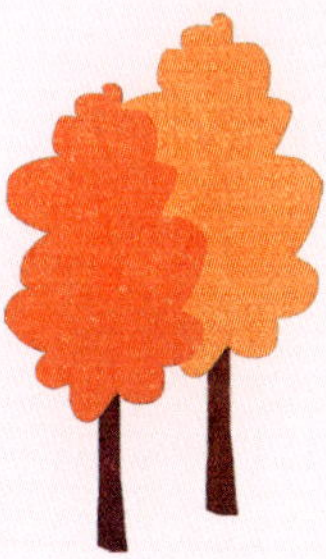

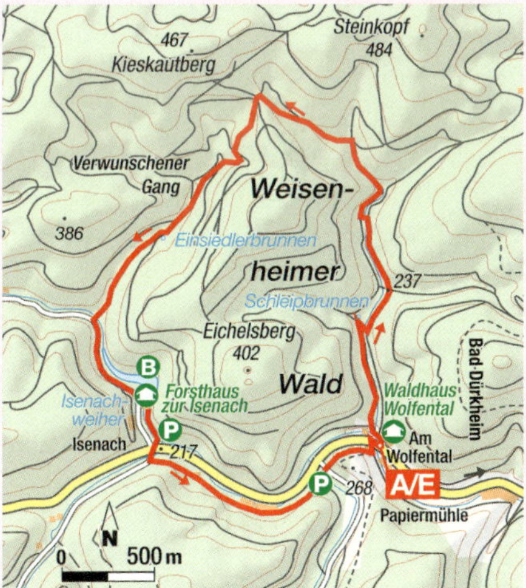

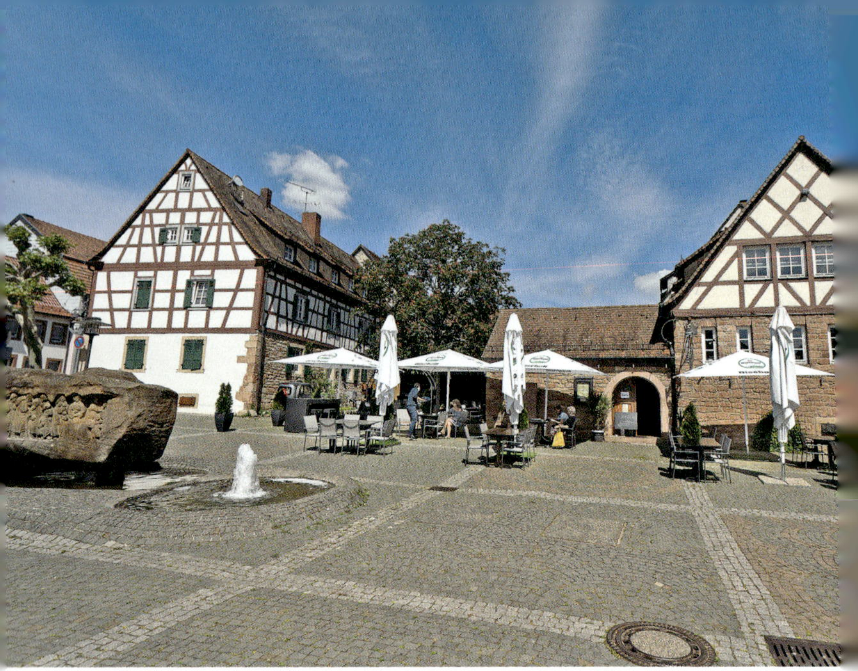

↑ Schöner Fachwerkort Otterberg ↓ Der erste Wegteil führt an Feldern entlang.

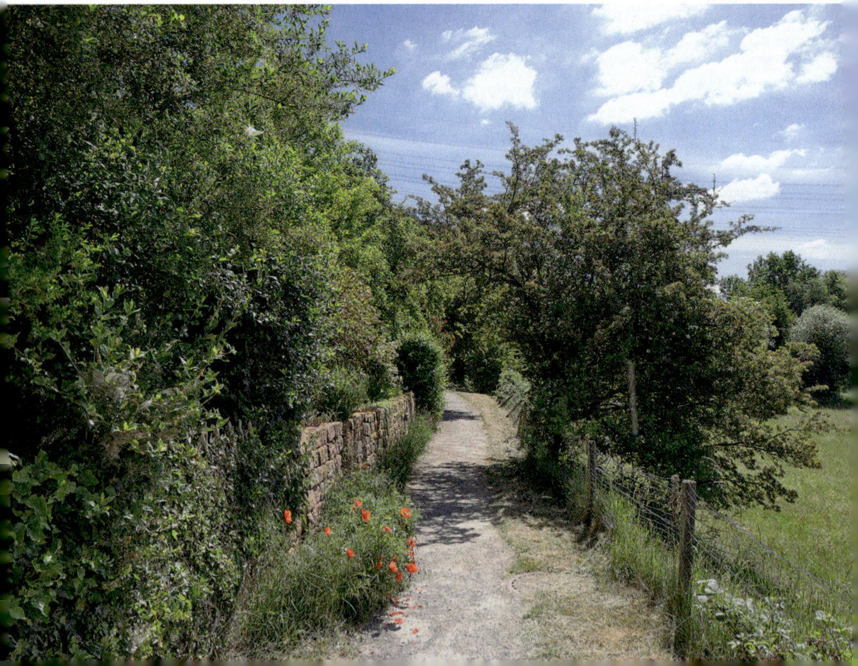

Tour für TOUR 17 die Sinne

ZAUBERHAFTE HEIDELANDSCHAFT

Von Otterberg zur Mehlinger Heide

Auf sandigen Wegen entspannt durch eine der größten Heidelandschaften Süddeutschlands laufen und die Wanderung im beschaulichen Otterberg starten und ausklingen lassen: Heute werden alle unsere Sinne beansprucht auf dieser traumhaft schönen Tour!

Historischer Ort Otterberg Schon der historische Ort Otterberg am Beginn und Ende der Tour ist ein Erlebnis. Man mag sich gar nicht losreißen von der märchenhaften Altstadt mit den schicken Fachwerkhäusern und der imposanten Zisterzienser-Abteikirche aus dem 12./13. Jahrhundert. Auf unserem Gang durch den Ort kommen wir beispielsweise am auffälligen »Blauen Haus« vorbei – dem früheren Zunfthaus der Wollweberzunft.

Von der Pfalz in den Schwarzwald Nachdem wir die alte Stadtmauer passiert haben, verlassen wir die Ortschaft und genießen schon kurz darauf schöne Blicke über Felder und Wiesen. Die Wegmarkierung des Hinkelsteinweges (schwarzer Hinkelstein auf weißem Grund) begleitet uns. Es geht noch einmal kurz durch Otterberg, der Weg steigt nun und anschließend im Wald steil an. Wir staunen nicht schlecht, als wir im »Schwarzwald« ankommen – der Weg führt uns bis hinauf zum Pfifferlingsberg.

Sanfte Annäherung Nach etwa sechs Kilometern verlassen wir den Hinkelsteinweg. Unmarkiert zweigt der Weg etwa 100 Meter nach dem Pfosten Streifelsberg auf einen sandigen Weg nach rechts ab – ein Hinweis darauf, dass wir uns kurz vor der Heidelandschaft befinden. Wir stoßen auf eine Infotafel über das Naturschutzgebiet Mehlinger Heide und erfahren, dass es sich um ein Europäisches Vogelschutzgebiet handelt. Nach einer Barriere befinden wir uns auf dem Heidegebiet.

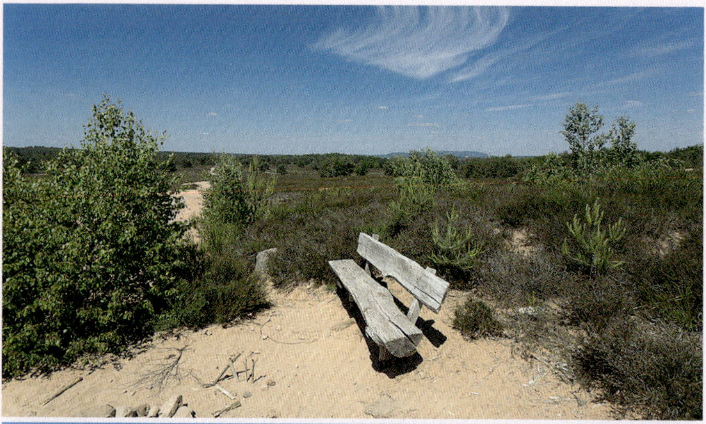

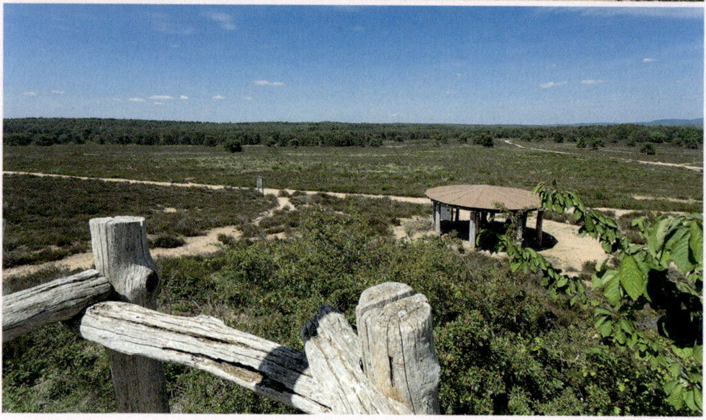

»Die Natur muss gefühlt werden.«

Alexander von Humboldt

Mehlinger Heide Es ist etwas ganz Besonderes in diesen Gefilden, über den rötlichen Sandboden durch die Heide zu wandern. Weich fühlt sich der Untergrund unter unseren Füßen an, wir hören nichts als das muntere Zwitschern der Vögel. Jeder Schritt ist eine Sinnesfreude und wir wünschen uns, dass wir ewig durch die friedvolle Heide laufen können. Über einen kleinen, duftenden Kiefernhain treten wir auf die sehr große Lichtung der Mehlinger Heide hinaus. Eine Eule führt uns durch das Naturschutzgebiet, wir konzentrieren uns ganz auf die Schönheit eines der größten Heidegebiete Süddeutschlands.

Skurrile Relikte Es tut der Idylle auch keinen Abbruch, dass sich ehemalige Einrichtungen aus der Zeit der militärischen Nutzung als französisches Truppenübungsgelände auf dem Gebiet verteilen. Im Gegenteil: An Steinen verborgene Bunker oder ein altes Schienensystem setzen dem mystischen Heideland die Krone auf. An einem pittoresken Pavillon mit Sitzbänken und Aussichtsplattform können wir einen 360-Grad-Blick durch die Heidelandschaft schweifen lassen. Ein Schild mit der Aufschrift »Ausgang zum Gewerbegebiet« nach links bereitet uns darauf vor, dass wir diese wunderbare landschaftliche Schönheit nun allmählich verlassen.

Zurück Richtung Zivilisation Ein kleiner Umweg von 100 Metern führt uns zu einem alten jüdischen Friedhof mit einer geheimnisvollen Aura. Auch wenn er nicht immer offen ist, reicht ein Blick über den Zaun, um die besondere Atmosphäre des Ortes zu spüren. Anschließend treffen wir wieder auf den Hinkelsteinweg und begeben uns auf den herrlich durch den Wald führenden Rückweg nach Otterberg. Am Weinbrunnerhof, einem verlassenen und zum

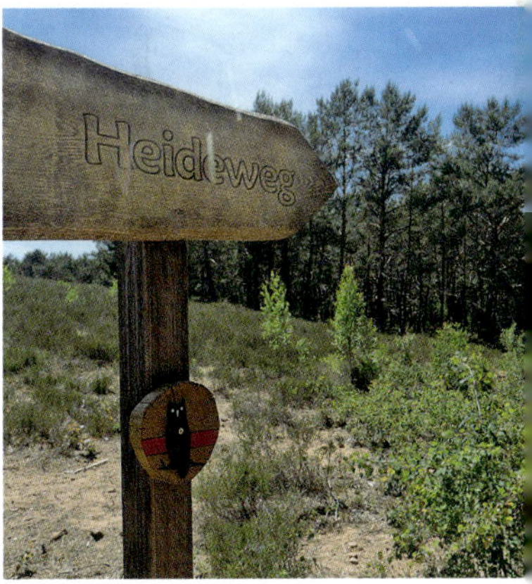

↑ **Mitten in der Mehlinger Heide**
↓ **Aussichtspavillon**
→ **Da geht's lang ...**

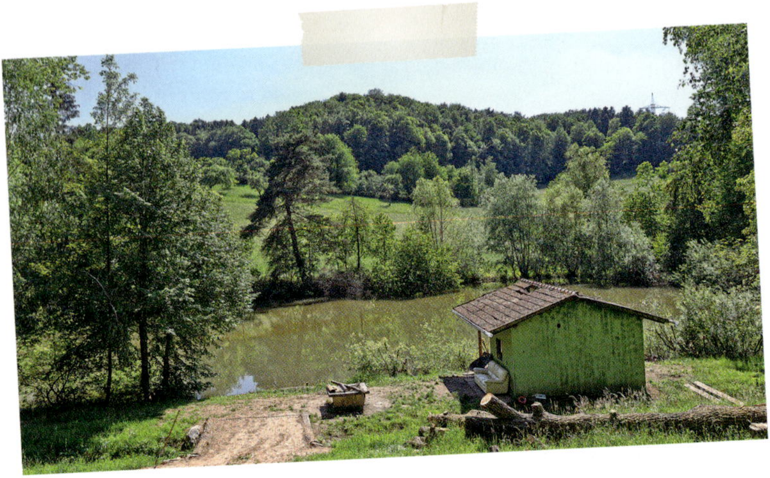

↑ **Am Fluss entlang geht's zurück nach Otterberg.**

Teil verfallenen Gehöft, kehren wir langsam in die Zivilisation zurück und landen auf einer wunderschönen Lichtung – es ist ein bisschen, wie aus einem Traum aufzutauchen.

Wieder in Otterberg Weiter geht es über die kaum befahrene, schmale Straße, bis wir am Ende der Lichtung auf die rechte Seite des kleinen Flüsschens wechseln und die Straße wieder verlassen. Am Tal entlangwandernd passieren wir die Ansiedlung Althütterhof und stoßen schließlich wieder auf denselben Weg, auf dem wir Otterberg verlassen haben. Kurz vor den ersten Gebäuden Otterbergs könnten wir an einer Kneippanlage Füße und Seele erfrischen, bevor wir uns entweder Otterberg noch genauer anschauen oder in einer Gaststätte die herrlichen Impressionen der heutigen Tour Revue passieren lassen.

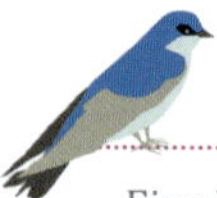

Tipp

Eine Wanderung ist besonders reizvoll von Juli bis Anfang September, denn dann steht die Mehlinger Heide in voller Blüte – das satte Violett der Heide ist ein Augenschmaus!

AUF EINEN BLICK

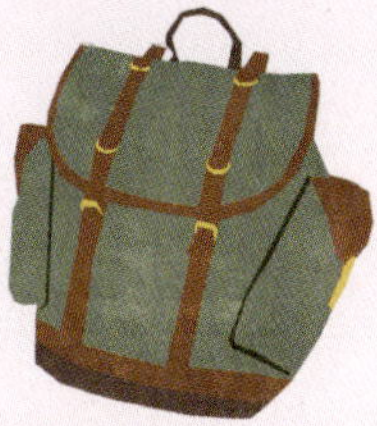

Tour 17: Tour für die Sinne

Dauer: 4 Std.

Höhenmeter: 200 Hm

Länge: 15 km

Schwierigkeit: Mittel

Tourencharakter: Lange Wanderung, aber mit wenig Höhenmetern, Grundkondition von Vorteil

Ausgangs-/Endpunkt: Abteikirche Otterberg (kleiner Parkplatz an der Kirchstraße, alternativ Parkplatz am Friedhof)

Anfahrt: **Pkw:** Über die A63 bis Ausfahrt Sembach/Otterberg fahren. Über die L382 nach Otterberg, diese führt im Ort auf die Johannisstraße, an der sich der Parkplatz am Friedhof befindet.
Bahn/Bus: Mit der Bahn nach Kaiserslautern Hauptbahnhof, dann Buslinien 130 oder 133 bis Otterberg Stadtmitte

Einkehr: Unterwegs keine, aber zahlreiche einladende Gaststätten und Restaurants in Otterberg

Information: www.otterberg.de, mehlinger-heide.de

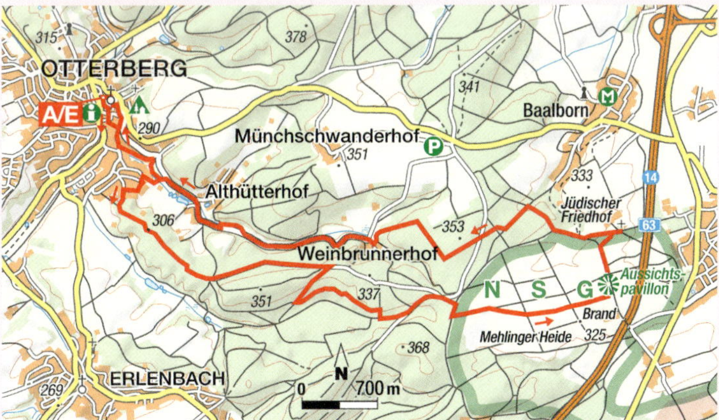

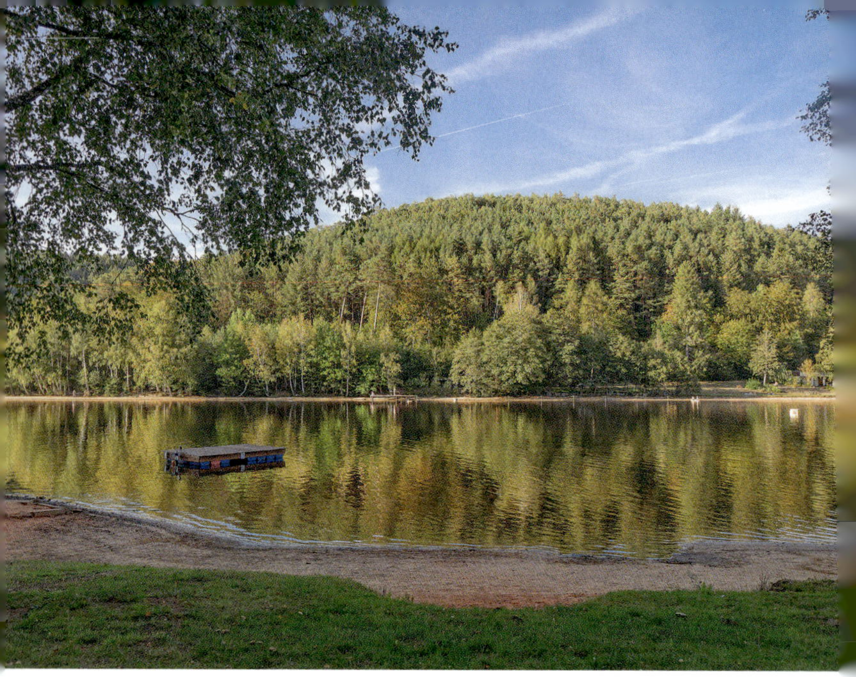

↑ Das stille Wasser des Gelterswoogs ↓ Zur Ruhe kommen im Walkmühltal

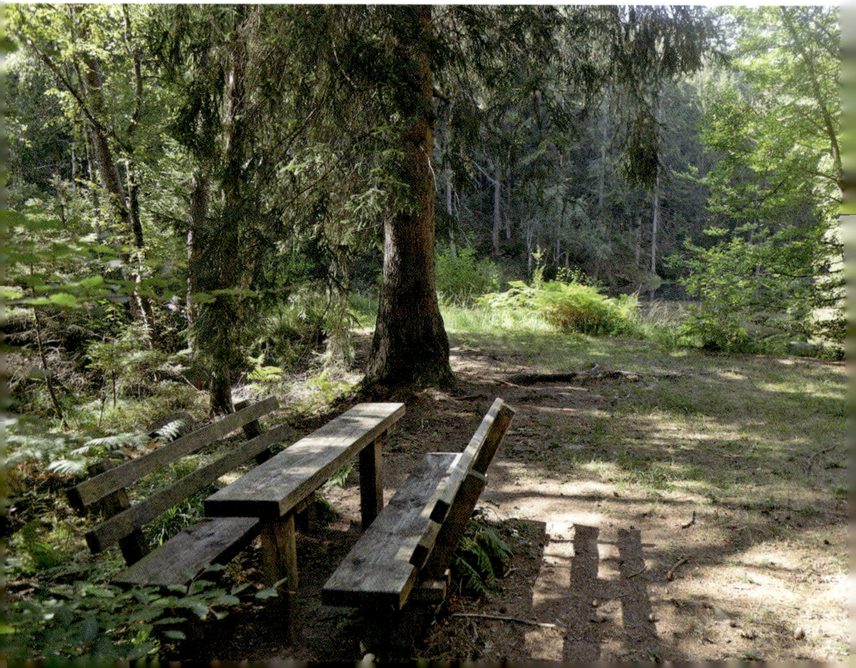

BADETRUBEL UND EINSAMES TAL

Tour TOUR 18 der Stille

Vom Stausee Gelterswoog ins Walkmühltal

Ein Stausee, in dem man baden kann, fünf Fischweiher, die sich friedlich in ein Tal schmiegen, ein Naturschutzgebiet und verwunschene Pfade durch den Wald – das macht den Reiz dieser Wanderung aus, bei der man komplett entschleunigen kann.

Strandbad Gelterswoog Südwestlich von Kaiserslautern liegt der bezaubernde Stausee Gelterswoog. Wir nehmen das Strandbad Gelterswoog als Startpunkt und wandern hinein ins schöne Walkmühltal. Wir umgehen das Strandbad auf seiner rechten Seite, es geht kurz knackig steil bergauf, anschließend entgegen dem Uhrzeigersinn immer geradeaus und der Markierung grün-gelber Balken und rotes Kreuz folgend dem Tal entgegen.

Spaziergang mit Vogelgezwitscher Anfangs ist es vor allem ein sehr geruhsamer Spaziergang durch den Pfälzerwald. Der Weg führt in seinem hinteren Bereich durch ein Trockental im Naturschutzgebiet Walkmühltal. Nicht nur Ornithologen erfreuen sich am Pfeifen und Zwitschern der Vögel. Wir treffen auf den Engel im Baumstamm – um was es sich dabei handelt? Das müssen Sie selbst entdecken! Es folgt die romantische kleine Mühlberger Hütte, nach der wir nach links den gelb-blauen Balken folgen.

Im Walkmühltal Nach einem weiteren genussvollen Kilometer durch die Stille der Natur verengt sich das Tal allmählich. Bald haben wir den ersten Weiher, ein schmales, langes Gewässer, erreicht. Dunkel liegen die von Dämmen unterbrochenen Weiher in das Tal gebettet, die Seeoberflächen vollkommen still, der Wald spiegelt sich in ihnen, Frösche begleiten die friedvolle Szene akustisch. Der Weg endet an drei eingefassten Quellen. Ein perfekter Ort für eine Pause! Durchatmen, dem Gurgeln der Quellen

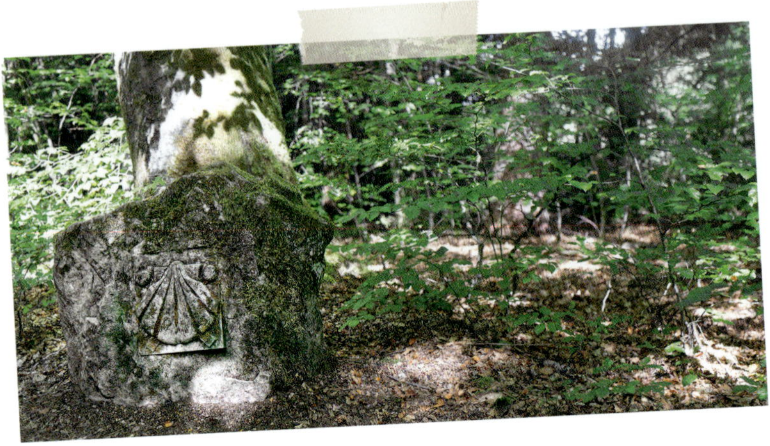

↑ **Auf der Wanderung verläuft der Jakobsweg.**

lauschen und den verwunschenen Weiher betrachten – so lässt sich der Alltag komplett ausblenden.

Vom Tal zum Gelterswoog Auf der anderen Talseite geht es schließlich zurück Richtung Gelterswoog. Wir sind überrascht, dass auch der Jakobsweg hier entlangführt! Vorbei am Jakobsstein und nach einer Gabelung, an der wir uns links gehalten haben, erreichen wir das Ufer des Gelterswoog. Am Campingplatz Gelterswoog können wir einkehren. Es folgen der Privatstrand des Platzes und mehrere kleine Buchten. An der Kopfseite des Gewässers können wir dem Seehotel Gelterswoog mit Aussichtsterrasse einen Besuch abstatten. Das letzte Wegstück führt auf einem Fuß- und Radweg entlang der Bundesstraße zurück zum Parkplatz des Strandbades. Ein Bad im Gelterswoog ist der perfekte Ausklang einer entschleunigenden Wanderung!

Info

Mit »Woog« bezeichnet man vor allem im Südwesten Deutschlands ein stehendes Gewässer, das natürlichen Ursprungs oder angelegt sein kann. Der Gelterswoog ist ein Stausee, das Walkmühltal ist eines von drei Taleinschnitten seiner Zuflüsse.

AUF EINEN BLICK

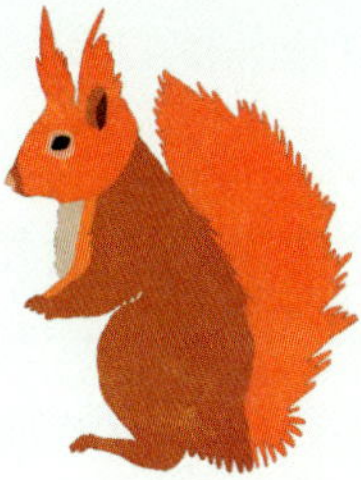

Tour 18: Tour der Stille

Dauer: 2.30 Std.

Höhenmeter: 80 Hm

Länge: 8,9 km

Schwierigkeit: Leicht

Tourencharakter: Leicht begehbare Wege, wenig Höhenmeter, viel Schatten

Ausgangs-/Endpunkt: Parkplatz beim Strandbad Gelterswoog

Anfahrt: **Pkw:** Aus Richtung Kaiserslautern oder Pirmasens über die B270, der Stausee liegt direkt an der Bundesstraße. Aus Richtung Trippstadt/Johanniskreuz über die L500 bis zur B270, auf diese rechts abbiegen
Bahn/Bus: Ab Kaiserslautern-Hohenecken Bahnhof mit der Buslinie 111 bis Haltestelle Gelterswoog Seehotel. Hier in die Tour einsteigen

Einkehr: Camping Gelterswoog, Seehotel Gelterswoog

Information: www.gelterswoog.com

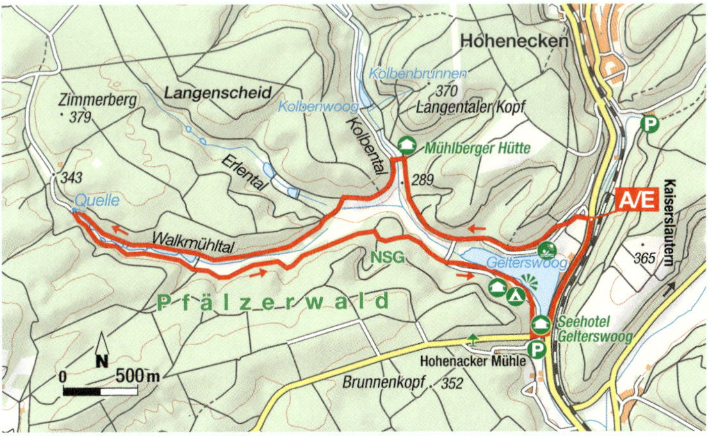

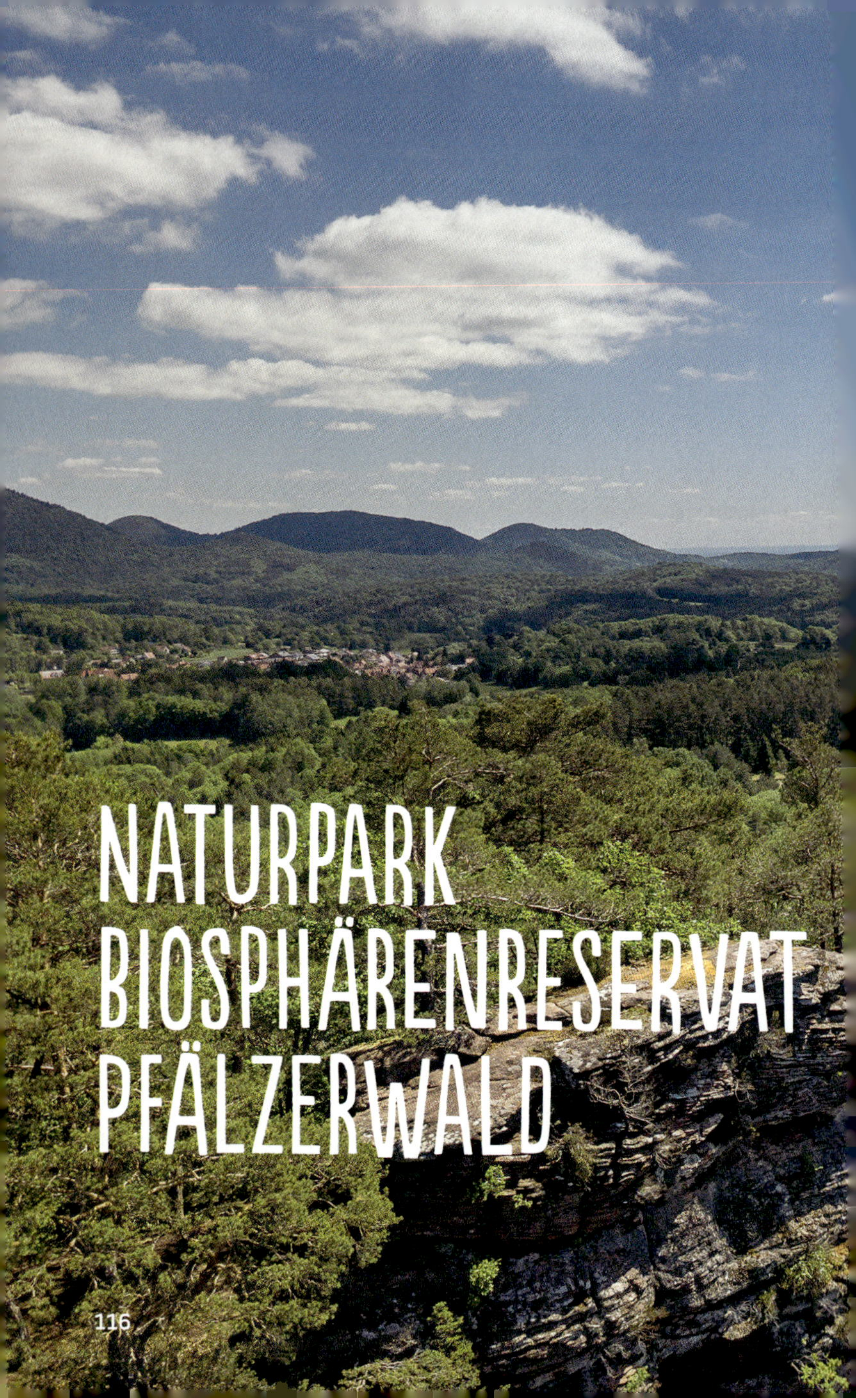

NATURPARK BIOSPHÄRENRESERVAT PFÄLZERWALD

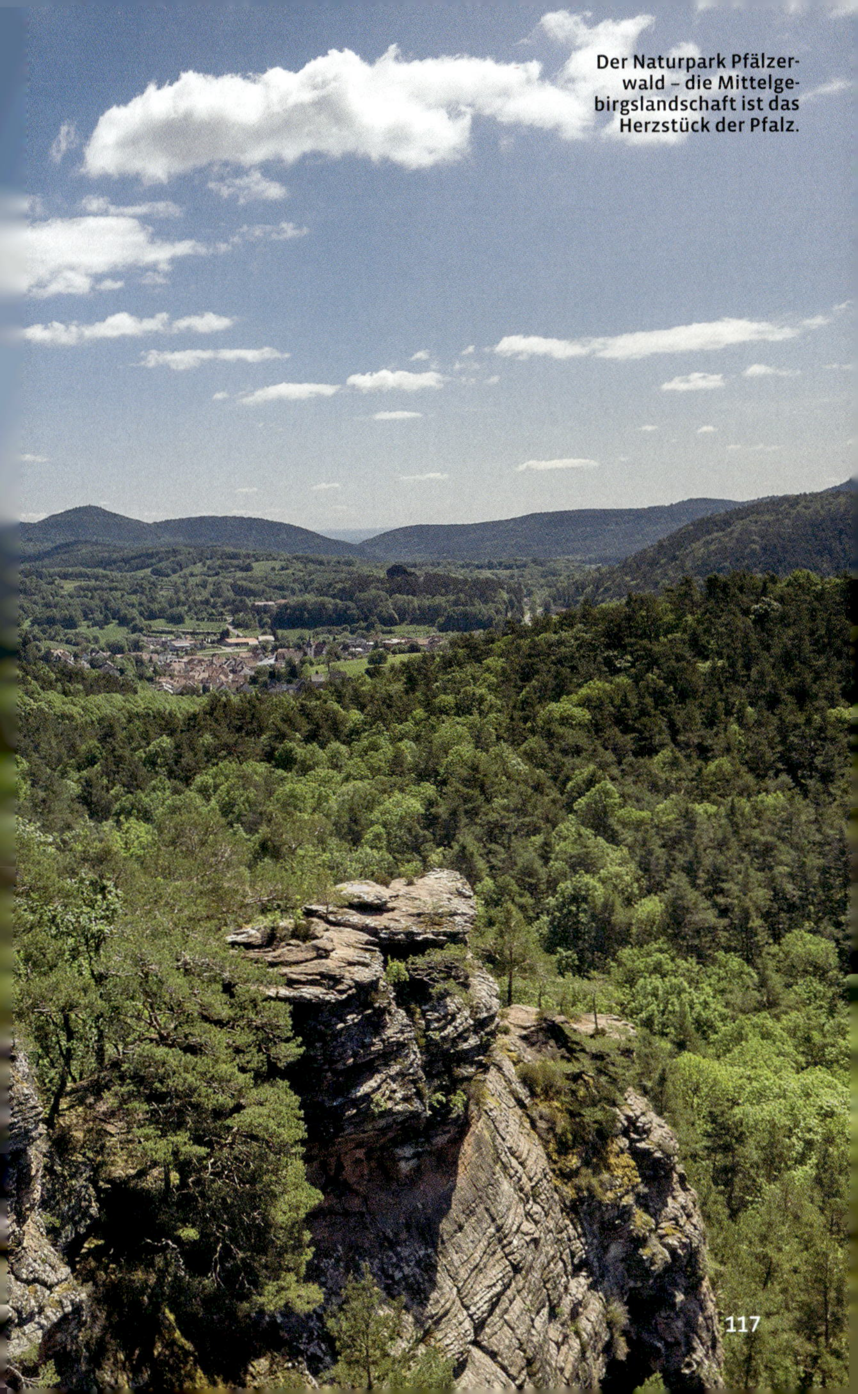

Der Naturpark Pfälzerwald – die Mittelgebirgslandschaft ist das Herzstück der Pfalz.

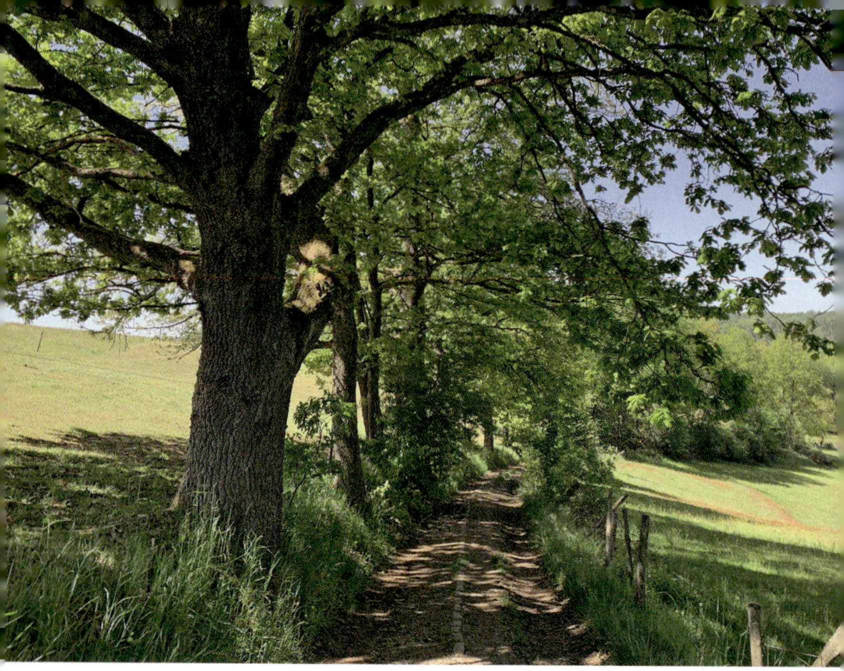

↑ Entlang an Wiesen und Pferdekoppeln … ↓ … zum »Köpfchen«.

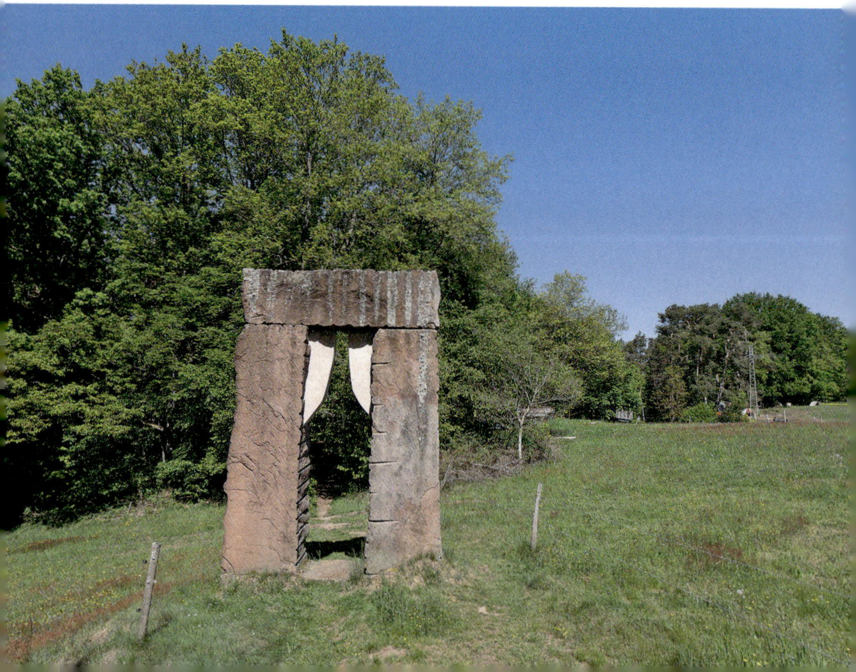

SCHÖNSTER KILOMETER IM PFÄLZERWALD

Tour für TOUR 19 die Sinne

Herrliches Naturerlebnis Karlstalschlucht

Felsen sind das Markenzeichen der Pfalz und so verwundert es nicht, dass sich auch viele Schluchten gebildet haben. Sie sind alle schön – und durch eine Schlucht zu wandern, ist meist ein erhebendes Gefühl. Die naturbelassene Karlstalschlucht ist dennoch etwas ganz Besonderes.

Durch den Ort Trippstadt Zunächst spazieren wir entlang des Campingplatzes Sägmühle, bis wir nach rechts in den Wald abbiegen. Es geht ein kurzes, steiles Stück bergauf, bis wir an ein Steinmäuerchen stoßen, an dem wir entlanggehen. Wir tauchen aus dem Wald auf und nähern uns Trippstadt über eine offene Wiese mit schönem Blick auf den Ort und den aus dem Ortsbild herausragenden Kirchturm. Wir kommen am Schulbrunnen vorbei, an dem wir uns rechts halten. Aus dem Ort hinaus und wieder entlang einer saftig grünen Wiese schlendern wir gemächlich an der Mauer entlang, die den Schlosspark von Trippstadt umgibt.

Ein schönes Fleckchen nach dem anderen Dann tut sich rechts und links des Weges Wiesenlandschaft auf. Mal führt ein schmaler Pfad hindurch, mal eine breitere asphaltierte Straße. Links am Wegesrand beobachten uns Pferde, die sich ein Plätzchen unter Bäumen gesucht haben. Dann ist ein erstes Highlight erreicht, das »Köpfchen«. Dabei scheint es sich zunächst um einen Torbogen aus Sandstein zu handeln, der einfach so inmitten der Wiese steht. Doch man sollte hindurchgehen und schauen, wohin er führt. Er ist Teil eines Skulpturenweges und weist Wanderern den Weg zu einem Rastplatz in einem kleinen Waldstück mit Sitzgelegenheiten. Da sich nicht viele hierher verirren, hat man dieses lauschige Plätzchen oft für sich alleine. Zurück beim Tor führt uns der Weg einen schmaleren Pfad entlang. Im

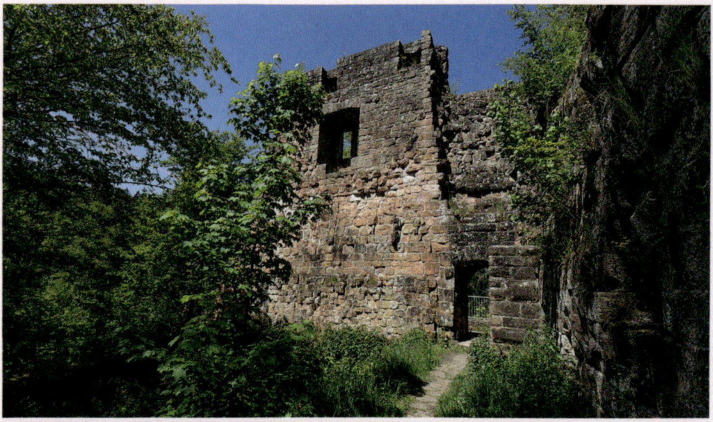

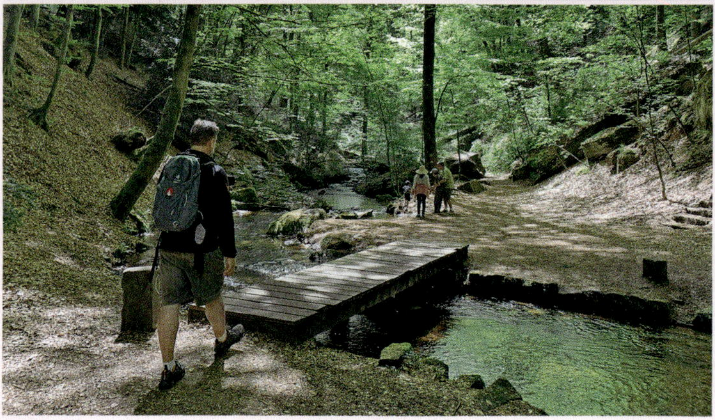

»Die Natur ist die beste Apotheke.«

Sebastian Kneipp

Frühjahr blühen Ginster und andere Büsche in allen Farben, es riecht wunderbar. Dann spazieren wir in den Wald hinein und erreichen einen höchst naturbelassenen Bachlauf mit Brückchen und Zugängen bis ans Ufer. Da es hier im Vergleich zur Karlstalschlucht noch sehr ruhig zugeht, sollten wir die Idylle genießen. Ein Abstecher führt nach rechts und steil nach oben zur Burg Wilenstein, eine zum Teil restaurierte Ruine einer Höhenburg aus dem 12. Jahrhundert.

Wunderschön! Nach dem Abstecher überqueren wir die Landstraße und sind auf der anderen Straßenseite bereits mittendrin in der herrlichen Karlstalschlucht. Die Moosalb windet sich durch die vollkommen naturbelassene Felsenschlucht, die mit ihren roten Buntsandsteinfelsen, den vielen Brückchen, Stegen und kleinen Wasserfällen und dem alten Baumbestand schon fast unwirklich schön ist. Mittendrin in dieser Ursprünglichkeit prangt malerisch ein Holzpavillon. Hier kann man sich setzen, picknicken oder einfach nur die Naturgewalt betrachten. Ein Weg führt entlang des Flüsschens, mal links, mal rechts von ihm, und man überquert es über Stege und Brücken. Man kann sich auch auf eine Bank, einen Fels oder ans Flussufer setzen und die imposante Schlucht auf sich wirken lassen und schauen, wie das Wasser munter über Stock und Stein plätschert.

Am Wasser zurück Irgendwann sind wir dann aber doch am hinteren Ende der Karlstalschlucht angelangt, treffen zuletzt noch auf einen Wasserfall und machen uns nun auf den Weg zurück Richtung Startpunkt. Hierfür überqueren wir das Flüsschen Moosalb ein letztes Mal, biegen dann links auf einen Weg ein und folgen diesem, bis wir auf die Landstraße

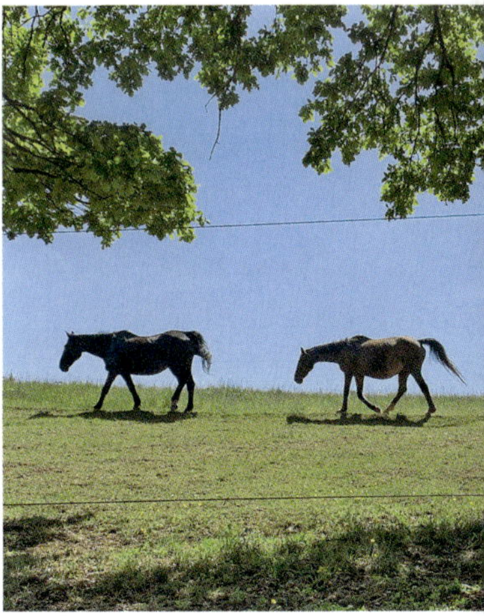

↑ **Verstecktes Kleinod: Burgruine Wilenstein**
↓ **Imposant ist die Karlstalschlucht.**
→ **Die Kulisse entschleunigt!**

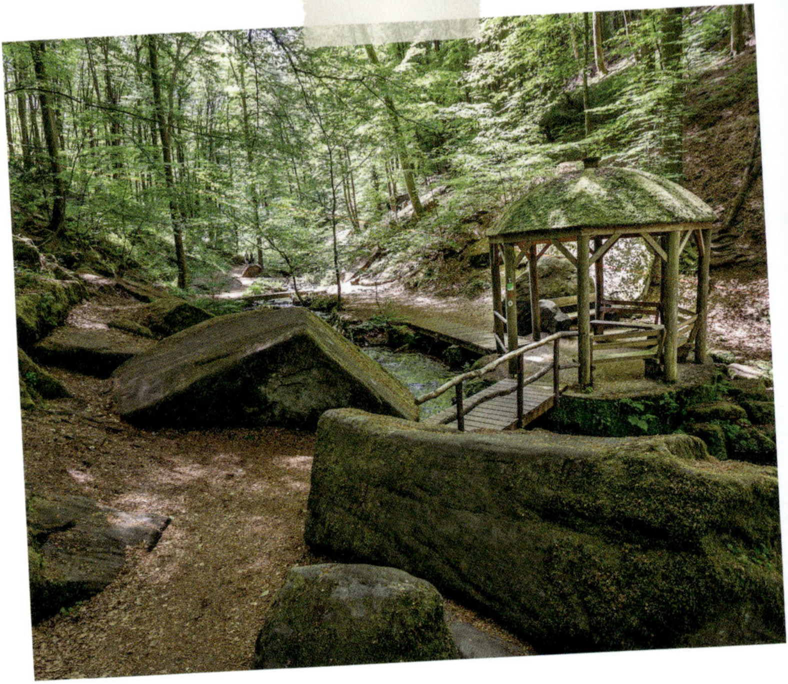

↑ **Fotogener Holzpavillon inmitten der Schlucht**

treffen, die wir überqueren. Hier stoßen wir auf einen See, der sich im weiteren Verlauf zum Kottelbach verengt. Wir halten uns rechts von See und Bach (beides sieht man aber bald nicht mehr) und wandern auf bequemem Weg immer geradeaus (mit einem kurzen Rechtsschlenker) weiter, bis nach etwa zwei Kilometern zu unserer Linken der Campingplatz Sägmühle wieder erscheint.

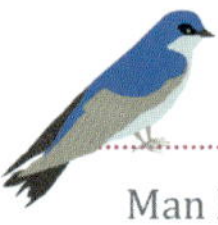

Tipp

Man kann auch nur das 1,2 Kilometer lange Stück durch die Karlstalschlucht spazieren, in der jedoch immer viel los ist. Deshalb die Wanderung, wenn möglich, auf einen Werktag oder den frühen Vormittag legen.

AUF EINEN BLICK

Tour 19: Tour für die Sinne

Dauer: 2 Std.

Höhenmeter: 140 Hm

Länge: 7 km

Schwierigkeit: Leicht

Tourencharakter: Leicht begehbare Wege, auch innerhalb der Schlucht, nach Durchquerung des Ortes viel Schatten

Ausgangs-/Endpunkt: Parkplatz beim Campingplatz Sägmühle

Anfahrt: **Pkw:** Aus Richtung Annweiler über die B48 zum Johanniskreuz fahren, dort links auf die L500, bis es rechts zum Campingplatz Sägmühle geht (ausgeschildert). Aus Richtung Kaiserslautern über die B270 und dann ebenfalls über die L500 bis Abzweig Campingplatz
Bahn/Bus: Mit der Buslinie 170 vom Bahnhof Kaiserslautern nach Trippstadt bis Haltestelle Bürgermeisteramt, dann direkt bei der Haltestelle und beim Schulbrunnen in die Wanderung einsteigen

Einkehr: Auf dem Weg keine, aber mit minimalem Umweg Klug'sche Mühle nahe dem Umkehrpunkt der Wanderung

Information: www.trippstadt.de, www.klugsche-muehle.de

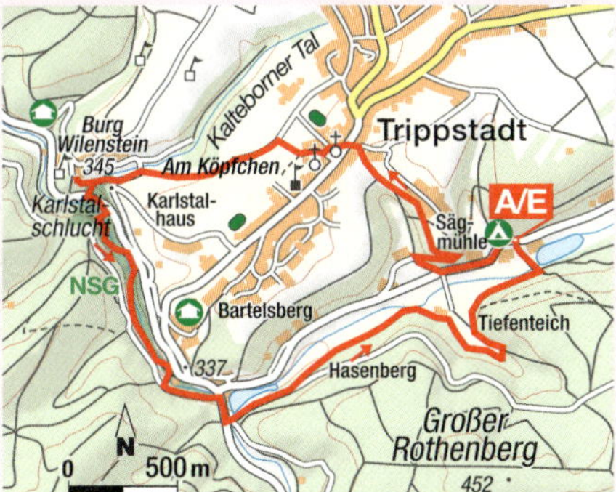

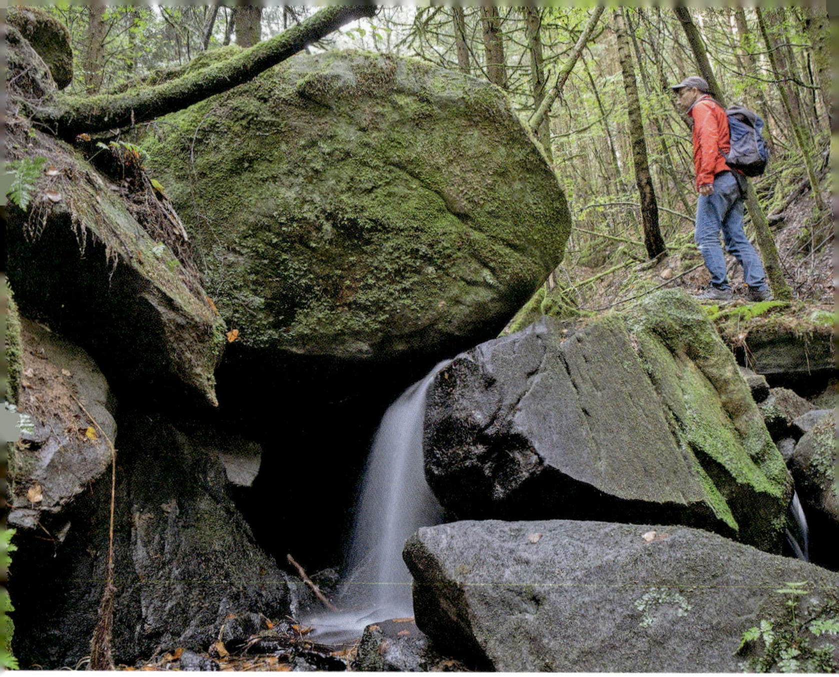

↑ Das wilde Eiderbachtal als Kontrast ... ↓ ... zum lieblichen Weiher

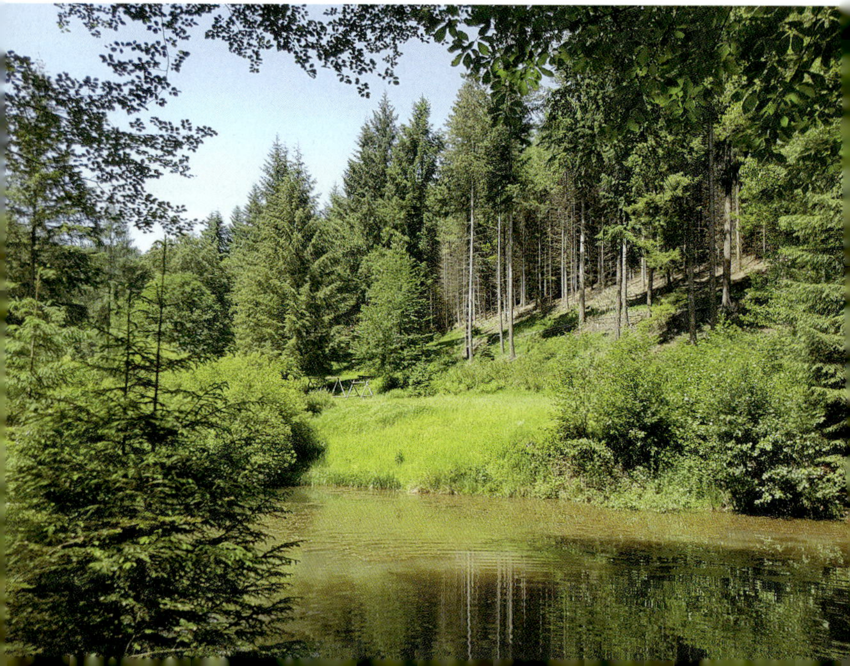

TIEFES TAL UND HOHER FELS

Tour der Stille
TOUR 20

Durchs Eiderbachtal zum Kirschfels

Ein wildes Tal und ein Aussichtsfels mit dem vermutlich beeindruckendsten Panoramablick über den Pfälzerwald erfreuen uns bei dieser Wanderung. Während man das Eiderbachtal mit seiner Naturgewalt meist für sich alleine hat, ist der Kirschfels ein beliebtes Ziel.

Hinein in die Stille Wir starten unsere Wanderung mit dem geruhsamen Abschnitt durch das ursprüngliche Tal. Hierfür folgen wir dem Wegzeichen 5 und wandern über eine Kuppe. 130 Höhenmeter geht es hinab. Nachdem der Weg einen scharfen Rechtsknick beschreibt, gelangen wir ins Tal des Eiderbachs und wandern am Bach entlang. Es geht ein wenig über Stock und Stein, über Holzbrückchen, Holzstege und auch mal Felsen, über die wir den Bach immer wieder queren. Farn wächst am Weg und untermalt das naturbelassene Eiderbachtal. Die Einsamkeit des Tals und seine wilde Natur sind wie Balsam für die Seele. Es folgt ein kleiner, aufgestauter Weiher, in dem früher Fische gezüchtet wurden.

Szenenwechsel Viel zu schnell tauchen wir aus dem wildromantischen Tal wieder auf und biegen rechts auf einen schmalen, serpentinenreichen Zickzackweg ab, der uns steil den Berg hinaufführt. Hier gilt es nun, 100 Höhenmeter zu überwinden. Haben wir das geschafft, biegen wir nach links ab. Wir folgen nun der Beschilderung »Kirschfels« und die Wegmarkierung ist jetzt eine »3«. Ein gemütlicher Weg führt uns entspannt etwa zwei Kilometer weit zum Fuß des Kirschfelses.

Aussichtspunkt Kirschfels Bevor wir den Aussichtspunkt erreicht haben, folgt noch einmal ein etwas kürzerer Anstieg. Dann stehen wir auf 469 Metern oben auf dem Kirschfels, einem weit überhängenden Fels, der

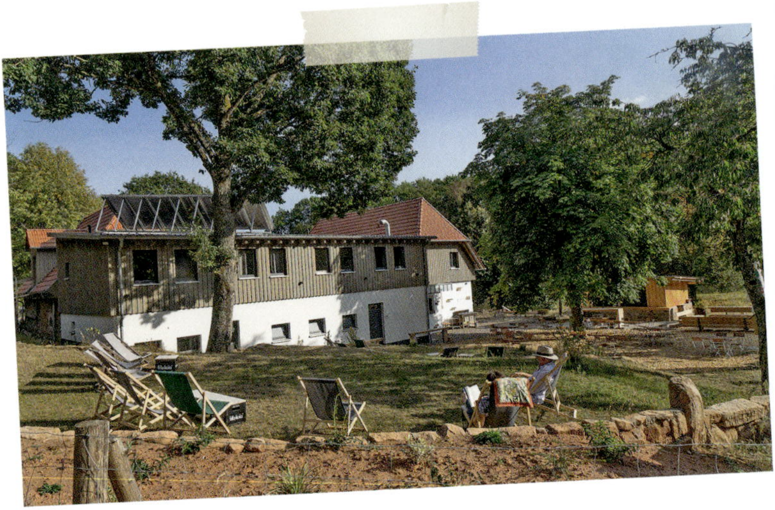

↑ **Das einladende Forsthaus Annweiler ist frisch renoviert.**

uns einen überwältigenden 180-Grad-Panoramablick zu Füßen legt. An klaren Tagen reicht die Sicht bis zum Schwarzwald im Süden und den Nordvogesen im Südwesten. Es ist wie im Kino! Am Kirschfels befindet sich eine kleine Schutzhütte, dort kann man mit Traumblick picknicken.

Rückweg zum Forsthaus Der Rückweg über die Hochebene durch lichten Wald und auf einem bequemen Weg könnte nicht besser passen, denn wir haben Gelegenheit, die beiden Kontraste – wildromantisches Bachtal und hochgelegener Aussichtspunkt – noch einmal in aller Ruhe zu reflektieren. Zurück am erst 2020 nach Restaurierung wiedereröffneten Forsthaus Schwarzer Fuchs genießen wir bei einer Einkehr Pfälzer Köstlichkeiten. Im Forsthaus kann man auch übernachten.

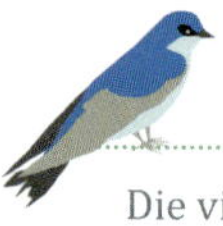

Info

Die vier Pfeiler auf dem Kirschfels sind die Überreste einer hölzernen Aussichtstribüne, die bis vor Kurzem hier stand und aus Sicherheitsgründen abgebaut werden musste. Ob es eine neue geben wird, ist noch ungewiss.

AUF EINEN BLICK

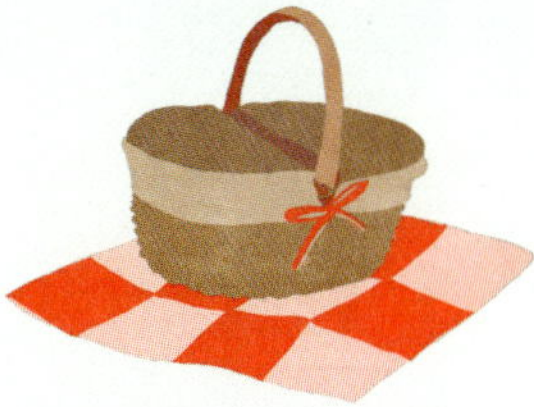

Tour 20: Tour der Stille

Dauer: 2.45 Std.

Höhenmeter: 220 Hm

Länge: 8,8 km

Schwierigkeit: Mittel

Tourencharakter: Mittelschwere Wanderung auf zum Teil schmalen Pfaden, zwei knackige Anstiege

Ausgangs-/Endpunkt: Parkplatz beim Forsthaus Annweiler

Anfahrt: **Pkw:** Von Annweiler über die B48 Richtung Norden fahren, nach etwa 8 km links abfahren, Nächstmögliche rechts und dann etwa 2 km durch den Wald (asphaltierte Straße)
Bahn/Bus: Bahnverbindung bis nach Rinnthal Bahnhof (8,2 km vom Startpunkt entfernt)

Einkehr: Forsthaus Annweiler Schwarzer Fuchs

Information: www.vg-annweiler.de/tourismus, www.schwarzer-fuchs.de

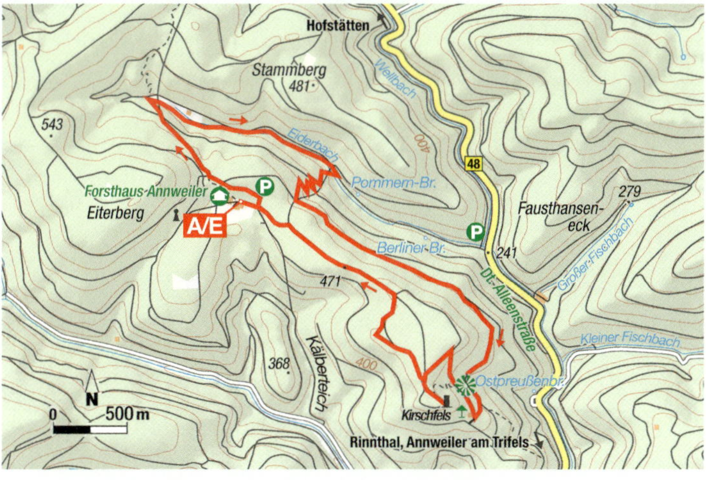

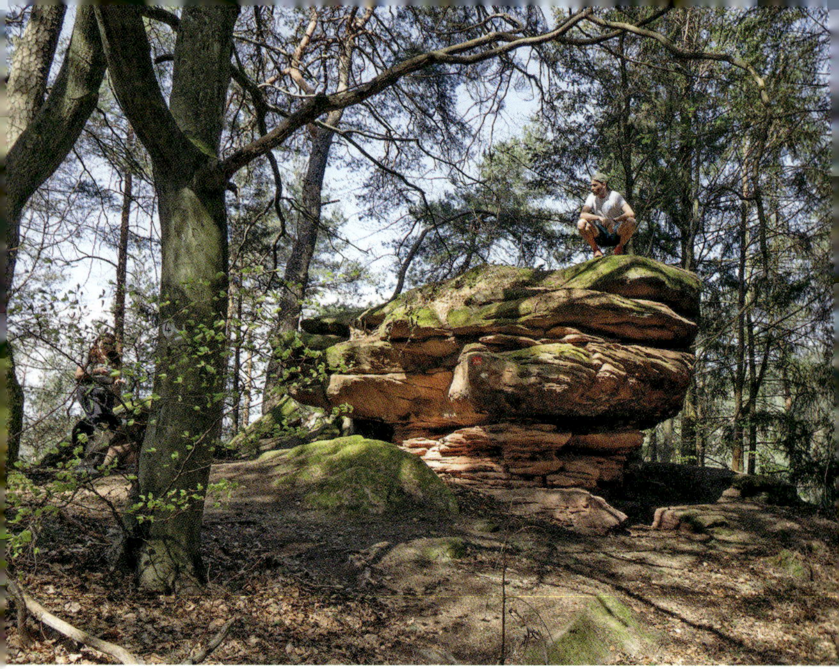

↑ Am Kleinen Ferkelstein ↓ Entspannt im Felsenwunderland verweilen

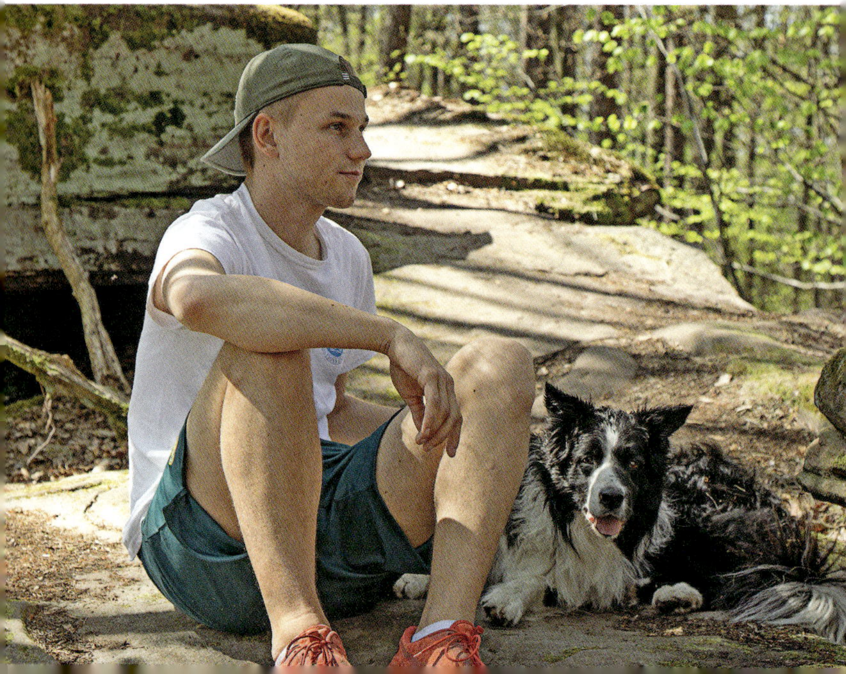

STEINE, AUSBLICKE UND EIN TEUFEL

Tour
TOUR 21
ohne Uhr

Auf der Spirkelbacher Höllenberg-Tour

Zwischen den Ortschaften Spirkelbach und Lug verläuft auf dem Rücken des Höllenbergs diese abwechslungsreiche Wanderung, angereichert mit einigen feinen Schmankerln – wie zum Beispiel dem Großen Ferkelstein oder den herrlichen Panoramablicken. Zu Recht ein Premiumwanderweg.

Nicht zu unterschätzen Die Tour hat es in sich. Nicht nur, weil es ein paar knackige Aufstiege gibt und sie auf einem Höhenkamm entlangführt – sondern vor allem, weil sie mit schönen Aussichtspunkten, Sandsteinformationen und herrlich gelegenen Rastplätzen geradezu übersät ist. Sich Zeit nehmen und sich in Ruhe an jedem einzelnen Punkt der Höllenberg-Tour erfreuen, soll das Motto der Wanderung sein. Die Markierung ist ein rotes Wanderschild mit einem angedeuteten Teufel und der Beschriftung »Spirkelbacher Höllenberg-Tour«. Fehlt dieses Zeichen, weist ein blaues Kreuz den Weg.

Fantastische Steinwelt Schon gleich am Anfang wartet ein Aufstieg auf uns, der zum Kleinen Ferkelstein führt. Dieser besteht aus Felsenplatten, die wie große Steinscheiben emporragen. Wir können hier schon rasten und genießen. Noch imposanter präsentiert sich nach einem Gang durch einen idyllischen Laubwald bald darauf der große Bruder, der Große Ferkelstein, ein riesiges Buntsandsteinmassiv mit einer Felshöhe von 43 Metern. Und das Beste: Wenn man den Fels entlang und bis zu seiner Spitze wandert, wo er eine Art Plattform bildet, erhascht man einen herrlichen Ausblick Richtung Südliche Weinstraße und auf die Höhenlage des Pfälzerwaldes – viele Buntsandsteinfelsen sind ebenfalls mit im Bild. Jetzt wäre eine gute Gelegenheit für ein Picknick und tiefes Durchatmen.

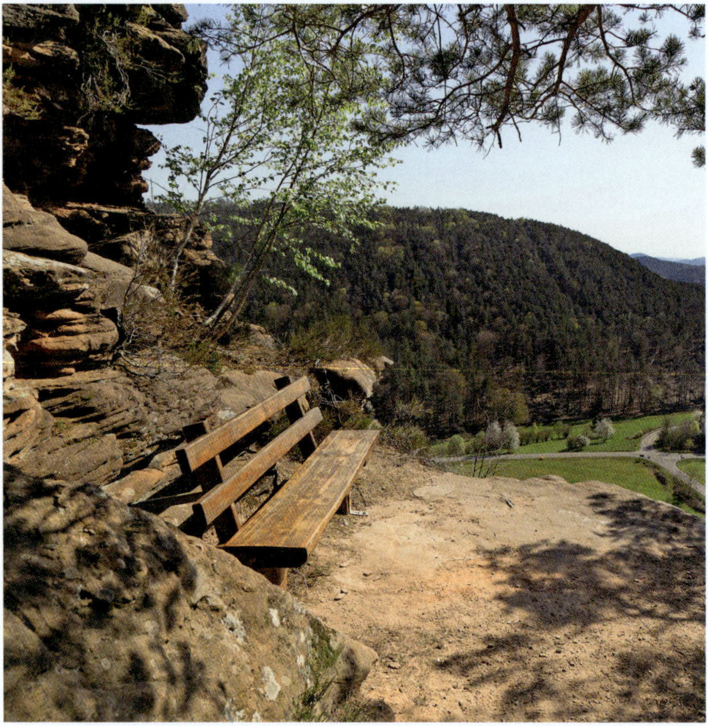

»Erklimme das Gebirge oder steige ins Tal hinab,
gehe bis ans Ende der Welt oder um dein Haus herum:
du triffst immer nur dich auf den Straßen des Zufalls.«

Maurice Maeterlinck

Auf dem Bergrücken Wir nähern uns über einen schmalen Pfad dem Klingel-Kopf, mit 455 Metern die höchste Erhebung im Höllenbergkamm. Wie hingeworfen liegen die Steine da und wirken mystisch – natürlich nehmen wir uns wieder Zeit, diesen geheimnisvollen Ort auf uns wirken zu lassen. Danach wandern wir auf einem schmalen, dicht bewachsenen Pfad zwischen den Steinen hindurch, wobei es allmählich wieder bergab geht. Wir stoßen auf ein Hinweisschild, das uns zur Ochsenborn-Quelle führt und laut Pfälzerwald-Verein eine »sagenumwobene Quelle« sein soll. Sie liegt etwa 200 Meter unterhalb des Weges, ist aber nicht ganz so spektakulär, wie man vermuten möchte.

Noch mehr Steine Es folgen weitere mächtige Vertreter von Buntsandsteinformationen. Zunächst passieren wir eine malerische Schutzhütte des Pfälzerwald-Vereins mit schönen Ausblicken und schattigen Rastplätzen, dann marschieren wir zum Luger Friedrichsfelsen. Das ist wahrlich ein imposantes Felsgebilde! Ausgestattet mit einer Absperrung, die gut gegen Höhenangst hilft, bietet die Aussichtplattform einen spektakulären Blick auf die Steilwand des 60 Meter hohen Felses. Dieses Wahrzeichen der Ortschaft Lug nennen die Einheimischen »Luger Fritz«. Das war jedoch nicht die letzte Attraktion der Tour. Es folgt noch der Höllenfelsen, ein Fels in Rot-Orange-Tönen, der vor einem blauen Himmel unwirklich schön aussieht. Eine Holzbank lädt ein, mit dem imposanten Fels im Rücken noch einmal in die Weite zu blicken, bevor es unweigerlich auf den Rückweg zum Startpunkt geht.

Erholsamer Ausklang Zuerst geht es aber an einem Aussichtspunkt auf den Ort Hauenstein vorbei, hier starten auch die Südpfälzer Gleitschirmflieger. Sonnen-

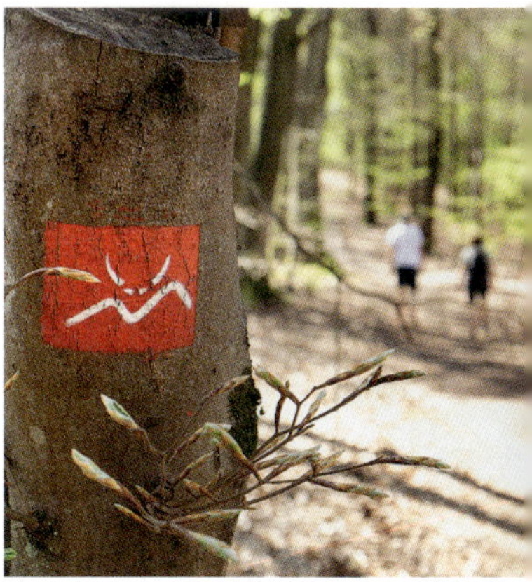

← **Überragender Ausblick vom Höllenfelsen**
→ **Die Wegmarkierung ist eindeutig!**

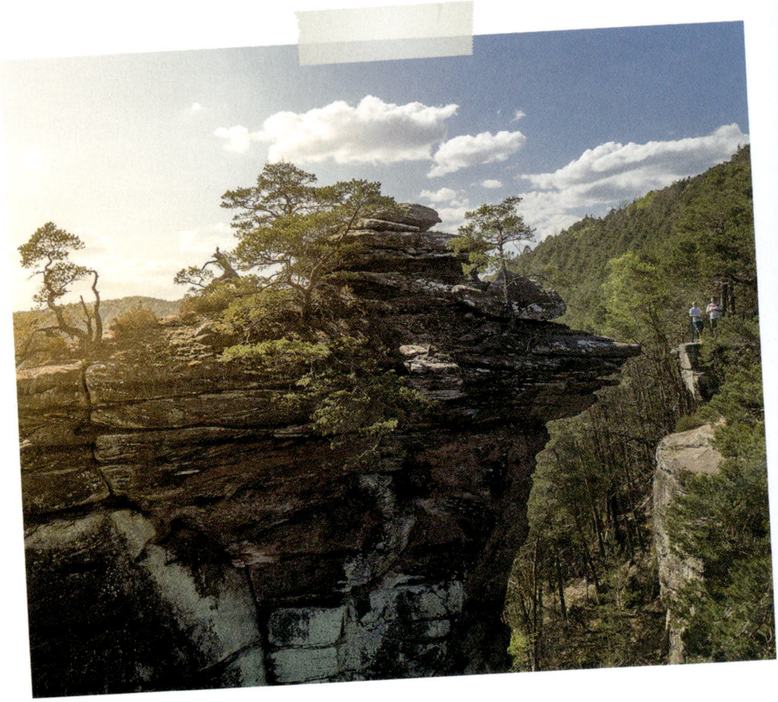

↑ **Wie im Kino: Frontaler Blick auf den Lurger Friedrichsfelsen**

plätze laden zum Innehalten ein. Auf ihrem letzten Wegstück führt die Höllentour zurück ins Tal. Die letzten Meter schlendern wir gemächlich durch eine Wiesenlandschaft, fast schon parkähnlich führt der Weg an einem kleinen Bach entlang. Hier haben wir Gelegenheit, die Tour angemessen und in aller Ruhe ausklingen zu lassen und uns vom einen oder anderen Anstieg zu erholen.

Info

Spirkelbach gehört zusammen mit sieben anderen Ortsgemeinden zur Verbandsgemeinde Hauenstein im Herzen des Naturparks Pfälzerwald mit seinen Buntsandsteinfelsen und den Bergen.

AUF EINEN BLICK

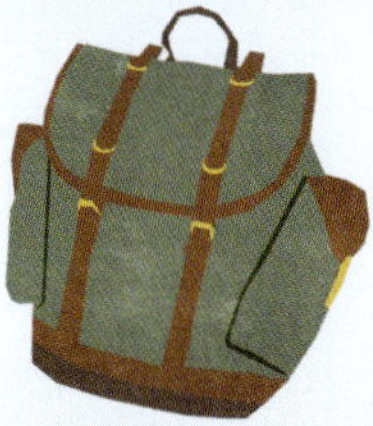

Tour 21: Tour ohne Uhr

Dauer: 3.45 Std.

Höhenmeter: 270 Hm

Länge: 12,7 km

Schwierigkeit: Mittel

Tourencharakter: Gute Grundkondition und Trittsicherheit sowie festes Schuhwerk erforderlich

Ausgangs-/Endpunkt: Wanderparkplatz beim Friedhof Spirkelbach

Anfahrt: **Pkw:** Über die B10 an Annweiler vorbei, dann am Kreisverkehr auf die Zweibrückerstraße fahren und von dieser links auf die Wasgaustraße. Richtung Spirkelbach abbiegen, der Wanderparkplatz folgt linker Hand.
Bahn/Bus: Mit der Regionalbahn von Landau Hauptbahnhof oder Pirmasens Hauptbahnhof bis Annweiler-Sarnstall, dann mit der Regionalbahn nach Wilgartswiesen. 2 km Fußweg bis zum Wanderparkplatz

Einkehr: Unterwegs keine, die nächsten Möglichkeiten in den Nachbargemeinden Darstein, Hauenstein, Schwanheim und Wilgartswiesen

Information: www.urlaubsregion-hauenstein.de

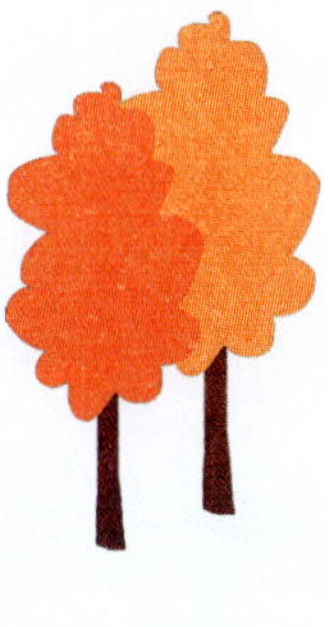

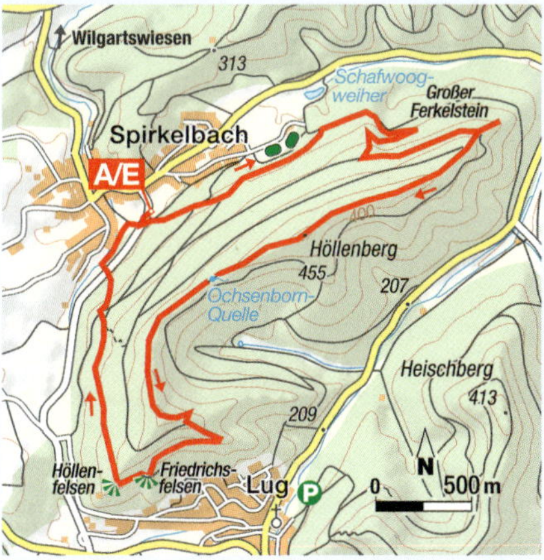

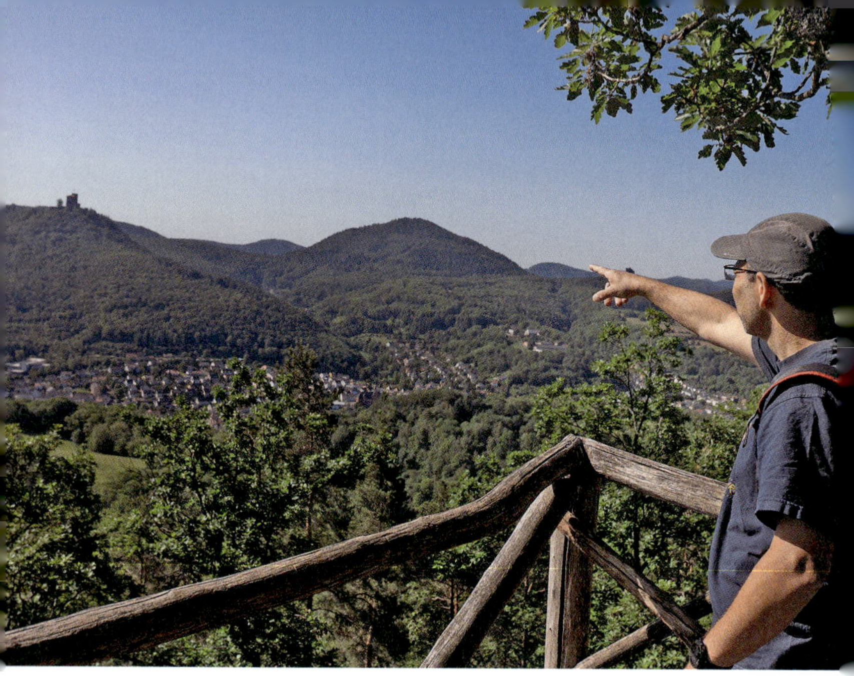

↑ Am Krappenfels sieht man die Burg Trifels. ↓ Vor der Jung-Pfalz-Hütte

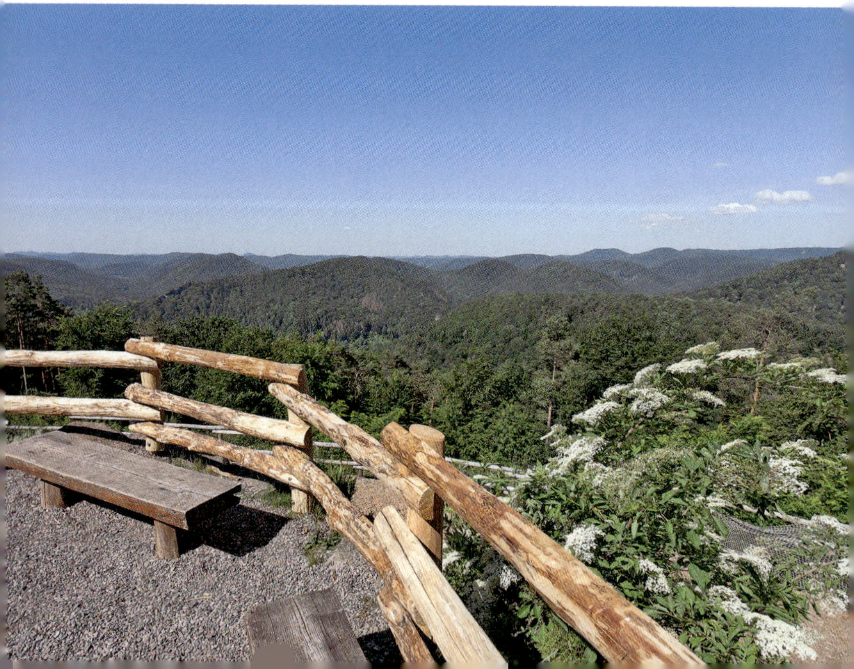

Tour für TOUR 22 den Genuss

DEM WILDSCHWEIN AUF DER SPUR

Wildsauweg in Annweiler-Gräfenhausen

Einige herausragende Panoramablicke und die beiden eindrucksvollen Buntsandsteinformationen Krappenfels und Sommerfels sind die Markenzeichen dieses 2012 eröffneten Wanderweges. Die Krönung ist ein Besuch der außergewöhnlichen Jung-Pfalz-Hütte.

Sanfter Einstieg mit tollem Ziel Zwei Wildschweine auf einem grünweißen Schild mit der Aufschrift »Wildsauweg« nehmen uns in Empfang und zeigen uns, wo's langgeht. Auf einem bequemen, breiten Weg gehen wir zunächst stetig durch den Wald bergauf und erfreuen uns an zweieinhalb unbeschwerten Kilometern. Dass wir dabei auch 200 Höhenmeter absolviert haben, merken wir beim ersten Highlight: Die Aussicht vom Krappenfels auf die Burg Trifels und über das Queichtal und den Pfälzerwald bis hin zur Rheinebene ist etwas ganz Besonderes. Ein von einem Naturholzzaun eingefasster Weg führt auf die Aussichtskanzel des Krappenfelses.

Rast an der Quelle Nach einem weiteren Anstieg durch den Wald erreichen wir die aufwendig eingefasste Holderquelle. Dieser lauschige Ort ist der höchste Punkt des Wildsauweges. Im Sommer liegt die Quelle jedoch meist trocken. Es gibt eine schöne Rastmöglichkeit bei einer Schutzhütte.

Panorama-Einkehr Vier Kilometer nach dem Startpunkt zweigt der Wildsauweg nach rechts ab. Ein Wegweiser weist uns aber zum genussvollen Höhepunkt dieser Wanderung: nach links zur vom Pfälzerwald-Verein betriebenen Jung-Pfalz-Hütte (ein halber Kilometer Umweg). Die Aussicht über die Baumwipfel des Pfälzerwaldes, die sich bei einem Schoppen und einem leckeren Pfälzer Gericht bietet, sucht ihresgleichen! Bis zu 30 Kilometer weit reicht der Blick, bei klarer Sicht bis nach Pirmasens. Die Hütte und

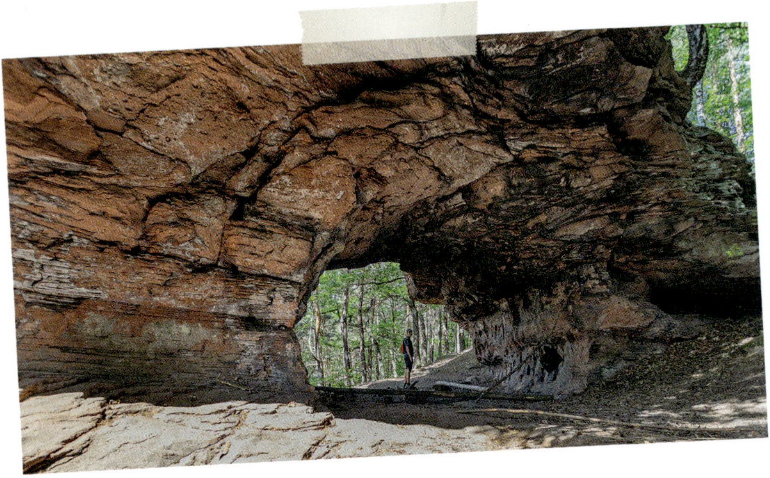

↑ **Ganz klein fühlt man sich in diesem ungewöhnlichen Felsloch.**

das Außengelände sind liebevoll angelegt, es gibt auch einen natürlich gestalteten Spielplatz. Die Jung-Pfalz-Hütte gilt als die schönste Hütte des Pfälzerwald-Vereins – ein Geheimtipp ist sie also leider nicht …

Krönender Abschluss 150 Meter nach dieser wundervollen Rast gelangen wir wieder auf den Wildsauweg. Ein letzter Höhepunkt steht noch aus. Nach insgesamt sechseinhalb Kilometern verlassen wir den Hauptweg nach links für einen kleinen Abstecher zum Gräfenhausener Sommerfels – ein paar Höhenmeter sind dafür noch zu bewältigen. Mitten im Wald befindet sich eine lange Felskette, die wir halb umrunden. Eine kleine Sensation ist das 15 Meter hohe Felsentor im Hauptfels, durch das man hindurchgehen kann. Dann präsentiert sich nochmals ein schöner Blick auf Annweiler und den Trifels.

Info

Der Ursprung des Namens »Wildsauweg« geht zurück auf die Gemarkungsgrenze von Gräfenhausen, die wie der Kopf eines Keilers gezeichnet ist.
Die Gräfenhausener Einwohner werden deshalb manchmal auch liebevoll als »Wildsäue« bezeichnet.

AUF EINEN BLICK

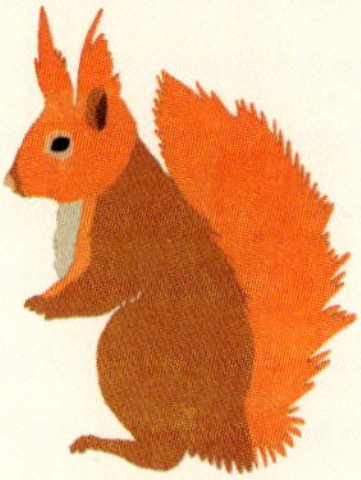

Tour 22: Tour für den Genuss

Dauer: 2.30 Std.

Höhenmeter: 310 Hm

Länge: 7,9 km

Schwierigkeit: Mittel

Tourencharakter: Gut begehbarer Weg mittlerer Länge ohne große Herausforderungen; mehrere, jedoch moderate Steigungen

Ausgangs-/Endpunkt: Sportplatz Gräfenhausen

Anfahrt: **Pkw:** Über die A65 bis Ausfahrt Landau-Nord, weiter auf B10 nach Annweiler am Trifels bis Ausfahrt Annweiler. Dann über die Gräfenhausener Straße/ Hahnenbachstraße nach Gräfenhausen fahren. Der Sportplatz liegt am nordwestlichen Ortsausgang.
Bahn/Bus: Von Landau Bahnhof mit der Bahn nach Godramstein Bahnhof fahren und von dort mit der Bahn Richtung Pirmasens bis Annweiler-Bahnhof. Dann Buslinie 523 nach Gräfenhausen Ortsmitte

Einkehr: Jung-Pfalz-Hütte

Information: www.vg-annweiler.de/tourismus, www.jung-pfalz-huette.de

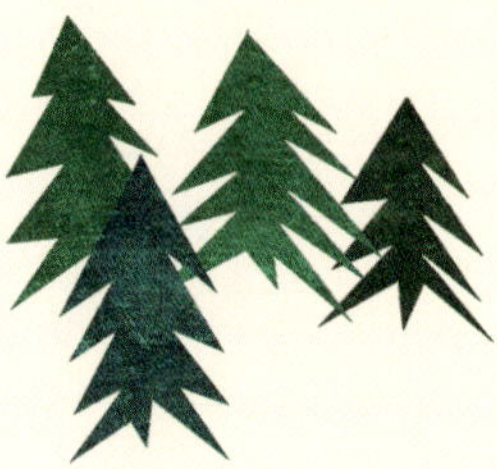

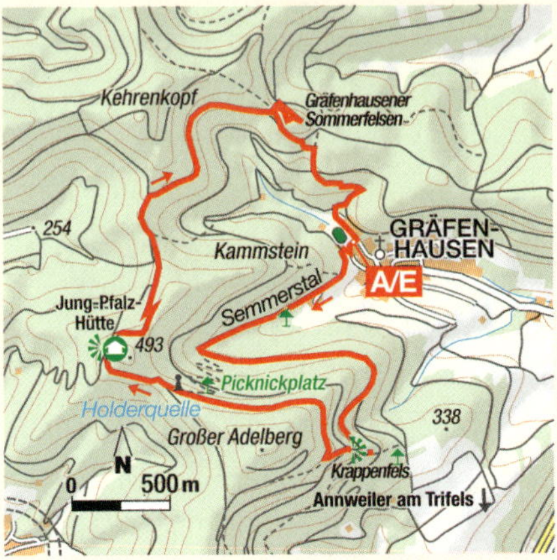

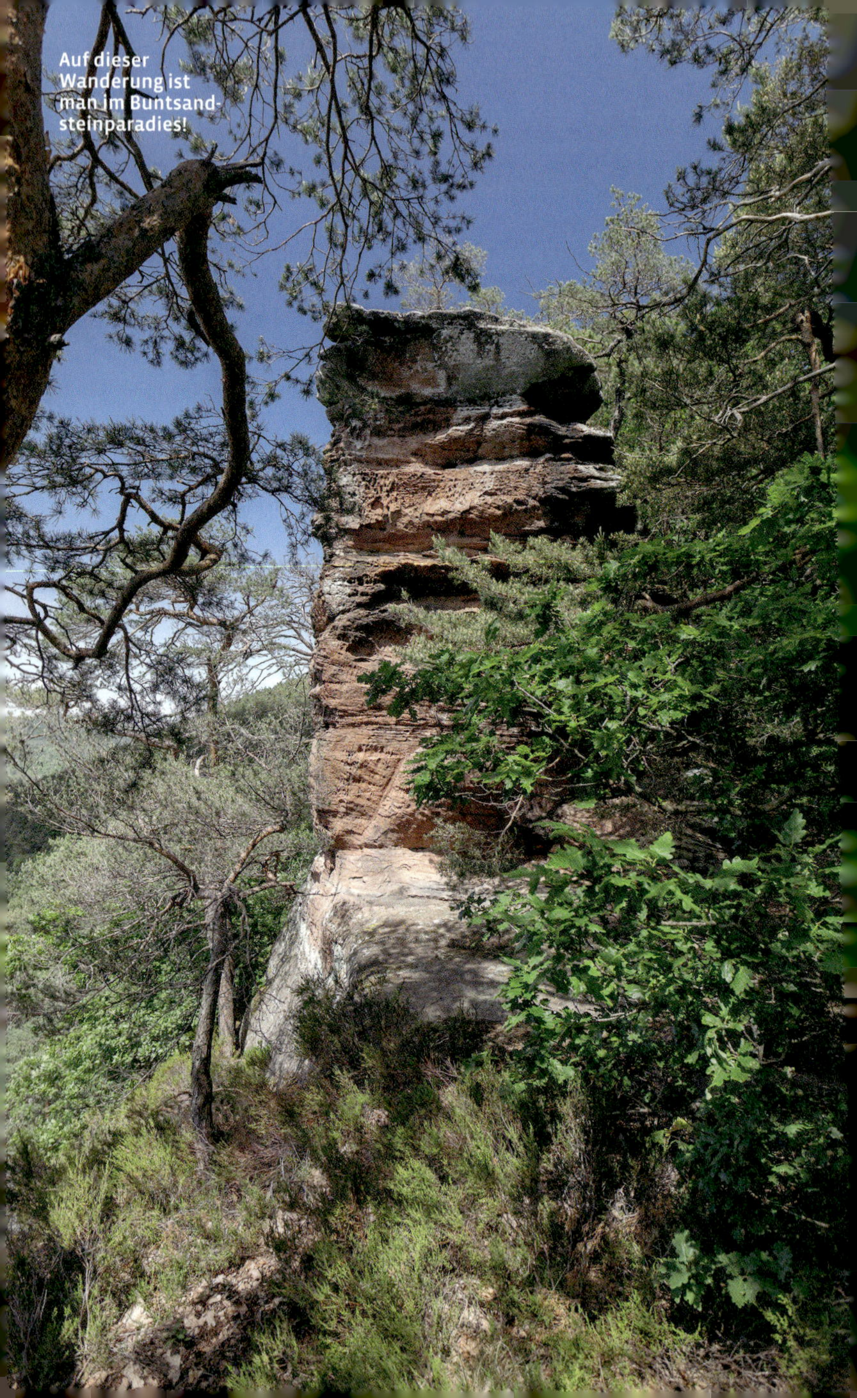

Auf dieser Wanderung ist man im Buntsandsteinparadies!

EIN FEST FÜR DIE SINNE!

Tour für die Sinne
TOUR 23

Dimbacher Buntsandstein Höhenweg

Bunte, bizarre, imposante Felsformationen und Felsmassive säumen diesen Rundwanderweg, der sich über die Hochebene rund um das Örtchen Dimbach windet. Die Felsen können über schmale, weiche Pfade erreicht werden, zu den rauen Felsformationen gesellen sich einmalige Fernsichten. Ein Sinnesrausch!

Erster Anstieg, erster Fels Quer durch den Wald und steil bergan geht's los, der Wegmarkierung weiß-rot-schwarzes Schild mit der Aufschrift »Dimbacher Buntsandstein Höhenweg« folgend. Einen halben Kilometer lang geht es 80 steile Höhenmeter hinauf zum ersten wunderschönen Sandsteingebilde. Der Falkenstein liegt relativ verdeckt im Wald und ist von Bäumen umringt. Mit etwas Fantasie erkennen wir aber im Falkenstein den Bug eines Schiffes, der nach Norden aus dem Wald ragt.

Abstecher Teil 1 Weiter laufen wir über einen federnden Waldweg entlang des Grates und entdecken auf dem Pfad einige größere und kleinere Gesteinsformationen. Ein erster Abstecher führt uns zum Kaftenstein (300 Meter Umweg hin und zurück). Es empfängt uns ein schöner Ausblick unter anderem auf den Ort Dimbach.

Letztes Stück auf dem Bergrücken Zurück auf dem Hauptweg wandern wir auf der Höhe weiter, der Weg ist weiterhin gesäumt von zahlreichen Felsgebilden. Wir erreichen auf dem Dimberg das Felsgebilde Dimbergpfeiler. Das Felsplateau bietet eine schöne Aussicht, an warmen, sonnigen Tagen leisten uns herumwuselnde Eidechsen Gesellschaft. Anschließend steigen wir von dem mächtigen Bergrücken, der sich hier durch den Wald gezogen hat, ab und passieren nach nur wenigen Metern und kurz nachdem wir noch einen Blick von unten auf den Dimbergpfeiler geworfen haben, die Isselmannsteine.

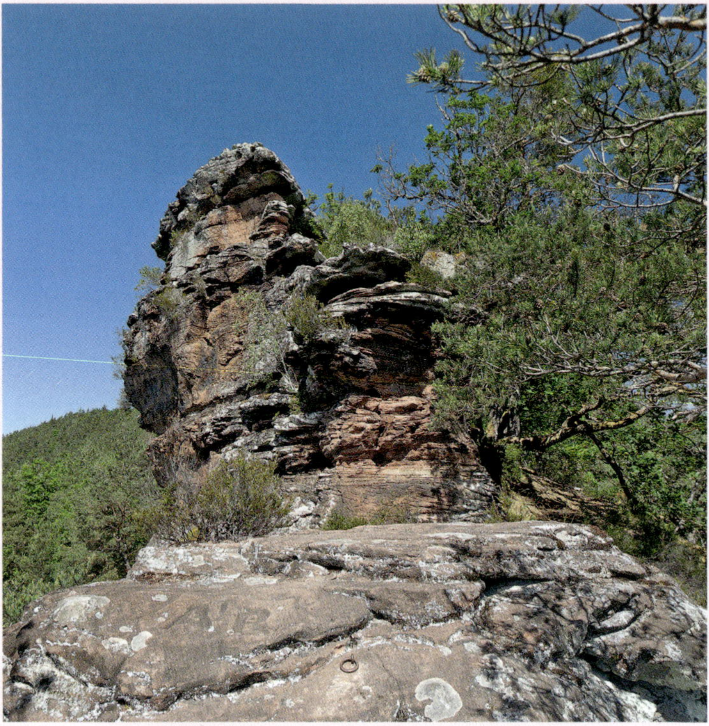

»Du möchtest gern alleine wandern,
doch ständig stören dich die andern.
Auch du bist – das bedenke heiter! –
ein andrer andern – und nichts weiter.«

Eugen Roth

4-Burgenblick Die Steine befinden sich am Nordgrat des Rötzenberges. Um diesen zu erklimmen, kommt die Sache mit der guten Kondition ins Spiel … Aber eine grandiose Aussicht über die Pfälzer Berge entschädigt für alles. Nur noch 25 Höhenmeter und ein paar Schritte mehr misst der Abstecher zum 4-Burgenblick, den man sich auf keinen Fall entgehen lassen sollte. Die vier klassischen Pfalzburgen Madenburg, Trifels, Neuscharfeneck und Ramburg auf einen Blick zu erwischen, ist einzigartig.

Rötzenstein Kaum zu glauben, aber wir nähern uns jetzt (erst!) dem Highlight der Tour, der Aussicht aller Aussichten. Denn überall in der Pfalz kann man an fingerförmigen Felsformationen stehen und staunen – aber am Rötzenstein steht man an einer 50 Meter hohen und ebenso breiten Klippe und der Fernblick nach Süden und Westen ist einfach überwältigend. Kein Wunder, dass dies ein Lieblingsplatz vieler Pfälzer und Pfalzfans ist – und zwar bei Tag und Nacht. Nachdem wir uns schweren Herzens von der Klippe wieder abgewendet haben, steigen wir hinab und bewundern das mächtige Felsriff noch einmal von unten.

Dritter Anstieg Es geht an einer kleinen Schutzhütte des Pfälzerwald-Vereins vorbei und wir umrunden den Berg, den wir als nächstes besteigen. Auf diesen wandern wir in kleinen Serpentinen hinauf, um am Ende des Aufstiegs auf das Jahrtausende alte Horn zu stoßen. Hier merken wir sehr deutlich, dass sich Farben und Strukturen des Sandsteins im Laufe der Wanderung verändert haben – nunmehr blicken wir auf unterschiedliche Rottöne in den Gesteinsschichten.

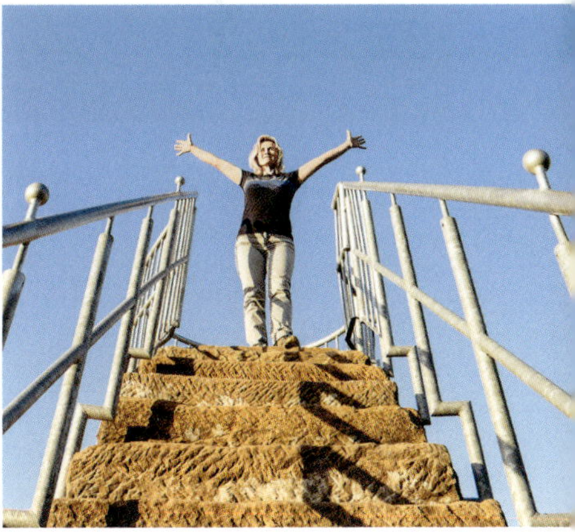

← **Dimbergpfeiler**
→ **Pure Lebensfreude!**

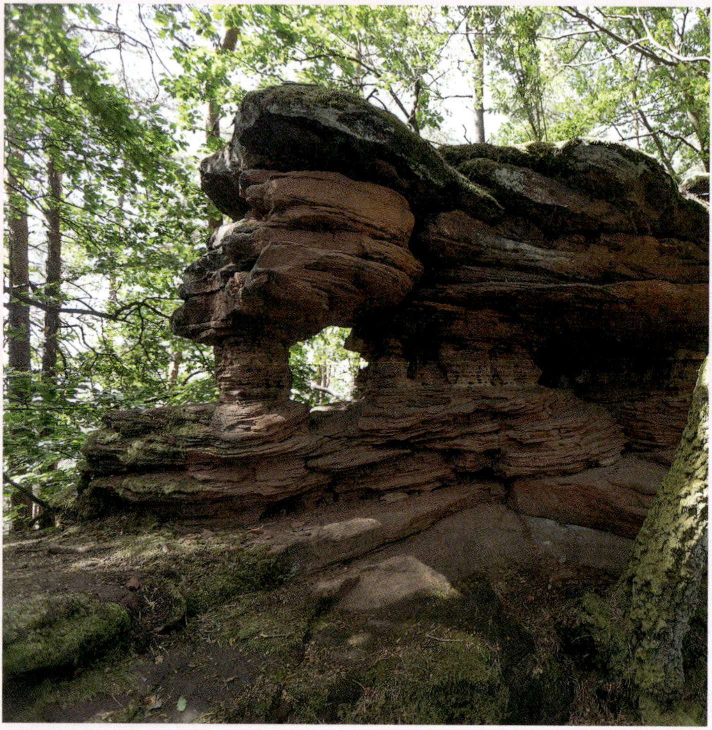

»Wenn alle Wege verstellt sind,
bleibt nur der Weg nach oben.«

Franz Werfel

Schöner Rückblick Wir nehmen Kurs auf den Kieungerfels, ein weiterer Sandsteinfelsrücken, der sich langsam aus dem Wald herausarbeitet. Dabei passieren wir eine Stelle, an der sich ein Fernblick nach Osten und auf den Rötzenstein auftut. Auf dem Kieungerfels selbst genießen wir den Duft der Nadelbäume, den weichen, teils moosbewachsenen Waldboden und vor allem die Stille. Diese Stille können wir auch ein Stückchen weiter am hübschen Plätzl am Dreiländereck genießen – welche drei Länder hier wohl gemeint sind? Es folgt das Felsgebilde Dimbacher Häusel und wir sind übrigens gerade für zwei Kilometer auf dem Rimbach-Steig (siehe Tour 24).

Zielgerade mit haushohen Felsen Weitere tolle, ungefähr hausgroße Felsbrocken versüßen uns den Ausklang der Tour – dieselbe Wirkung erzielen die weichen Pfade, auf denen wir nun geruhsam wandern. Ein letzter optionaler Abstecher führt zum Häuselstein. An einer Sitzgruppe mit Blick ins Tal lässt es sich ein letztes Mal schön rasten. Ein verschlungener Pfad führt zum versteckten Rastplätzchen. Der gesamte Umweg beträgt 500 Meter. Und ein allerletzter Abstecher mit schöner Aussicht führt zum Hockerstein, wofür man 700 Meter zusätzliche Wegstrecke geht. Anschließend steigen wir endgültig ab nach Dimbach und gehen, noch ganz verzückt von diesen überwältigenden Eindrücken, zurück zum Parkplatz.

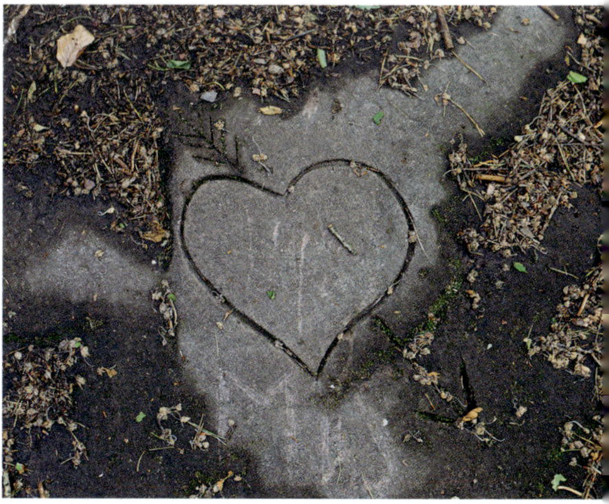

← **Fantasiegebilde Horn**
→ **Glück in Stein gemeißelt**

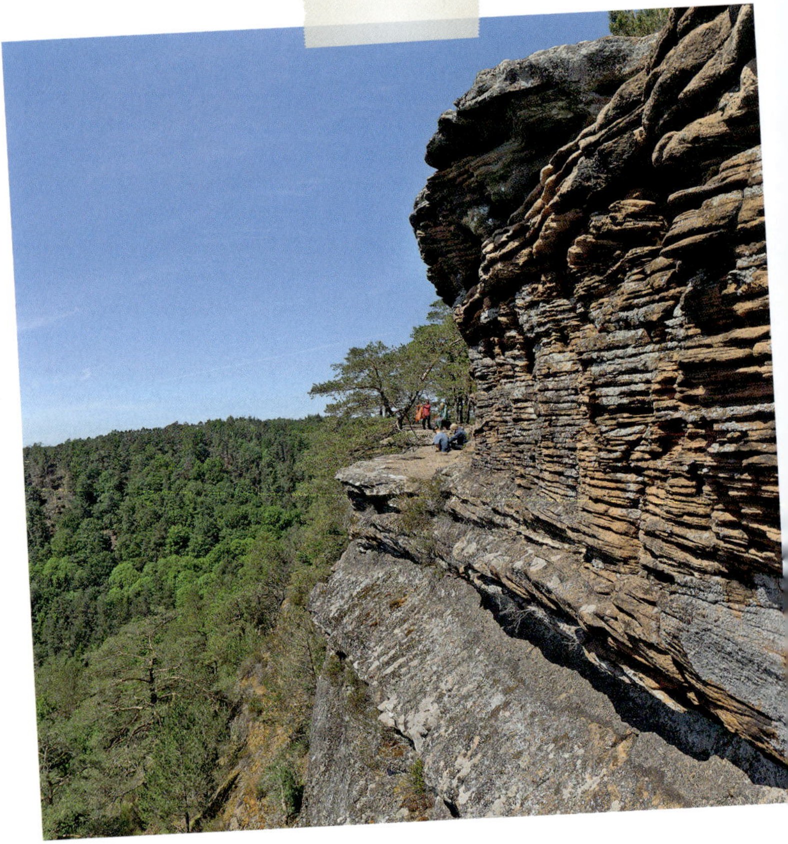

↑ **Gänsehaut und Herzklopfen am Rötzenstein!**

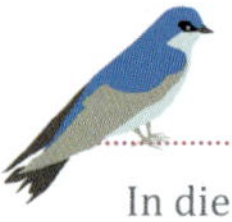

Tipp

In die Wanderung sind einige sehr empfehlenswerte Abstecher über schmale Pfade zu Aussichtspunkten mit traumhaften Fernblicken integriert. Die Ausblicke lassen sich perfekt von versteckten, lauschigen Plätzchen aus genießen – Höhenangst sollte man indes keine haben, meist geht es an den Felswänden steil bergab. Wer die lohnenswerten Abstecher auslässt, spart etwa drei Kilometer (jeder Abstecher ist in der Beschreibung mit der Länge des Umwegs angegeben).

AUF EINEN BLICK

Tour 23: Tour für die Sinne

Dauer: 4 Std.

Höhenmeter: 460 Hm

Länge: 12,5 km

Schwierigkeit: Schwer

Tourencharakter: Tour führt über drei Berge, gute Grundkondition vorteilhaft. An manchen Felsformationen steile Abbruchkanten, die man aber gut umgehen kann.

Ausgangs-/Endpunkt: Wanderparkplatz nördlich von Dimbach

Anfahrt: **Pkw:** Über die B10 bis Abfahrt Wilgartswiesen fahren, dann nach Spirkelbach und in der Ortsmitte rechts nach Lug. Dann Richtung Dimbach, der Parkplatz befindet sich kurz vor Dimbach linker Hand.
Bahn/Bus: Mit der Bahn nach Wilgartswiesen, dann mit der Buslinie 258 nach Dimbach Ort

Einkehr: Unterwegs keine, Gastronomie in den benachbarten Orten Schwanheim und Darstein

Information: www.urlaubsregion-hauenstein.de

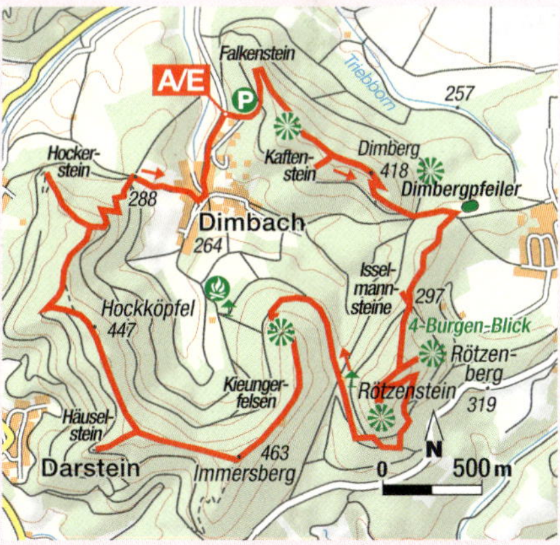

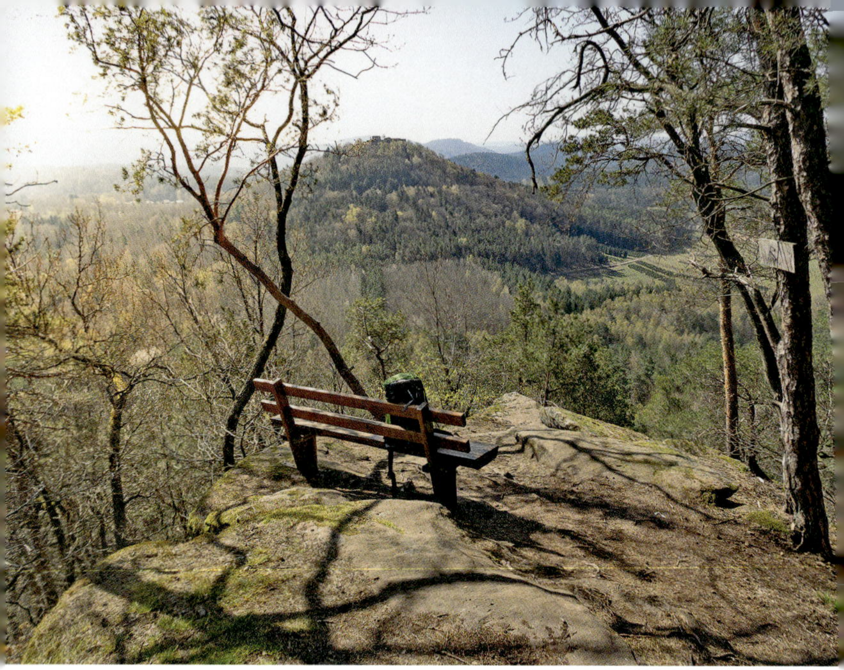

↑ Auf dem Immersberg ↓ Abenteuerlicher Aufstieg auf den Hühnerstein

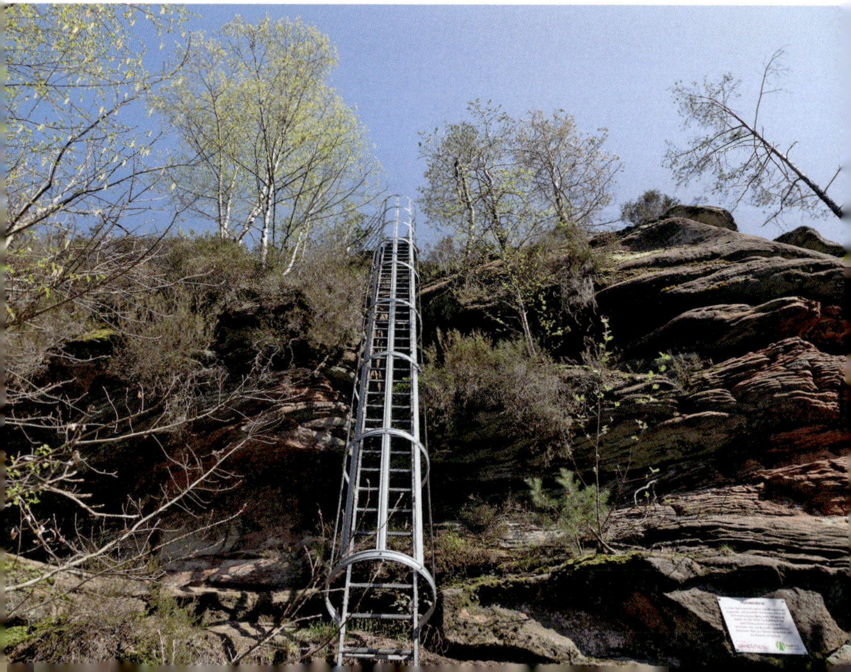

Tour
TOUR 24
ohne Uhr

HERRLICHES PANORAMA UND MÄCHTIGER BUNTSANDSTEIN

Deluxe-Tour Rimbach-Steig

Romantische Wiesen, das idyllische Rimbachtal und beeindruckende Felsformationen erwarten uns auf dieser Wanderung, die man auf einen ganzen Tag ausdehnen kann und sollte. Denn es gibt viel zu sehen, zu erleben und zu genießen. Lässt man sich Zeit, laufen sich die Kilometer und Höhenmeter auch von ganz alleine!

Zu Beginn hoch hinaus Es sind einige Höhenmeter zu bewältigen und in einem Auf und Ab geht es immer wieder hoch hinaus und tief hinab ins Tal. Das weiß-blaue Schild mit der Beschriftung »Rimbach-Steig« dient als Wegmarkierung. Gleich zu Beginn wandern wir auf den 463 Meter hohen Immersberg – damit ist auch schon der höchste Anstieg geschafft! Die Belohnung ist ein lauschiger Aussichtspunkt mit Bank und fantastischem Weitblick.

Die ersten Felsen Wir wandern ein kurzes Stück bergab und dann wieder hinauf zwischen den schönen Pilzsteinen hindurch, die zwischen dem Immersberg und Häuselstein verstreut im Wald liegen. Wieder bergab erreichen wir den Aussichtspunkt Häuselstein mit Tisch und Bank. Da wir uns an dieser Tour ganz ohne jedes Zeitgefühl erfreuen wollen, nehmen wir auch hier wieder Platz und blicken auf das halb rechts gelegene Örtchen Darstein. Der Weg beschreibt eine Kehrtwende nach rechts. Zum nächsten Aussichtspunkt wandern wir nun etwa 1,8 Kilometer in aller Ruhe und immer geradeaus, zum Teil über schmale Pfade an Felsen entlang. Die Stille des Waldes umgibt uns. Wir passieren den Stall von Bethlehem, dann folgt der mit einem Blechkreuz gekennzeichnete Hockerstein.

Abstieg nach Schwanheim Auf dem Weg hinunter nach Schwanheim kommen wir an der Mariengrotte vorbei, die von einer friedvollen Atmos-

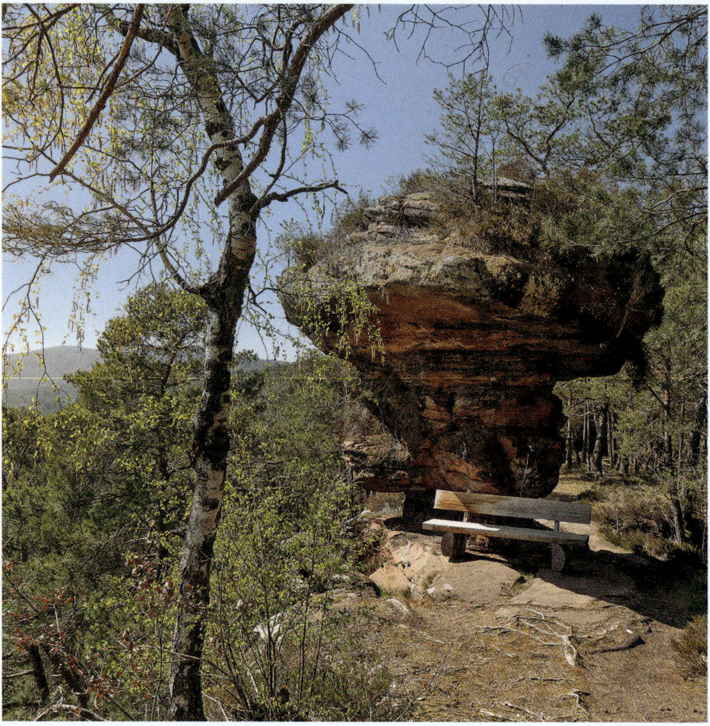

»Und in den Wald gehe ich,
um meinen Verstand zu verlieren und
meine Seele zu finden.«

John Muir

phäre umgeben ist. Auf einem asphaltierten Weg laufen wir an Schwanheim entlang, dann zweigt der Weg nach rechts ab und es geht idyllisch entlang des Rimbachs, über Felder und an kleinen Pferdekoppeln vorbei bis zu einer wildromantischen kleinen Holzbrücke über den Rimbach. Es folgt der Anstieg zum Nesselberg.

Auf den Nesselberg Auf dem Weg hinauf passieren wir über einen schmalen Pfad eine hübsche Sandsteinformation in Pilzform. Ein Loch im Stein präsentiert einen ganz besonderen Weitblick. Über den Kamm des Nesselberges wandern wir in westliche Richtung, passieren einen Funkmast und gelangen zu einem Aussichtspunkt. Niederlassen, Seele baumeln lassen und alles um sich herum vergessen …

Große Attraktion Wieder geht es bergab, anschließend bergauf – wir überqueren die Landstraße, wenden uns wieder bergauf und freuen uns auf ein weithin berühmtes Highlight: den auf 456 Metern gelegenen Hühnerstein. Der Fernblick über den Pfälzerwald ist unvergleichlich schön! Hierfür muss man eine Stahlleiter erklimmen, was aber dank der Rund-um-Sicherung auch für Wanderer mit Höhenangst kein Problem ist. Auch die Plattform ist gesichert, sodass man ausgiebig den Blick in alle Himmelsrichtungen schweifen lassen kann. Als Pendant zum Hühnerstein folgt später auf dem Weg der mächtige Hahnenfels.

Gipfelpunkt Mit dem Wolfshorn auf 476 Metern Höhe gelangen wir zum höchsten Punkt des Rimbach-Steigs. Danach marschieren wir zum Kühungerfelsen. Um an dessen Aussichtspunkt zu kommen, verlassen wir den Wanderweg und nehmen dafür gerne zusätzliche,

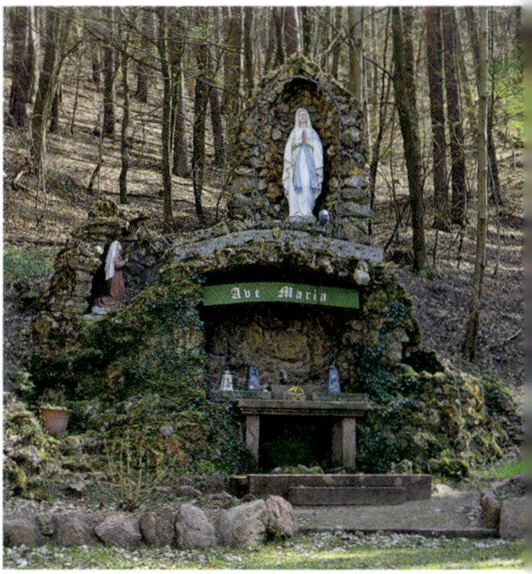

← **Lustige Sandsteinformationen in Pilzform**
→ **Mariengrotte mit Kreuzweg**

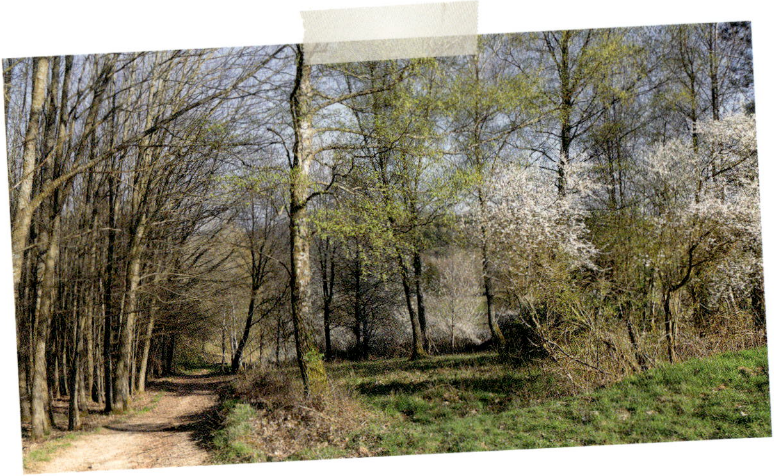

↑ **Das letzte Wegstück ist perfekt zum Entspannen.**

lohnenswerte 200 Meter Umweg in Kauf. Dafür blicken wir von einer Bank aus auf den Ort Darstein und den umgebenden Pfälzerwald.

Endlich einkehren! Wieder auf dem Hauptweg kommt ein steiler Abstieg und dann haben wir uns unbestritten eine Einkehr verdient. Die vom Pfälzerwald-Verein betriebene Wasgauhütte Schwanheim heißt uns willkommen. Frisch gestärkt wandern wir die letzten dreieinhalb Kilometer zurück zum Ausgangspunkt, vorbei an einer weiteren imposanten Felsformation, dem Haselstein. Dann lassen wir diesen abwechslungsreichen und sagenhaft schönen Weg bei einem Spaziergang über die Felder und entlang von Obstbäumen ausklingen und erreichen herrlich entspannt den Ausgangspunkt.

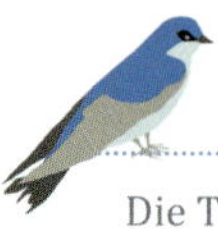

Tipp

Die Tour kann auch in mehreren Abschnitten gewandert werden; Möglichkeiten für Zwischenabstiege sind ausgeschildert. Die Zuwege sind ab Schwanheim der Hubertus-Weg, ab Lug der Rimbach-Steig und ab Cramerhaus/Lindelbrunn die Wegmarkierung roter Punkt.

AUF EINEN BLICK

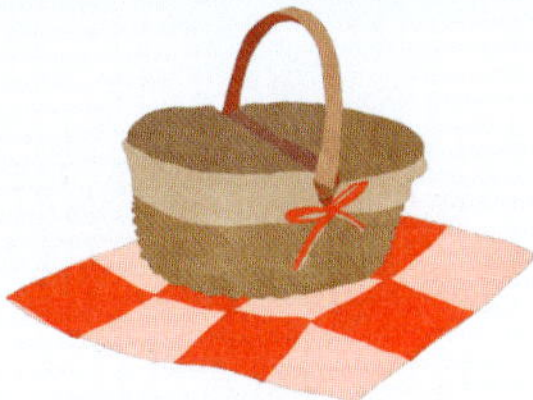

Tour 24: Tour ohne Uhr

Dauer: 5.30 Std.

Höhenmeter: 560 Hm

Länge: 18,4 km

Schwierigkeit: Schwer

Tourencharakter: Anspruchsvoller Wanderweg auf den Höhenzügen zweier Wasgaudörfer. Gute Kondition erforderlich

Ausgangs-/Endpunkt: Großer Parkplatz am südlichen Ortsausgang von Darstein

Anfahrt: **Pkw:** Aus Richtung Annweiler oder Bad Bergzabern die B48 bis Klingenmünster fahren. In der Ortsmitte auf die Steinstraße (später L493) in westliche Richtung abbiegen und bis nach Vorderweidenthal, dann nach rechts auf die L490 Richtung Darstein. Die Ringstraße zweigt am Ortseingang rechts ab.
Bahn/Bus: Mit der Bahn bis Bahnhof Annweiler, dann mit der Buslinie 525 nach Darstein

Einkehr: Wasgauhütte Schwanheim

Information: www.urlaubsregion-hauenstein.de, schöne-aussicht.de/wasgauhuette

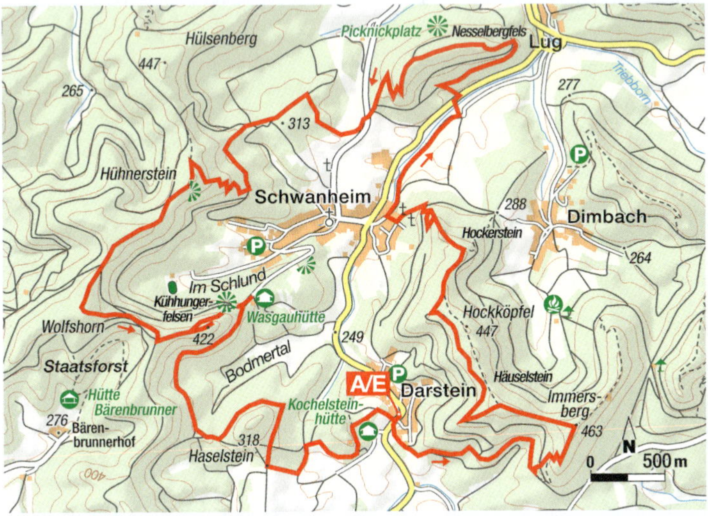

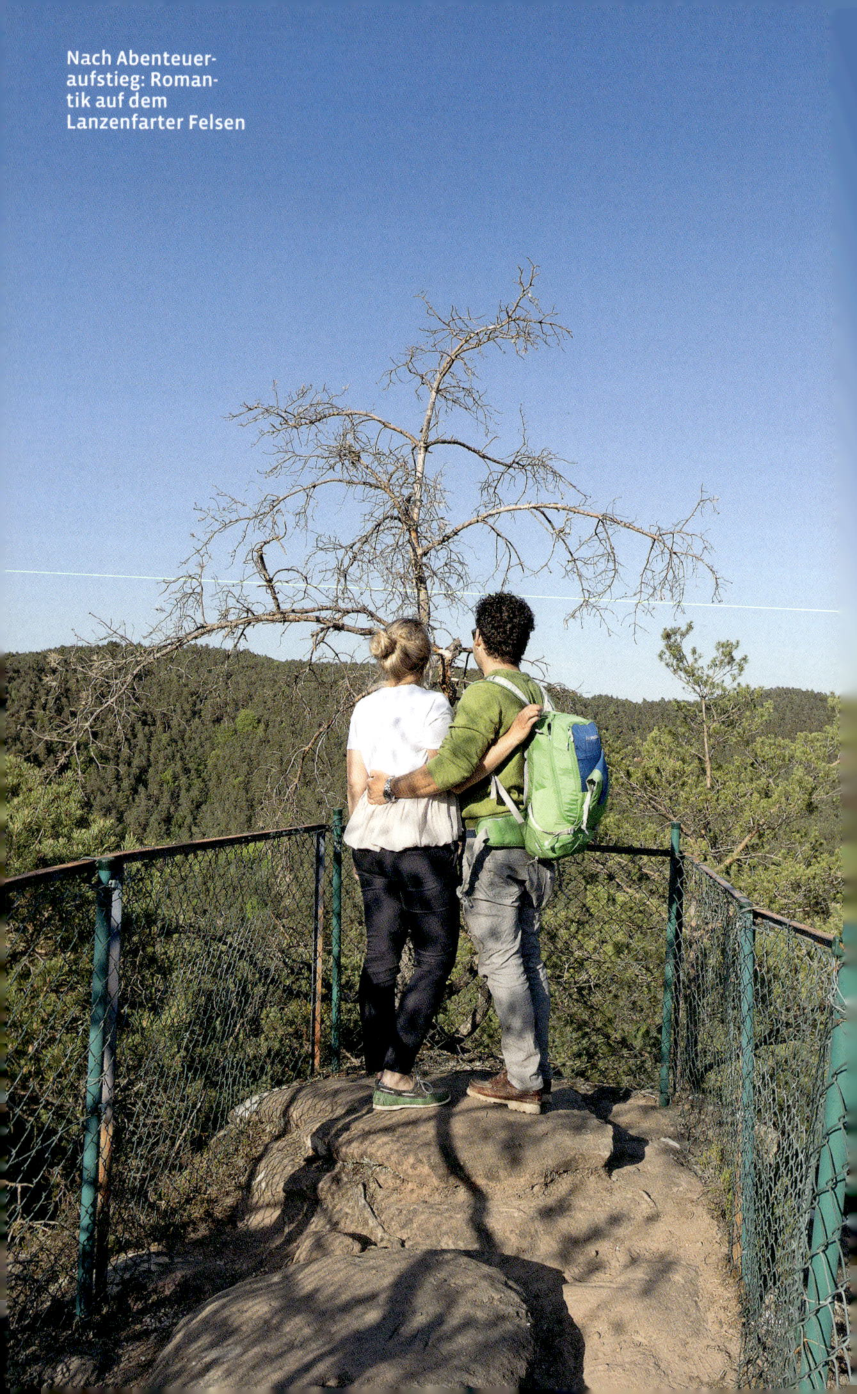

Nach Abenteueraufstieg: Romantik auf dem Lanzenfarter Felsen

Tour für den Genuss
TOUR 25

HIMMELSLEITERN, BURG-RUINEN UND DICKE EICHE

Wanderung rund um Hauenstein

Es geht rund um Hauenstein mit dem größten Schuhmuseum der Welt und guten Restaurants mit regionaler Küche. Fliehburgen säumen den Weg, die abenteuerlich bezwungen werden wollen. Die Einkehr im Wanderheim Dicke Eiche beschert uns eine heimelige Atmosphäre.

Steiler Auftakt Egal, ob wir am Freibad parken oder vom Wanderparkplatz aus dort hinlaufen: Gleich gegenüber vom Wasgaubad geht es zur Einstimmung erst einmal steil und auch etwas beschwerlich hinauf zur Fliehburg Backelstein. 120 Höhenmeter bewältigt man dabei, um dann eine Ruine zu erreichen, von der eigentlich nicht mehr viel übrig ist – es war ja auch nur eine Holzburg. Eine Treppe führt vom unteren Teil auf den Fels hinauf (die erste von mehreren nachfolgenden Herausforderungen für Menschen mit Höhenangst), von wo sich eine herrliche Aussicht auf den Pfälzerwald auftut. Weiter geht es – jetzt deutlich gemäßigter – bergauf, auf einem sehr schönen Weg am Fels entlang. Nach einem halben Kilometer kann man noch einmal einen Blick aus der Ferne auf die Burgruine Backelstein werfen.

Hühnerstein Drei Kilometer nach Start erreichen wir diese Attraktion: den Hühnerstein. Es ist ein schmaler, zwölf Meter hoher Felsturm, den man über eine schwindelerregende, aber gesicherte Leiter besteigen kann (nächste Mutprobe für alle Wanderer mit Höhenangst). Die Überwindung wird aber mit einem sensationellen 360-Grad-Blick wiedergutgemacht – kein Baum steht mehr im Weg. Es ist sehr eng hier oben, wenn also bereits zu viele Leute auf dem Plateau sind, sollte man lieber warten. Tipp: Den Rucksack unten stehen lassen, da man in der röhrenförmigen Sicherung um die Leiter herum leicht hängen bleiben kann.

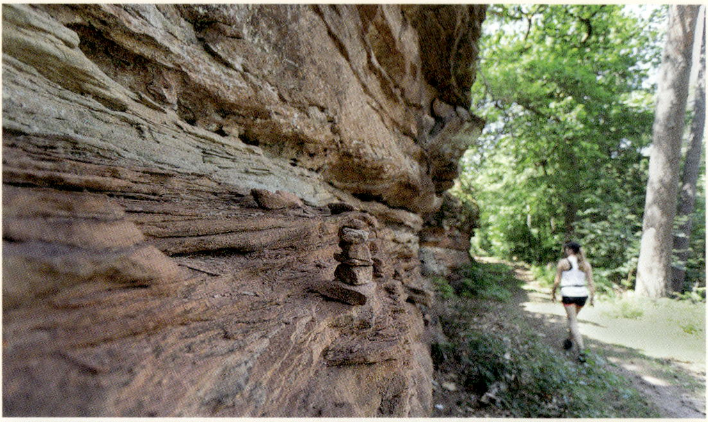

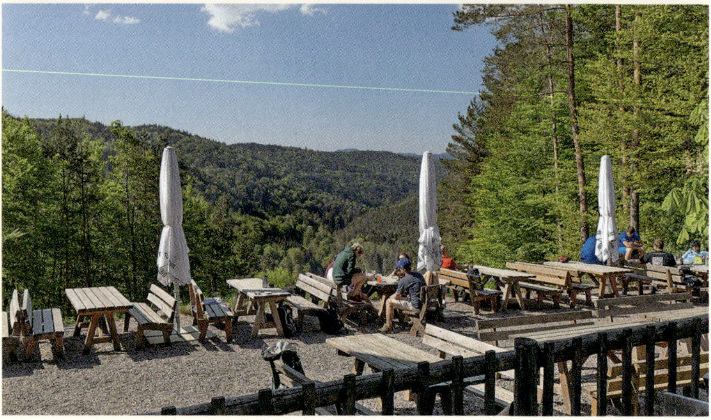

»Wandere, während du weilst!«

Peter Hille

Einkehr nach Pfälzer Art Nach diesem Abenteuer haben wir uns definitiv eine Belohnung verdient. Diese folgt, nachdem wir uns in südwestliche Richtung gewandt haben, nach etwa eineinhalb Kilometern in Form der Dicken Eiche, einem vom Pfälzerwald-Verein bewirtschafteten Wanderheim. Herrlich abgelegen, mit tollem Blick von der Aussichtsterrasse, lassen sich die Weißherbstschorle mit Kartoffeln und Quark, Leberknödel oder Saumagen oder wahlweise der Hefekranz mit einem Pott Kaffee unglaublich gut genießen. In der Hütte kann man auch übernachten.

Wolfsfels und Hasenteller Die Wanderhütte ist der Umkehrpunkt der Tour. Wir nehmen Kurs auf den Wolfsfels, den wir mit Adleraugen von der Hütte aus auch schon gesehen haben. Es handelt sich um ein schlankes Felsmassiv mit einer Bank davor, von der aus sich dieses Naturphänomen schön betrachten lässt. Kurz darauf liegt etwas abseits des Weges der wunderschöne Aussichtspunkt des Wolfsfelses. Wir bleiben mit den Bezeichnungen der Felsgebilde in der Tierwelt und nähern uns dem Hasenteller, einer Felsformation auf dem Bergsattel. Ein kurzer Stichweg führt uns zwei Kilometer weiter nach links zum Burghalder Fels, einer Karolingischen Fliehburg. Es ist eine der zentralen Gesteinsformationen, um die sich Hauenstein schmiegt.

Zwei wacklige Angelegenheiten Kurz darauf sieht es mächtig wacklig aus – die Bonsai-Tischfelsen sind zwei Wackelfelsen, die zwar nicht wirklich wackeln, aber eindeutig mehr oder weniger auf ihren Sockeln schweben. Anschließend gewinnen wir ein Stückchen Strecke, auf der wir neben dem Genuss des tiefen Pfälzerwaldes keine Highlights finden. Erst der

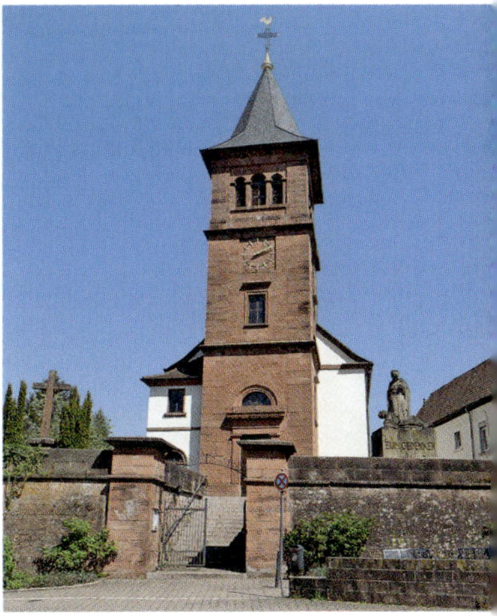

↑ **Wenn Wandern und Weilen ...**
↓ **... untrennbar zusammengehören!**
→ **Kleine Bartholomäuskirche in Hauenstein**

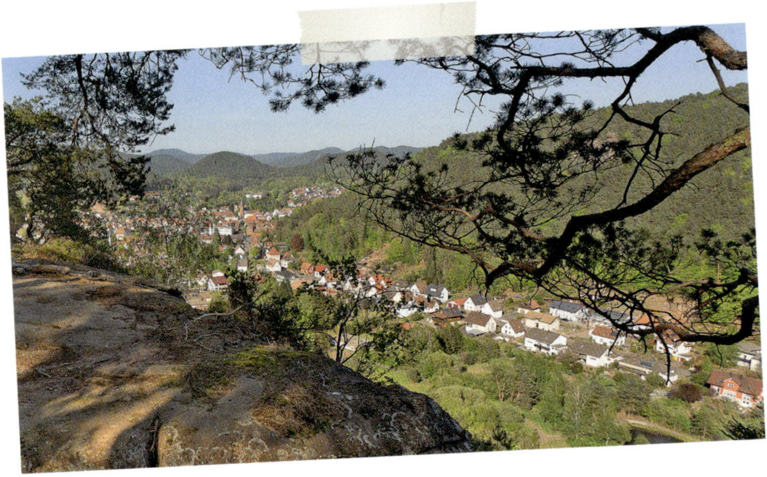

↑ **Der Schuhort Hauenstein von der Wanderung aus betrachtet**

Lanzenfahrter Felsen bietet uns gute vier Kilometer nach den Bonsais wieder einen imposanten Anblick – und erneut einen Aufstieg via Himmelsleiter. Durch eine gesicherte Röhrenkonstruktion führt eine Eisenleiter auf das Aussichtsplateau und präsentiert dem tapferen Wanderer einen atemberaubenden Blick über die Hauensteiner Felsenlandschaft und den Ort Hauenstein. Besonders schön bei tief stehender Sonne!

Talabwärts Nach diesem letzten eindrucksvollen Erlebnis müssen wir nur noch bergab ins Tal des Gillenbachs wandern. Er begleitet uns zuverlässig zurück zum Freibad und zum Parkplatz. Wir sollten nun dem beschaulichen Ort Hauenstein noch die nötige Aufmerksamkeit schenken, wofür wir beim Start zur Wanderung keine Zeit hatten. Viele schöne Einkehrmöglichkeiten laden dazu ein, diese Tour genussvoll ausklingen zu lassen.

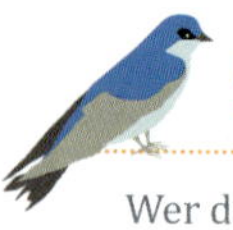

Tipp

Wer die Tour um 1,5 Kilometer abkürzen möchte und nicht gerade zur Hochsaison des Freibades unterwegs ist, parkt beim Parkplatz des Wasgaufreibades Hauenstein und steigt hier in die Tour ein.

AUF EINEN BLICK

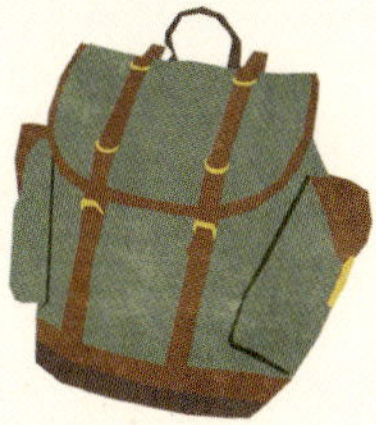

Tour 25: Tour für den Genuss

Dauer: 3.30 Std.

Höhenmeter: 300 Hm

Länge: 11,5 km

Schwierigkeit: Mittel

Tourencharakter: Gute begehbare Wege und schmale Pfade. Einige Höhenmeter und Aufstiege über (gesicherte) Eisenleitern auf die Aussichtsflächen der Felsen (nicht ratsam bei Höhenangst)

Ausgangs-/Endpunkt: Wanderparkplatz an der Dahner Straße

Anfahrt: **Pkw:** Von Landau über die B10 bis Ausfahrt Bad Bergzabern/Lug/Hauenstein fahren. Über Pirmasenser Straße und Bahnhofstraße bis Abzweig Pirminiusstraße, dann der Michaelstraße folgen, bis die Dahner Straße nach rechts abzweigt. Parkplatz folgt rechter Hand.
Bahn/Bus: Ab Dahn mit der Buslinie 252 bis Hauenstein Ortsmitte, dann 2,5 km Fußweg zum Einstieg beim Freibad (siehe Tipp)

Einkehr: Wanderheim Dicke Eiche

Information: www.urlaubsregion-hauenstein.de, www.pwv-hauenstein.com/home

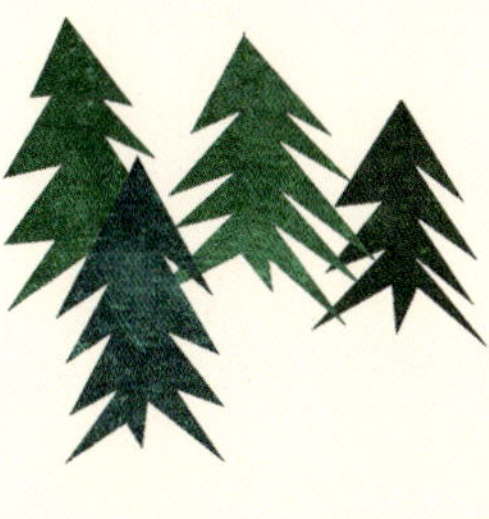

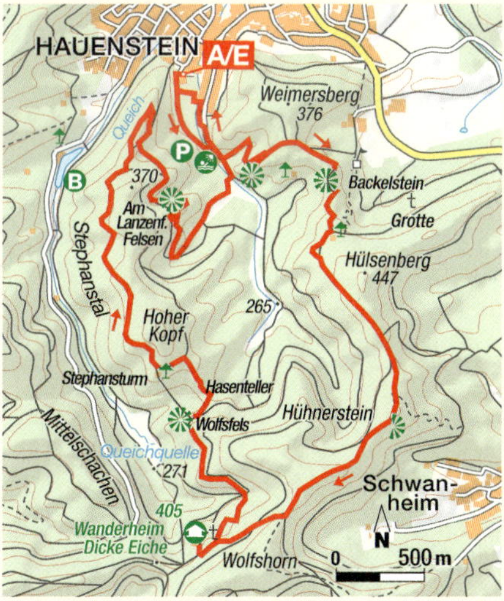

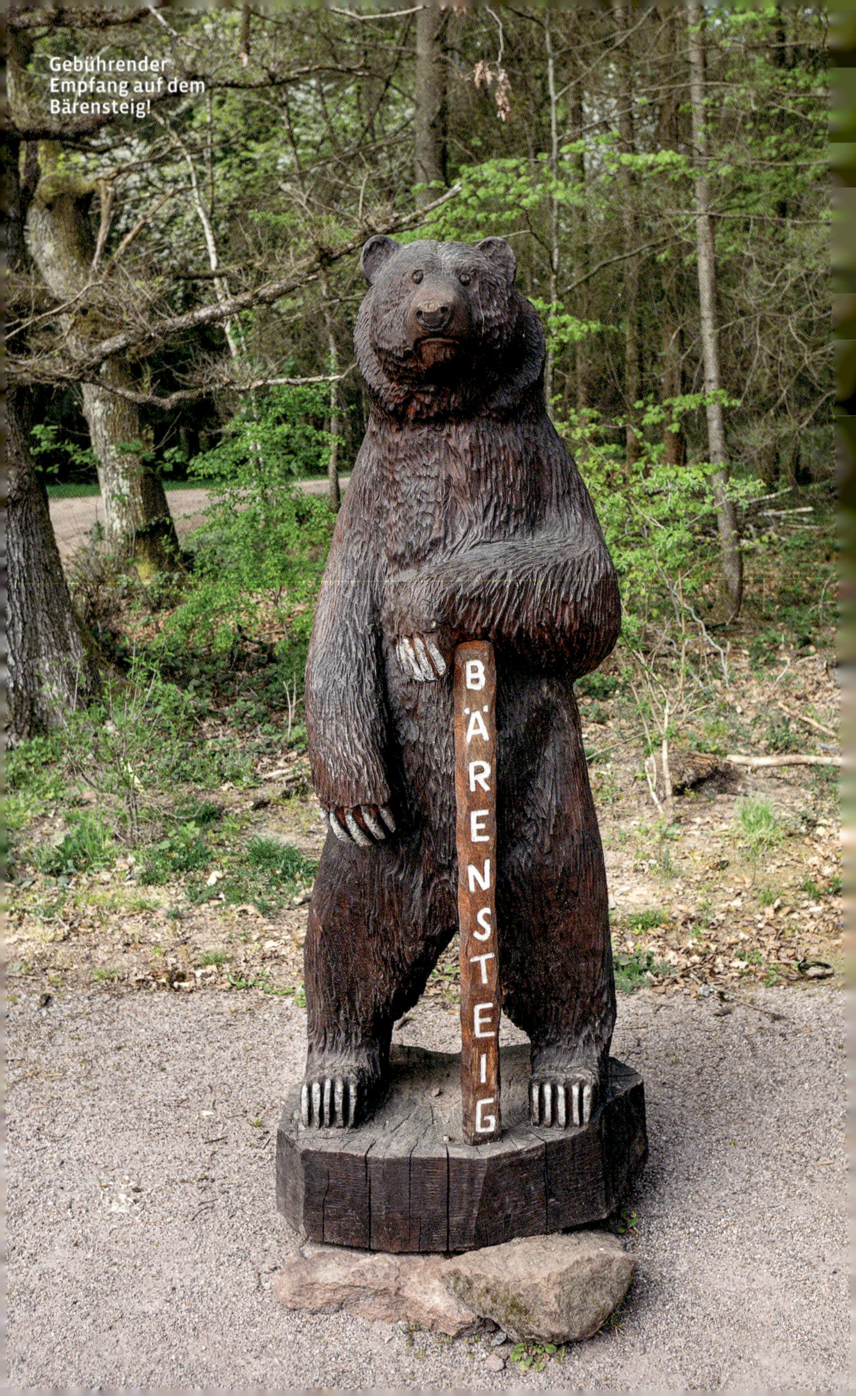

Gebührender
Empfang auf dem
Bärensteig!

Tour für
TOUR 26
die Sinne

BÄREN, DRACHEN UND GEIER

Abwechslung auf dem Bärensteig

Wechselnde Landschaften, traumhafte Aussichten auf Felsen, Täler, Hügel und Wälder und abwechslungsreiches Wandern mal auf breiten Waldwegen, mal auf schmalen Pfaden machen diese Wanderung zum Erlebnis. Durch den duftenden Wald mit Blick auf die rot schimmernden Felsen – das ist Seele baumeln lassen ...

Auf den Jüngstberg Wir starten die Wanderung am Friedhof. Ein weißer Bär auf orangefarbenem Untergrund weist uns den Weg. Zunächst gehen wir durch den Wald oberhalb von Bruchweiler-Bärenbach und gewinnen dabei auf angenehme Art an Höhe. Nach dem ersten Kilometer ergattern wir bereits eine erste schöne Fernsicht vom Schuhfels aus. Der Blick richtet sich nach Westen und über das Bruchweiler Tal mit der hindurchfließenden Wieslauter. Danach müssen wir ein paar Höhenmeter bewältigen, es wird steiler und ein weicher Forstweg führt uns hinauf zum westlichen Jüngstberg-Plateau. Dort können wir an einer Sitzgruppe verweilen und uns auf die Leiter vorbereiten, die uns hinauf zur Jüngstbergkanzel (491 Meter ü. NN.) führt, wo sich uns ein herrlicher Panoramablick über den westlichen Wasgau präsentiert. Ein traumhaft schöner Platz für eine Pause! Eine Tafel gibt Orientierung über die umliegenden Gemeinden.

Einkehr mit Saumagen und Leberknödel Wir wandern hinab und erreichen nach 700 Metern über einen naturbelassenen Pfad die Budenthaler Jagdhütte, eine Schutzhütte mit einer schönen Bank, von der aus wir eine weitere Fernsicht genießen, und zwar diesmal auf das herrliche Dahner Felsenland. Nach einem weiteren Kilometer kommt dann noch ein Schmankerl für den Gaumen: Die vom Pfälzerwald-Verein bewirtschaftete Drachenfelshütte bietet leckere Pfälzer Gerichte wie Saumagen, Erbsensuppe

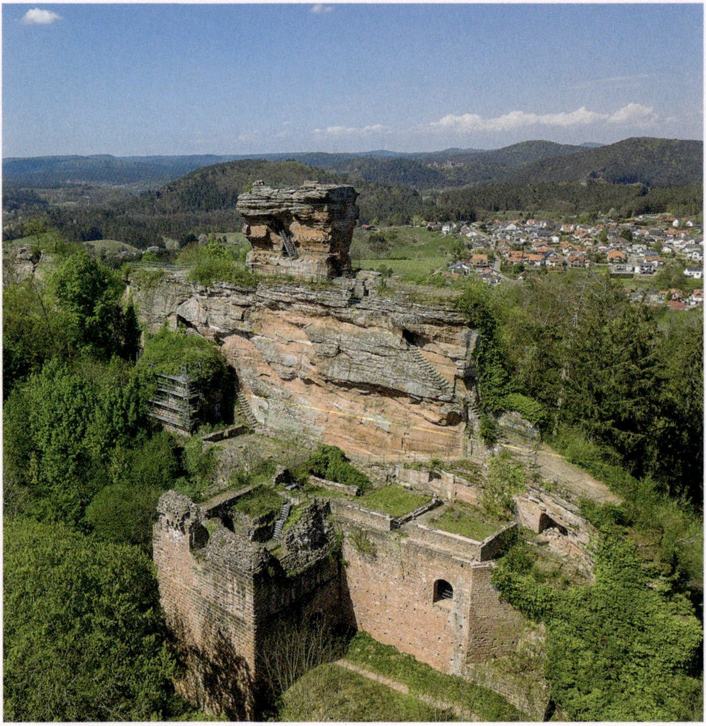

»Die Natur braucht sich nicht anzustrengen, bedeutend zu sein. Sie ist es.«

Robert Walde

oder Leberknödel mit Kraut und vor allem den passenden Pfälzer Schoppen dazu! Dass man die Hütte auch mit dem Auto direkt anfahren kann, macht sich zwar bemerkbar – aber der Außenbereich ist mit 150 Sitzplätzen ausreichend für jeden Ansturm gerüstet.

Von der Drachenfelshütte zum Drachenfels Wir bleiben bei den Drachen. Nun nehmen wir Kurs auf die Hauptattraktion des Bärensteigs, die weithin berühmte Burgruine Drachenfels. Etliche Wege und Treppen führen durch die Ruine und um sie herum, sodass wir die Burg ausgiebig erforschen können. Genügend Zeit einplanen! Ein bisschen Abenteuer ist auch dabei, wenn wir, um zur obersten Plattform zu gelangen, durch ein großes Loch im Naturstein gehen. Was sich lohnt, denn oben angekommen, ergibt sich ein unbeschreiblicher 360-Grad-Blick. Wendeltreppen in der Ruine bringen einen in dunkle Ecken und in manch düstere Sandsteinkammer. Die Burgruine besteht aus mehreren Etagen. Unglaublich, was hier alles vor so vielen Jahren in den Stein gebaut wurde. Wir fühlen die Kühle auf der Haut und unsere Sinne werden angeregt bei dieser abwechslungsreichen Wanderung.

Kletterer Beim Abstieg von der Burg gehen wir links um den Schulerfels herum, an dem sich Kletterer tummeln. Wir bestaunen eine Weile, wie sie die bis zu 15 Meter senkrecht abfallende Felswand erklimmen. Nachdem wir den Berg umrundet haben, wartet ein traumhaft gelegener Weiher auf uns – ein Alternativ-Rastplatz für alle, denen es bei der Hütte zu trubelig zugeht.

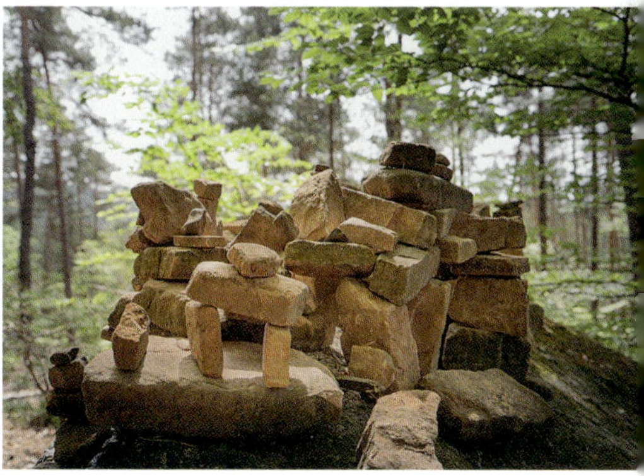

← **Eindrucksvolle Burgruine Drachenfels**
→ **Steinmännchen weisen hilfreich den Weg.**

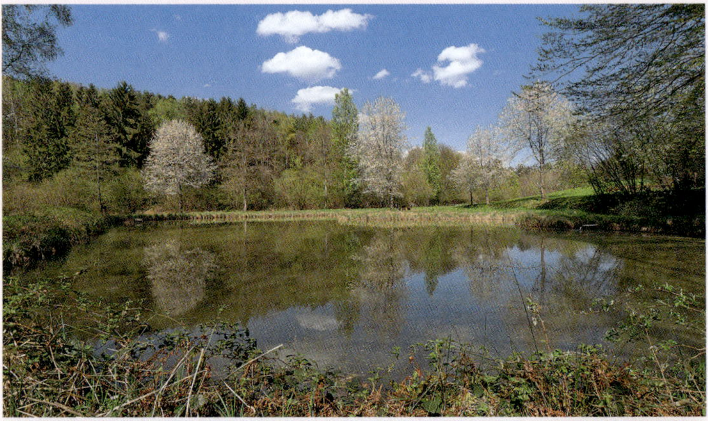

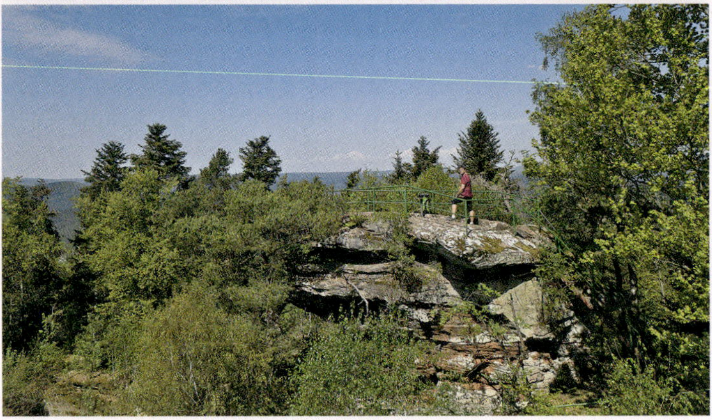

»Geh nicht immer auf dem vorgezeichneten Weg,
der nur dahin führt,
wo andere bereits gegangen sind.«

Alexander Graham Bell

Letzter Anstieg Neben Bären und Drachen gibt es auch noch Geier auf dem Weg – wir binden die Geiersteine mit ein, indem wir noch einmal einen Anstieg bewältigen. Zunächst aber wandern wir über einen Radweg und vorbei an Streuobstwiesen und Rinderweiden etwa einen Kilometer weit durch ein Tal bis zum Vierländereck (an dem vier Ortsgemeindegrenzen aufeinandertreffen), bevor es über einen weich federnden Pfad bergauf geht. Man kann die Felsgebilde nur im Herbst umrunden, im Frühjahr ist dies nicht möglich, weil die Wanderfalken und Kolkraben ihre Brutzeit haben. Doch auch der Anblick der Geiersteine von steil unten ist imposant und lässt die schroffe Felswand, die sich weit aus dem Wald herausschiebt, nur erahnen. Der Natur ist es sogar gelungen, auf der schmalen Gratfläche des Felses Bäume wachsen zu lassen.

Fabeltiere der Pfalz Ein Kuriosum versetzt uns gegen Ende der Wanderung noch in Erstaunen. Wir kommen zum Elwetritsche Rasierplatz, einem Platz mit einer in einen Stein eingelassenen Steckdose … Eine Sage rankt sich um diese sonderbare Begebenheit (siehe Info), die Pfälzer lieben eben ihre Legenden. Es gibt in manchen Gemeinden sogar eine Elwetritsche-Jagd – zwar geht die Jagdgesellschaft grundsätzlich leer aus, hat aber bei starkem Alkoholkonsum trotzdem ihren Spaß. Nachdem wir hier geschmunzelt (und vielleicht das Handy aufgeladen?) haben, laufen wir den letzten Kilometer über den Lourdessteig zurück zum Parkplatz, diesmal unterhalb des Schuhfelses vom Anfang entlang. Wenn wir aus dem Wald auftauchen, lädt eine Bank dazu ein, noch einmal innezuhalten und die vielen Eindrücke dieser Wanderung Revue passieren zu lassen.

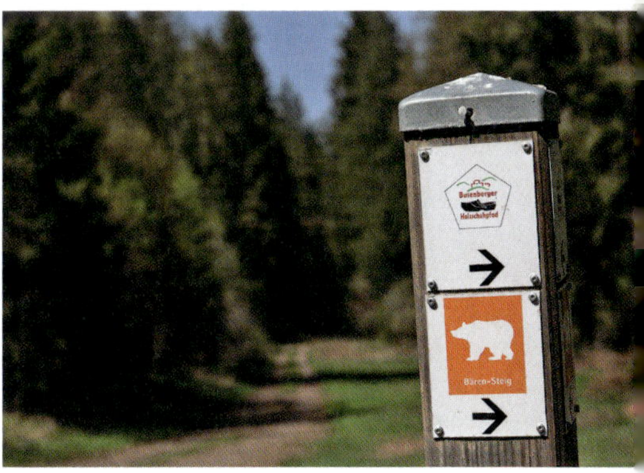

↑ **Rast am idyllischen Weiher**
↓ **Aussichtsplattform ganz exklusiv**
→ **Dem Bären auf der Spur …**

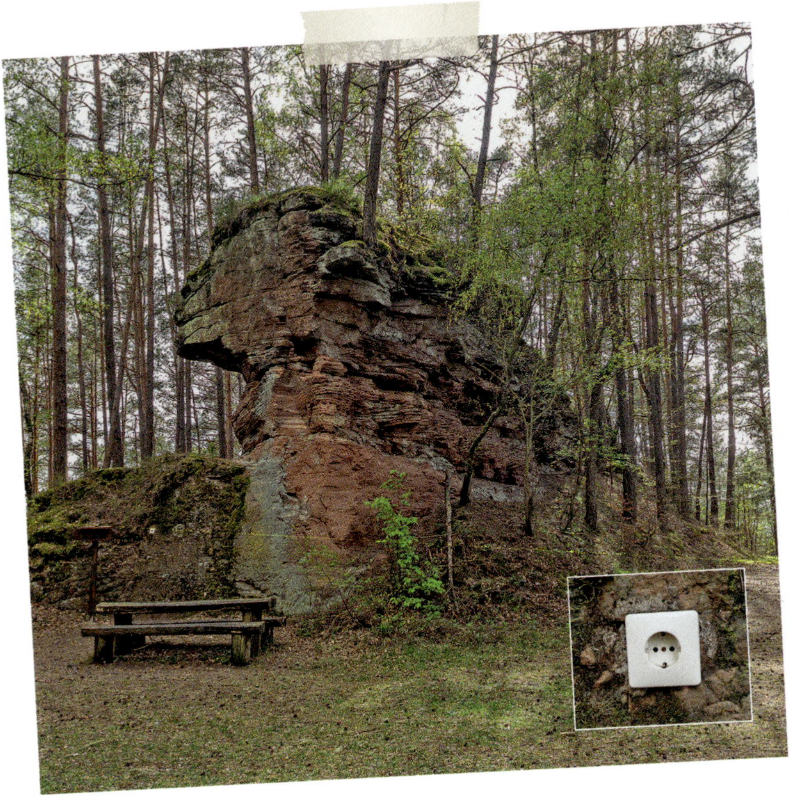

↑ **Eine Steckdose mitten im Wald?**

Info

Beim Elwetritsche Rasierplatz handelt es sich der Sage nach um einen Waschplatz der Elwetritsche – das sind vogelähnliche Fabelwesen, von denen man vor allem in der Pfalz berichtet. Sie gelten als nachtaktiv, was das Vorhandensein einer Steckdose mitten im Wald erklären würde – damit sie nachts auf Strom für die Beleuchtung zurückgreifen können. Tatsächlich hat vor knapp 30 Jahren ein Wanderführer die Funktionstüchtigkeit der Steckdose demonstriert, indem er damit seine Morgenrasur vollzog – mit elektrischem Rasierapparat!

AUF EINEN BLICK

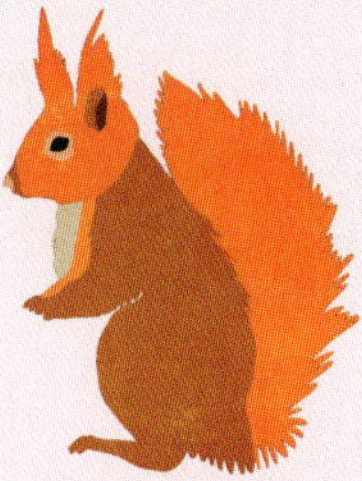

Tour 26: Tour für die Sinne

Dauer: 4 Std.

Höhenmeter: 380 Hm

Länge: 14,2 km

Schwierigkeit: Mittel

Tourencharakter: Meist gut begehbare Wege, einige steile Anstiege und felsige Passagen. Unebene Treppen in der Burgruine und Leitern auf die (teils ungesicherten) Aussichtsplateaus

Ausgangs-/Endpunkt: Parkplatz am Waldfriedhof von Bruchweiler-Bärenbach

Anfahrt: **Pkw:** Über die B427 Richtung Dahn fahren, in Reichenbach am Kreisverkehr zweite Ausfahrt nach Bruchweiler-Bärenbach. Im Ort links auf die Straße Im Wahrzeichen abbiegen, dieser bis Friedhof folgen
Bahn/Bus: Zugverbindungen zum Bahnhof Bruchweiler. Von dort 1,5 km Fußweg zum Startpunkt

Einkehr: Drachenfelshütte

Information: www.dahner-felsenland.net, www.pwv-busenberg.de

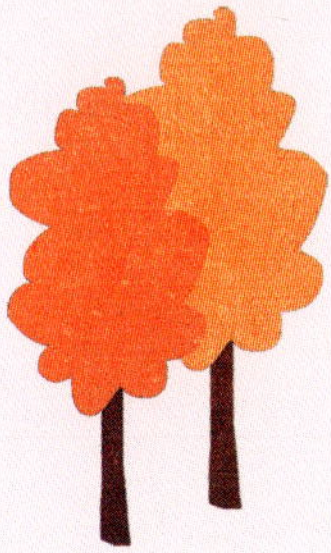

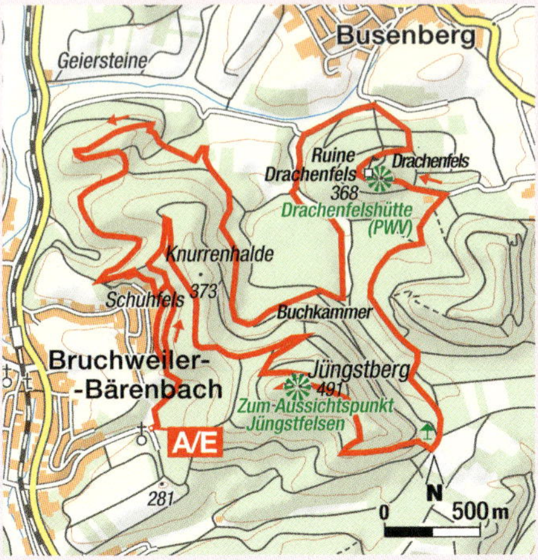

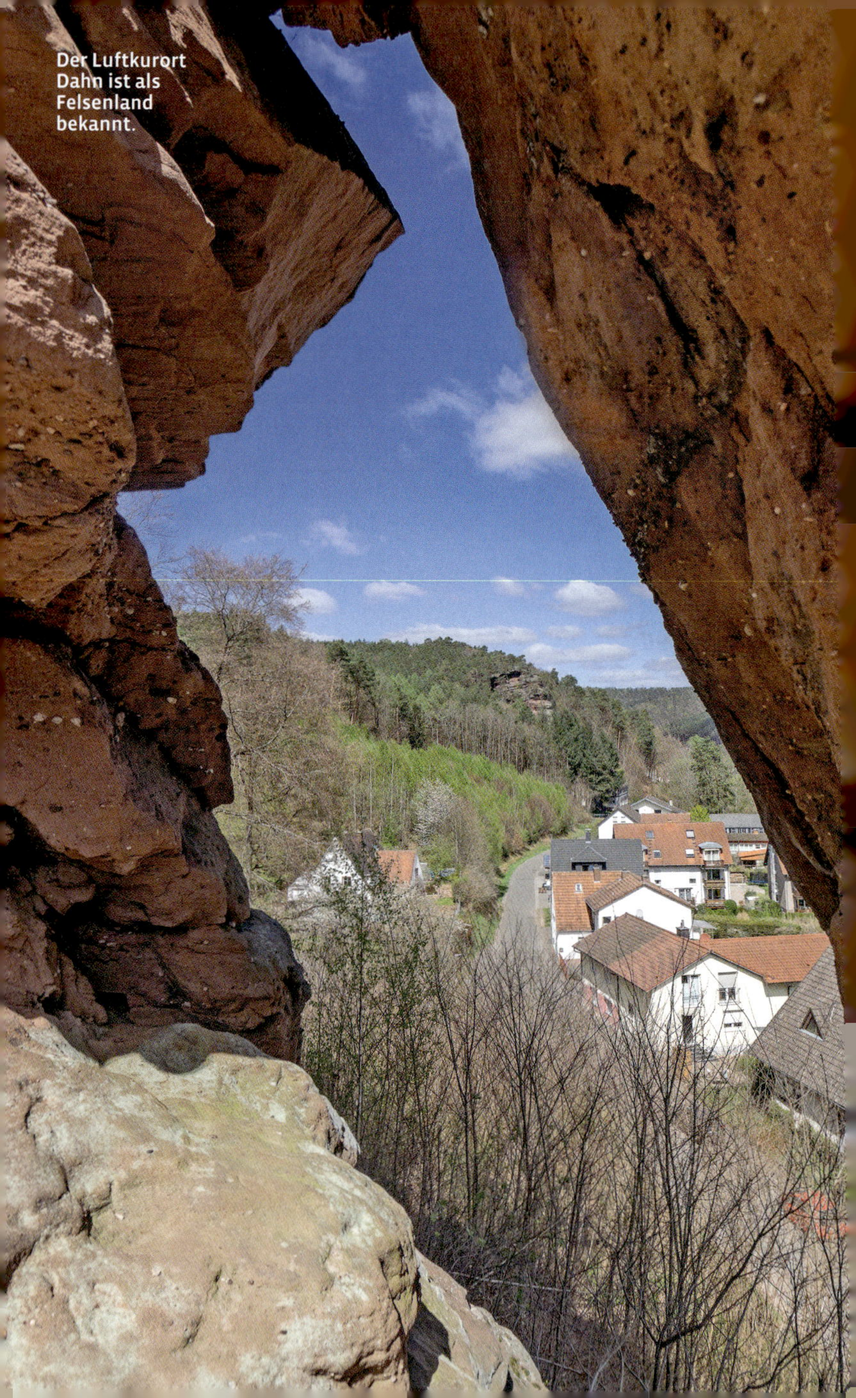

Der Luftkurort Dahn ist als Felsenland bekannt.

EINE ATTRAKTION IN DER PFALZ

Tour für
TOUR 27
die Sinne

Auf dem Dahner Felsenpfad

Auf weichem Boden wandert man durch den lichtdurchfluteten Wald. Eine abwechslungsreiche Routenführung auf schmalen Pfaden und mit immer neuen, bizarren Buntsandsteinmassiven und spektakulären Fernsichten lassen den Dahner Felsenpfad zu einem Sinnesrausch werden – das ist Wohlfühlen pur!

Ein Markenzeichen Für die spektakulären Farben der Felsgebilde ist die Gegend um Dahn berühmt. Man muss nicht nach Utah oder Arizona reisen, um sich an dem schillernden Naturspektakel zu erfreuen. Das schwarz-orangefarbene Logo mit der Aufschrift »Dahner Felsenpfad« weist uns heute den Weg. Schon zu Beginn der Wanderung und nach einem kurzen, steilen Anstieg werden alle Sinne gefordert beim Schillerfels, durch dessen Guckloch man hindurchschauen kann, und beim Schwalbenfels, auf den man hinaufsteigen und auf Dahn und den Schillerfels blicken kann. Ein lauschiges Plätzchen auf der Aussichtskanzel lädt zur ersten Rast ein.

Felsenarena Mit der Ausschilderung »Felsenarena« gelangen wir über einen Pfad und einen Abstecher von etwa 500 Metern zu überall im Wald verstreuten Felsen – da hier Fichten wachsen, sind sie auch gut sichtbar. Je nach Sonnenstand bezaubern faszinierende Lichtspiele – man berührt instinktiv die Felsen, um sich davon zu überzeugen, dass sie echt sind …

Felsen und Fabeln Nach insgesamt knapp drei Kilometern erreichen wir den Elwetritschefels. Elwetritsche sind vogelähnliche Wesen, die von der Kurpfalz bis in den Pfälzerwald bekannt sind. Vom gleichnamigen Fels aus kann man laut Volksmund das flugunfähige Tier zu bestimmten

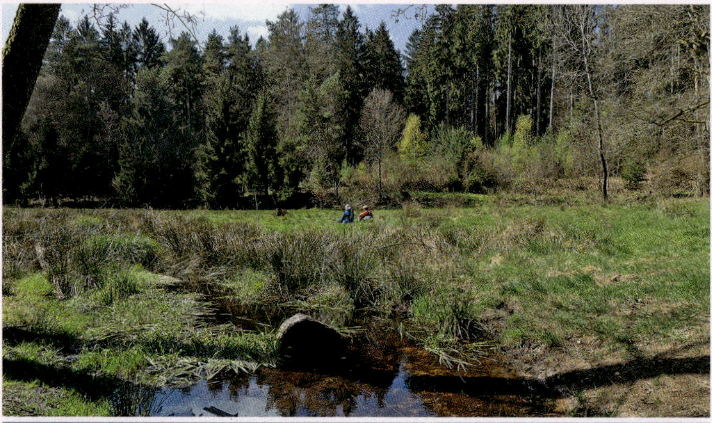

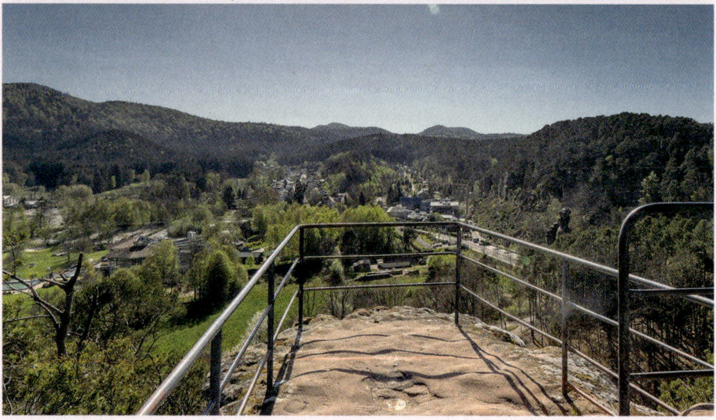

»Der Geist wächst mit der Weite des Augenblicks.«

Johann Wolfgang von Goethe

Zeitpunkten sehen. Ob dies nun stimmt, sei dahingestellt – Tatsache ist, dass dieser Fels in allen Rot-Braun-Orangetönen brilliert und erneut unser Auge erfreut.

Zeit für eine Pause Wir marschieren weiter hinab ins Tal und überqueren den Seibertsbach im Moosbachtal. Nach dem Wanderparkplatz folgt die vom Pfälzerwald-Verein bewirtschaftete, einladende Dahner Hütte im Naturschutzgebiet Moosbachtal. Eine Stärkung in der urigen Hütte unter einem der Sonnenschirme kommt jetzt gerade recht. Danach geht es zunächst gemütlich weiter über eine Feuchtwiese, die Kühwoog. Der Seibertsbach fließt hier so langsam, dass er sich über die Breite des Tals verteilt und einen wichtigen Lebensraum für Tiere geschaffen hat, die es feucht mögen. Unsere Füße bleiben natürlich trocken, der Weg ist befestigt.

Aneinanderreihung von Felsattraktionen Von jetzt an sehen wir im wahrsten Sinne des Wortes vor lauter Bäumen den Wald nicht mehr. Wir freuen uns auf ein Felsfeuerwerk und steigen auf der anderen Talseite hinauf zum Hirschfels, einem kleinen Wackelfels. Direkt darüber thront die imposante Formation Schusterbänkel und ein Highlight ist der etwa 200 Meter weiter liegende Schlangenfels. Unterbrochen nur von herrlichen Ausblicken folgen die beiden Formationen Mooskopf und Rosskegelfels – beide umgibt eine mystische, geradezu düstere Aura. Ein schmaler Pfad windet sich um die beiden Formationen, auf dem man diese Aura so stark spürt, dass man eine Gänsehaut bekommt. Der Pfad führt hinauf zum Felsrücken – Stille und noch einmal diese geheimnisvolle Atmosphäre umgeben uns.

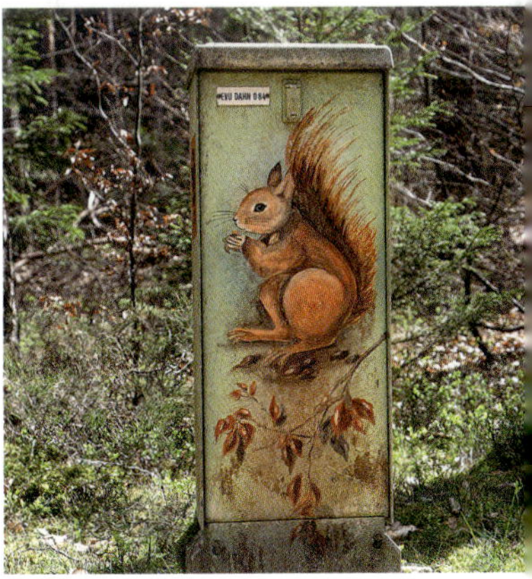

↑ Lauschige Plätzchen an der Feuchtwiese
↓ Das ist wahrhaftig unendliche Weite …
→ Huch, wie kommt das Eichhörnchen da drauf?

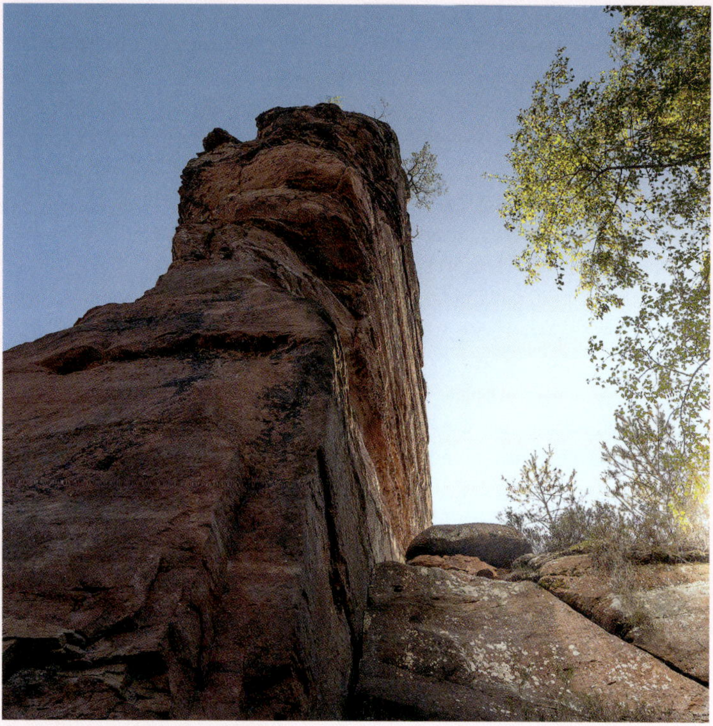

»Wir sind so gern in der freien Natur,
weil diese keine Meinung über uns hat.«

Friedrich Nietzsche

Endspurt? Von wegen! Am Rothsteigbrunnen können wir uns kurz erfrischen. Er steht in der Talsole auf einer Lichtung und bietet mit einer Bank und ein paar Baumstümpfen einen Platz für eine entspannte Pause mit Selbstversorgung. Aber dann geht es auch gleich wieder weiter – nach einem Aufstieg gelangen wir zu den Ungeheuerfelsen, die sich entlang des Forstweges rechts in den Wald geduckt haben. Man kann nach Belieben die Seiten wechseln, denn der Weg verläuft meist auf beiden Seiten der Felsen. Wir tauchen aus den Tiefen des Waldes auf und blicken nun auf die Ausläufer von Dahn. Dahinter ragt der steile Büttelwoogfels empor, den wir nun in einer anspruchsvollen Steigung erwandern. Es handelt sich dabei um eine 15 Meter hohe, sehr steile Felswand, an der uns der Weg zunächst entlangführt. Durch einen Durchguck erspähen wir im Süden bereits das nächste Ziel, den Lämmerfels. Doch zunächst erklimmen wir über die Stahlleiter den erhabenen Aussichtsplatz und genießen in vollen Zügen einen freien Blick.

Das Beste kommt zum Schluss Mit dem Lämmerfels und seinem beeindruckenden Panorama erreichen wir einen weiteren Glanzpunkt des Dahner Felsenpfades. Vor allem seine schmale Form fasziniert uns. Anschließend steigen wir durch den Wald hinab und spazieren gelassen über grüne, saftige Wiesen. Es geht nach einem weiteren Anstieg am Wachtfels vorbei, den man über eine Stahltreppe besteigen kann und von dessen Steinplateau aus man noch einmal zurück auf die letzten drei Kilometer der Wanderung blicken kann. Und natürlich einen sagenhaften 360-Grad-Blick auf das gesamte Dahner Felsenland genießt! Dann bildet das Felsenpaar Braut und Bräutigam einen würdigen Abschluss dieser überaus abwechslungsreichen,

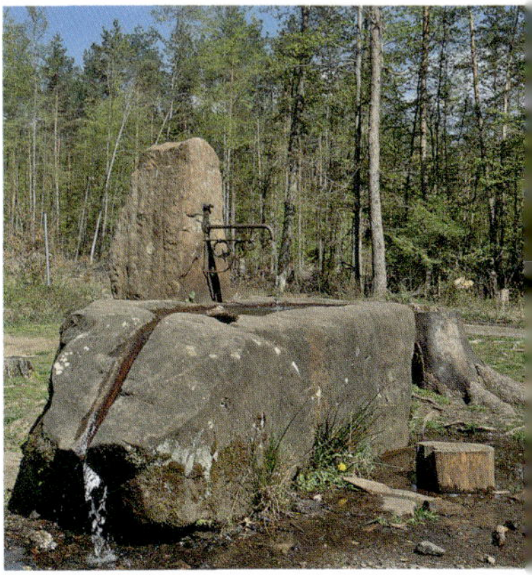

← **Naturwunder Lämmerfelsen**
→ **Erfrischung am Rothsteigbrunnen**

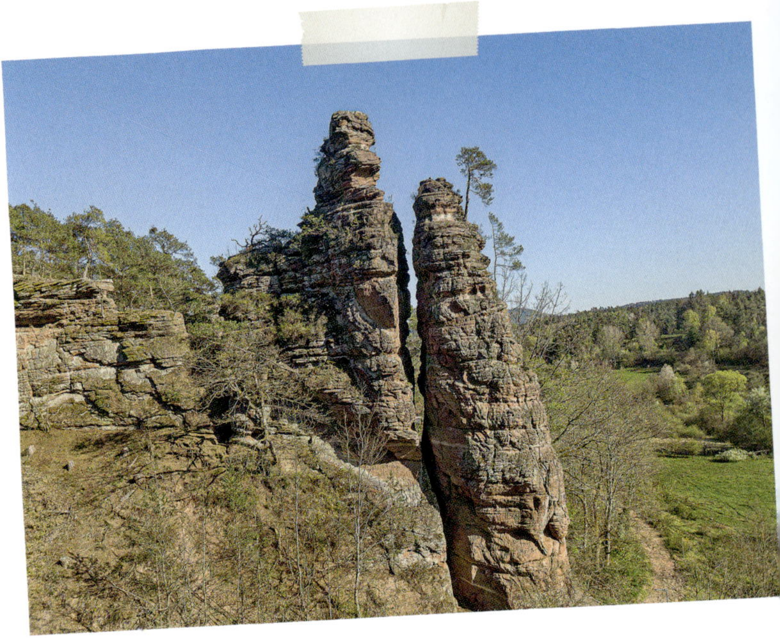

↑ **Wahrzeichen von Dahn: Das Felsenpaar Braut und Bräutigam**

genussreichen Tour. Braut und Bräutigam sind die beiden markantesten Felssäulen im Dahner Felsenland. Sie liegen direkt am Weg, können aber auch vom Parkplatz aus noch einmal aus der Ferne bewundert werden. Ein letzter kleiner Anstieg führt zum Ausklang auf den Pfaffenfels, von dem aus man noch einmal den Startpunkt der Wanderung betrachten kann. Damit schließt sich der Kreis sehr schön.

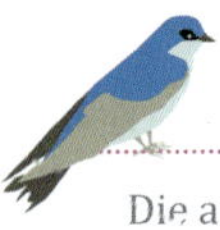

Info

Die aus dem leuchtenden Buntsandstein bestehenden Felstürme, für die die Gegend um Dahn so berühmt ist, sind vor über 250 Millionen Jahren durch Ablagerungen von Sedimentschichten entstanden. Ihre charakteristische Farbe erhielten sie durch Beimischung von Eisenoxid, ihre Form durch Erosion.

AUF EINEN BLICK

Tour 27: Tour für die Sinne

Dauer: 3.45 Std.

Höhenmeter: 270 Hm

Länge: 12,7 km

Schwierigkeit: Schwer

Tourencharakter: Gute Grundkondition und Trittsicherheit sowie festes Schuhwerk erforderlich. Aber wenig Anstiege und Höhenmeter

Ausgangs-/Endpunkt: Großer Parkplatz am Sportplatz Dahn

Anfahrt: **Pkw:** Aus Richtung Bad Bergzabern oder Hinterweidenthal über die B427 nach Dahn fahren, am Kreisverkehr über die Hasenbergstraße in den Ort, bis rechts die Waldstraße abzweigt, abbiegen und gleich wieder links in die Sportplatzstraße

Bahn/Bus: Mit der Buslinie 250 von Pirmasens über Lemberg und Hinterweidentahl oder von Bad Bergzabern mit der Buslinie 545 bis Dahn Haus des Gastes, dann 850 Meter Fußmarsch zum Sportplatz

Einkehr: Dahner Hütte

Information: www.dahner-felsenland.net, www.pwv-dahn.de

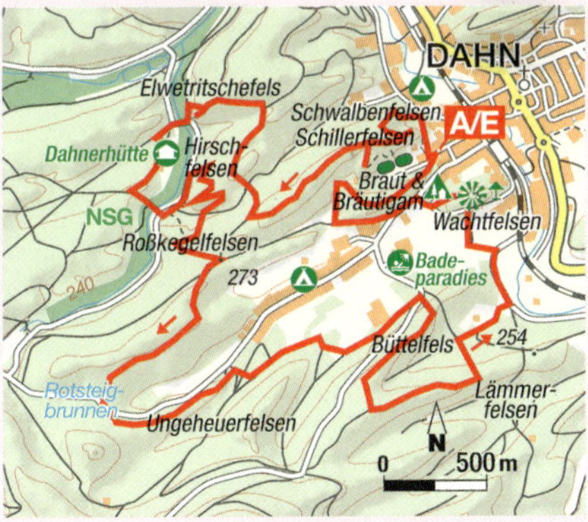

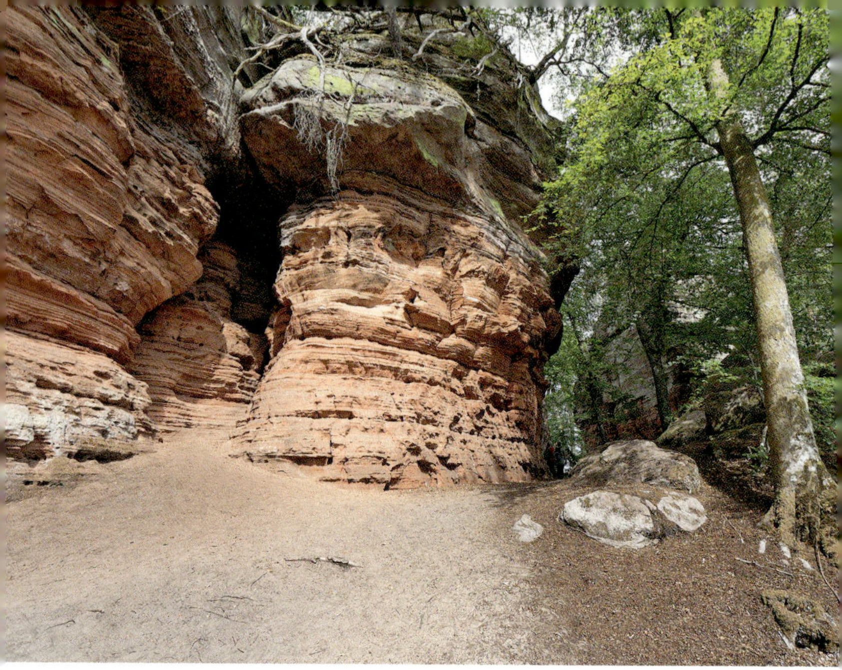

↑ In der Buntsandstein-Märchenwelt! ↓ Felsüberhänge bilden Tunnel.

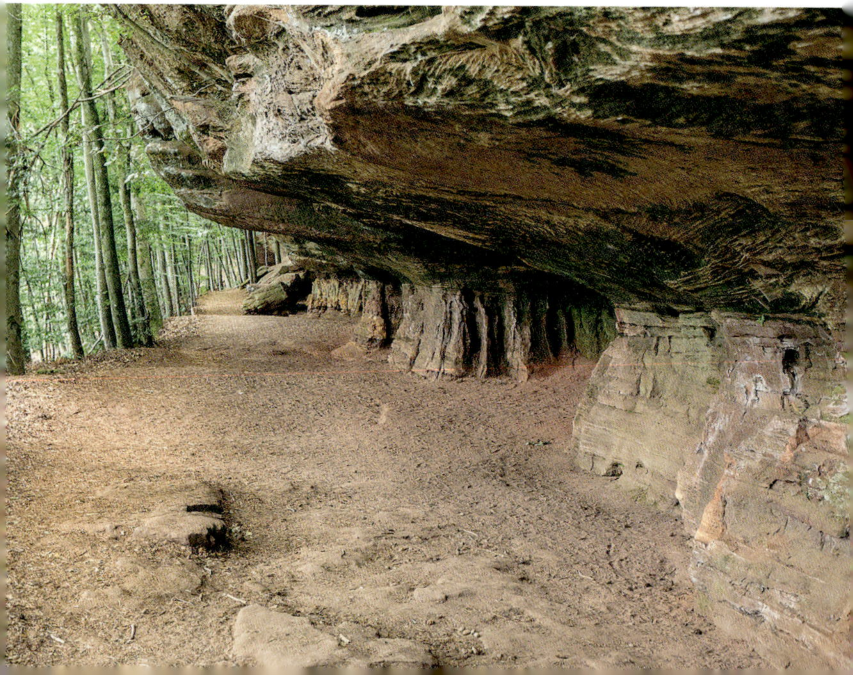

GRANDIOSE NATURLANDSCHAFT IN LEUCHTENDROT

Tour für die Sinne
TOUR 28

Auf dem Altschlosspfad

Die Altschlossfelsen bilden das größte Felsenriff der Pfalz. Und auch wenn die Wanderung etwas abseits liegt, ist sie ein Muss im Wanderprogramm Pfälzerwald. Ergriffen steht man vor diesem in allen Rottönen leuchtenden Naturdenkmal ...

Auf den Spuren des Altkanzlers Am Ausgangspunkt der Wanderung starten mehrere Themenwege – unter anderem der Helmut-Kohl-Wanderweg, dessen Wegmarkierung wir nun für eineinhalb Kilometer auf einer breiten, bequemen Forststraße folgen. Schließlich weisen ein gelbes Schild mit der Aufschrift »Altschlossfelsen« sowie ein etwas neueres, grün-weißes Schild mit der Aufschrift »Altschlosspfad« einen Pfad aus, der nach links abzweigt. Es geht sofort steil und über einen von Wurzeln überzogenen Pfad bergauf. Nach einer Kreuzung, an der wir später wieder auf den Weg zurück treffen, atmen wir noch einmal tief durch, denn es wird noch ein bisschen steiler.

Fantasiegebilde Wenn die ersten Impressionen der rotbraunen Türme durch die Bäume linsen, ist jede Anstrengung vergessen. Majestätisch erheben sich die Türme der Altschlossfelsen über uns. Wir gehen durch die Steintürme hindurch, laufen um sie herum und bewundern das Farbspektakel und das Lichtspiel durch die einfallende Sonne. Das Jungsandsteingebilde ist die größte Felsformation der Pfalz. Der Pfad, der sich an diesem Riff entlangwindet, ist eineinhalb Kilometer lang.

Es bleibt felsig Auch anschließend bleibt uns die Felslandschaft noch ein wenig erhalten. Wir folgen weiter der Altschlosspfad-Beschilderung, gehen dabei unter Felsüberhängen hindurch wie durch Tunnel und spicken in Höhlen hinein. Dabei geht es sanft bergab, bis wir auf den Grenzstein zwischen

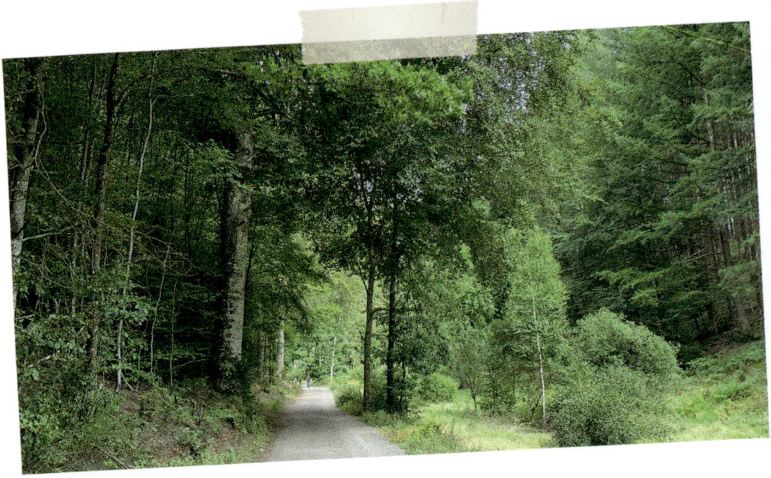

↑ **Hin- und Rückweg führen über den Helmut-Kohl-Wanderweg.**

Deutschland und Frankreich treffen. Er stammt aus dem Jahr 1826 und markiert die Originalgrenze zwischen dem Elsass und Bayern (von 1816 bis 1837 gehörte das linksrheinische Gebiet als sogenannter Rheinkreis zum Königreich Bayern). Wenden wir uns am Grenzstein in einer scharfen Kehre nach links, gehen wir ein paar Schritte lang auf französischem Boden.

Geruhsame Schlussetappe Anschließend spazieren wir entspannt auf einem breiten Forstweg. Die himmlische Ruhe ist perfekt dafür geeignet, diese eindrucksvolle Tour auslaufen zu lassen. An der Kreuzung mit dem Pfad zu den Altschlossfelsen biegen wir links ab, steigen bergab und treffen wieder auf den breiten Forstweg, dem wir nach rechts folgen.

Info

Die von Wind und Wetter geschaffenen bizarren Altschlossfelsen bestehen hauptsächlich aus vier deutlich erkennbaren und dicht aneinanderstehenden Türmen und einem Hauptturm aus Buntsandstein. Das Felsmassiv, vermutlich eine Befestigungsanlage aus dem 13. Jahrhundert, steht unter Denkmalschutz.

AUF EINEN BLICK

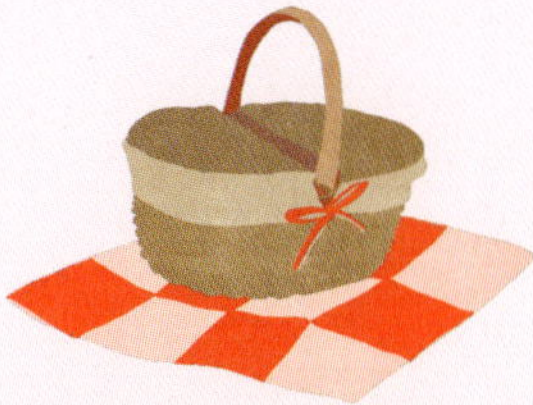

Tour 28: Tour für die Sinne

Dauer: 2 Std.

Höhenmeter: 80 Hm

Länge: 6,2 km

Schwierigkeit: Mittel

Tourencharakter: Überwiegend breite Wege, kurzer, knackig steiler Anstieg auf einem von Wurzelwerk überzogenen Pfad hinauf zu den Altschlossfelsen

Ausgangs-/Endpunkt: Wanderparkplatz Spießweiher

Anfahrt: Pkw: Die A65 an der Ausfahrt Landau-Nord verlassen, B10 Richtung Kandel-Nord, dann B427 bis Dahn fahren. Weiter über die L478/L488 nach Eppenbrunn. Zum Parkplatz links abbiegen
Bahn/Bus: Mit dem Zug nach Pirmasens Hauptbahnhof, dann Buslinie 255 bis Ortsmitte Eppenbrunn. Von dort 1,5 km Fußmarsch bis zum Wanderparkplatz

Einkehr: Unterwegs keine, in Eppenbrunn Pinocchio Pizzeria, Gaststätte zur Sängerklause und Hollerith's Weinbistro

Information: www.pirmasens-land.de/gemeinden/eppenbrunn, www.pirmasens.de

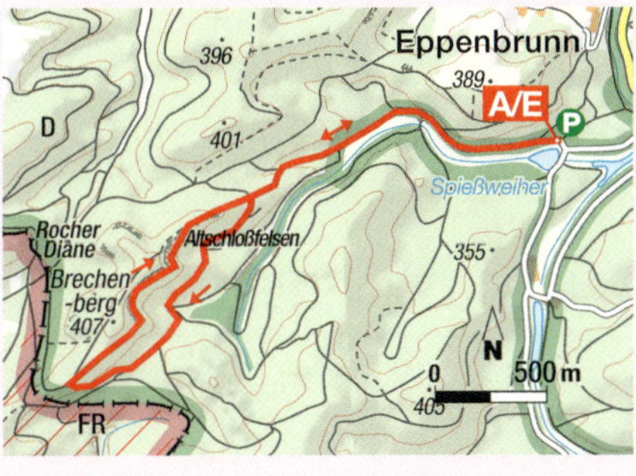

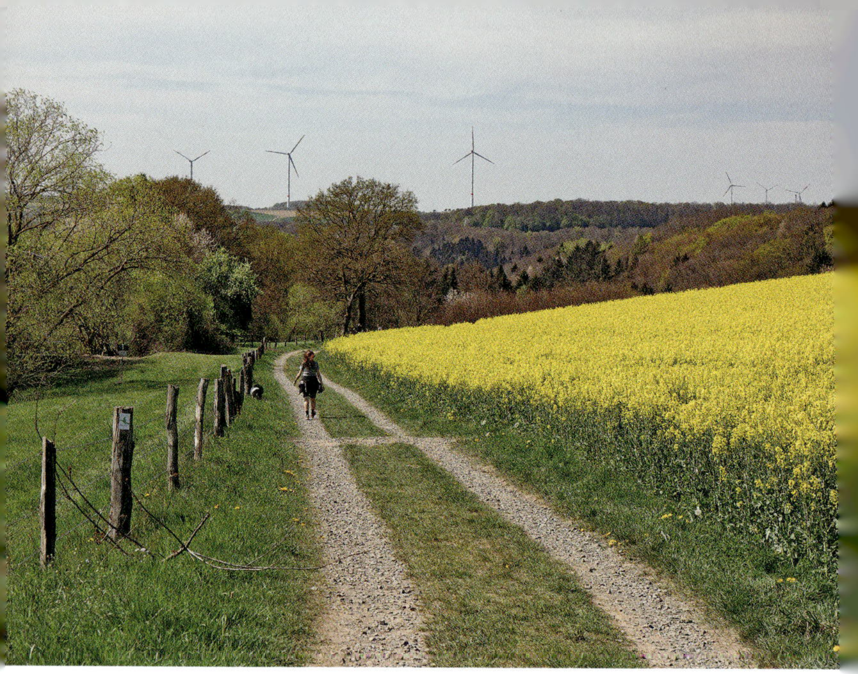

↑ Kontrastreich: Erst durch Rapsfelder, … ↓ … dann durch die wilde Schlucht

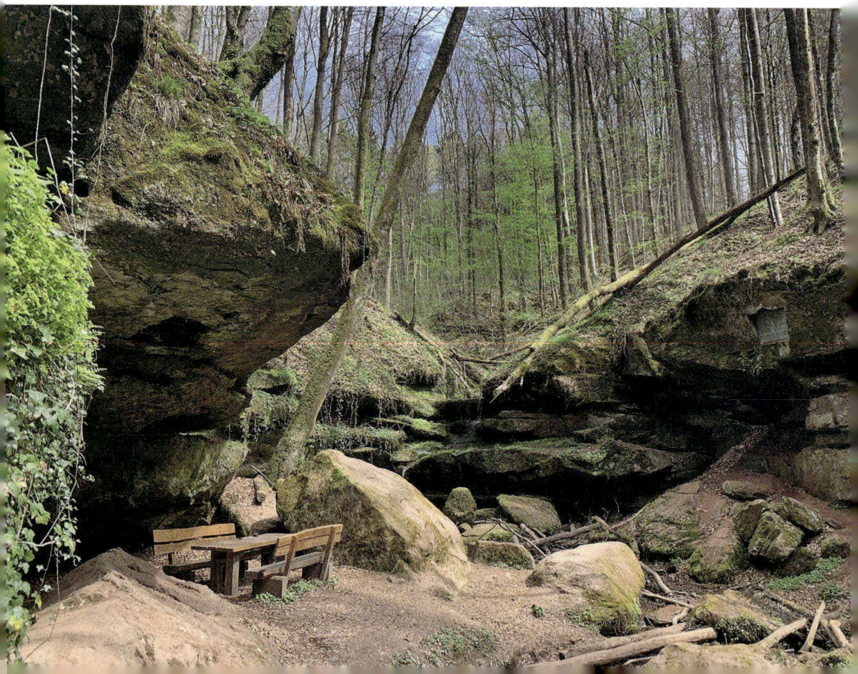

NATURBELASSENE FELSTALSCHLUCHT

Tour für TOUR 29 die Sinne

In der Hexenklamm bei Pirmasens

Kontrastreich führt der Weg erst durch weite Felder mit leuchtender Blütenpracht im Frühling, dann durch die wilde Hexenklamm. Ein schmaler Pfad schlängelt sich durch die naturbelassene Schlucht, eine auf einem Besen reitenden Hexe weist passenderweise den Weg.

Wiesenlandschaft Wir starten entlang eines schmalen Weges am Friedhof vorbei und über ein romantisches Holzbrückchen hinweg, bevor wir 300 Meter durch ein Gewerbegebiet (der Rotmühlstraße folgend) hinter uns bringen müssen. Danach aber wird es schlagartig fantastisch schön, vor allem im Frühjahr: Blühende Rapsfelder nehmen uns auf und offenbaren uns Blicke auf Pirmasens und ins benachbarte Frankreich. Auch im Sommer ist dieser Teil durch die weiten Felder sehr romantisch, allerdings sollte man die Tageszeit beachten, da man vollständig der Sonne ausgesetzt ist. Nach der vom Pfälzerwald-Verein Winzeln bewirtschafteten Stockwaldhütte biegen wir rechts ab und genießen das letzte Stück freies Feld mit Aussichtspunkten.

Mini-Schlucht Dann nimmt uns über einen nach links abzweigenden Weg der schattige Wald auf. Es geht bergab und kurze Zeit später über einen reizvollen Trampelpfad zu einer Bank mit Blick auf ein romantisches Holzbrückchen und eine kleine Klamm. Da hier noch nicht so viel los ist wie in der Hexenklamm selbst, ist das der ideale Ort zum Innehalten und Genießen. Danach führt uns der Weg vorbei an verlassenen Wochenendhäuschen auf verwilderten und zugewachsenen Grundstücken und zu einem Ententeich, der leider eingezäunt und in Privatbesitz ist. Hier wenden wir uns nach rechts und folgen einem breiten Forstweg, der auf einen Parkplatz zuführt. Nun gilt es zu entscheiden, ob wir im Biergarten der Eichels-

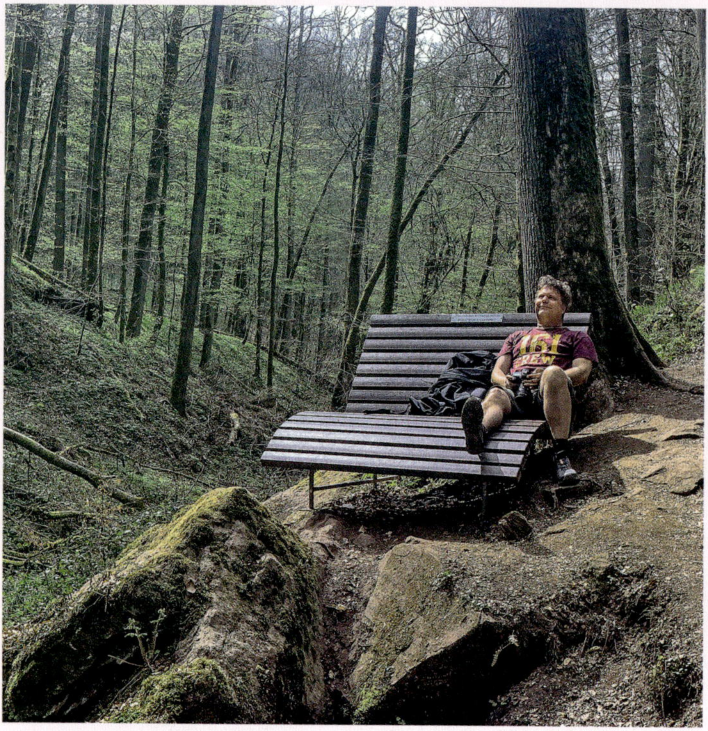

»Bei jedem Schritt in der Natur bekommt
jemand weit mehr, als er sucht.«

John Muir

bacher Mühle eine Rast einlegen – es wären nur ein paar wenige Schritte Umweg – oder weitergehen.

Zugangspforte zum Highlight Mit oder ohne diese Einkehr biegen wir am Parkplatz rechts ab und spazieren oberhalb eines breiten Baches entlang. Es ist herrlich, durch die Idylle zu wandern, während nebenan das Gewässer munter plätschert. An einer Kreuzung mit Bank können wir uns an ausführlichen Informationstafeln über die Hexenklamm und andere interessante lokale Gegebenheiten informieren. Wir biegen hier rechts ab und stehen schon bald an der Zugangspforte zum Highlight, dem offiziellen Einstieg in die Schlucht.

Zauberhafte Hexenklamm Ein Holzschild quer über den Weg teilt uns mit, dass wir das Ziel erreicht haben. Nun folgt die dramatisch schöne Durchquerung der Schlucht, die uns sofort zu einer der schönsten Rastplätze der Klamm führt. Eine breite Holzliege lädt dazu ein, uns an dieser Idylle mitsamt Wasserfall ausgiebig zu erfreuen. Wahlweise können wir auch an der schattigen Sitzgruppe unter dem Fels Platz nehmen und ein mitgebrachtes Vesper verzehren. Es folgen weitere Kaskaden, an denen je nach vorangegangenen Regenfällen die Wassermengen mehr oder weniger tosend hinabstürzen. War es zuvor lange Zeit trocken, entschädigt der abenteuerliche, schmale Pfad für fehlende Wasserfall-Impressionen, denn er führt durch eine naturgewaltige Wildnis, die sich – vom gut gewarteten Weg abgesehen – weitgehend selbst überlassen wird. Dabei geht es fast unmerklich bergauf. Wo nötig, erleichtern Steinstufen die unwegsameren Passagen und Holzbegrenzungen am Weg sorgen dafür, dass man sich immer sicher fühlt.

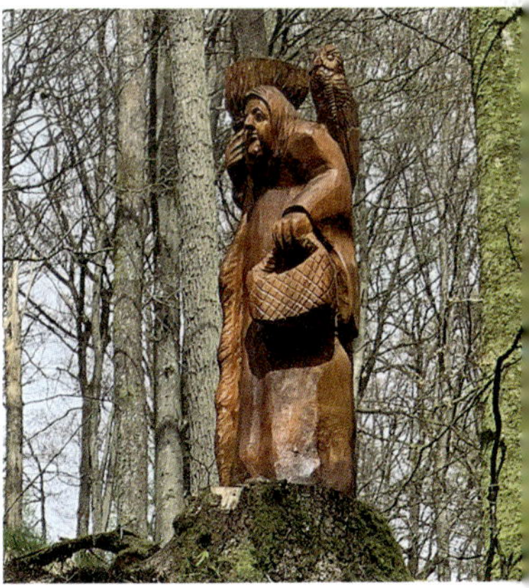

← **Gemütliche Verschnaufpause in der Klamm**
→ **Sie beobachtet von oben die Wanderer …**

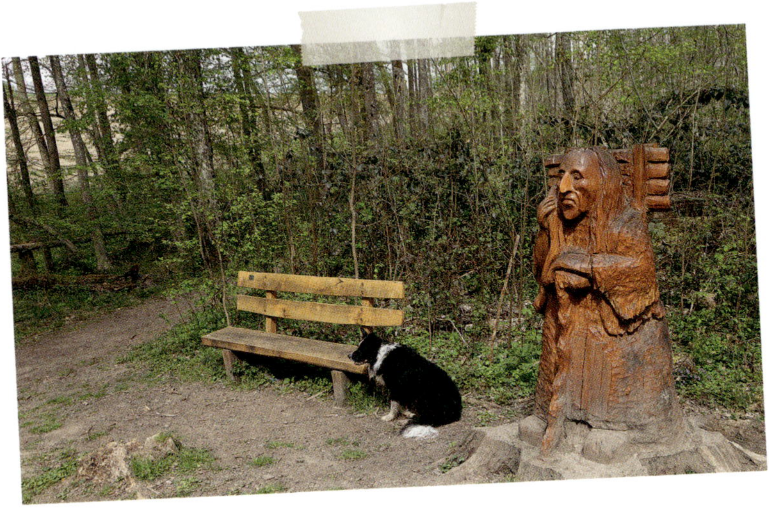

↑ **Hund und Hexe nach Durchquerung der Schlucht**

Sanfter Ausstieg Alles Schöne geht einmal zu Ende und so bewegen wir uns glücklicherweise sehr langsam und nicht schlagartig aus der Hexenklamm hinaus. Zuletzt verläuft der Weg noch ein Stück eben durch den Wald, vorbei an sogenannten Mardellen, das sind wasser- und nährstoffreiche, breite Mulden. Es folgt eine letzte Bank mit einer filigran geschnitzten Holzhexe. Unter ihrer Beobachtung können wir noch einmal unsere Eindrücke Revue passieren lassen, bevor es am Sportplatz vorbei zurück zum Parkplatz geht.

Info

Wie kommt die Hexenklamm zu ihrem leicht gruseligen Namen? Ein Fuhrmann soll eines Nachts angetrunken zur mitternächtlichen Geisterstunde durch die Klamm auf dem Heimweg gewesen sein. Hexen spielten ihm seiner Aussage nach einen Streich und ließen ihn immer wieder den gleichen Weg durch die Klamm fahren, ohne dass er sich seinem Heimatort näherte. Erst nach einer Stunde ließen die Hexen den Fuhrmann wieder aus ihren Fängen.

AUF EINEN BLICK

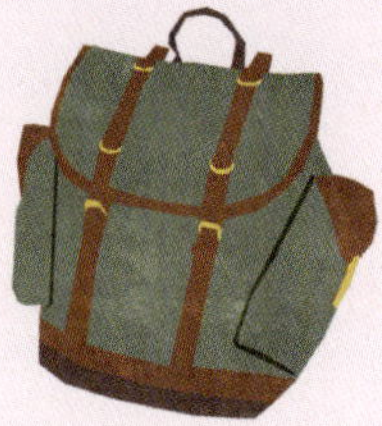

Tour 29: Tour für die Sinne

Dauer: 2 Std.

Höhenmeter: 120 Hm

Länge: 6,7 km

Schwierigkeit: Leicht

Tourencharakter: Leicht begehbare Wege, anfangs asphaltiert, später schmale Waldpfade, keine steilen Anstiege

Ausgangs-/Endpunkt: Parkplatz beim Sportplatz Pirmasens-Gersbach

Anfahrt: **Pkw:** Von Landau die B10 bis nach Pirmasens fahren. Vor der Stadt an einer Abzweigung links in die Landauer Straße einbiegen. Dann links in die Kaiserstraße (geht über in die Blocksbergstraße) und rechts in die Straße Im Erlenteich. Beim SG Sportheim links in die Winzler Straße, geradeaus in die Bottenbacher Straße, bis rechts die Gersbacher Straße abzweigt. Dann links in die Rotmühlstraße, der Parkplatz folgt linker Hand.
Bahn/Bus: Mit dem Zug nach Pirmasens Hauptbahnhof, dann Buslinie 203 Richtung Windsberg nehmen und bis Gersbach Denkmal fahren. Von hier 1,6 km zu Fuß zum Parkplatz des SV Gersbach

Einkehr: Gaststätte des SV Gersbach am Start-/Endpunkt, unterwegs die bewirtschaftete Stockwaldhütte und die Gaststätte Eichelsbacher Mühle

Information:
www.pirmasens.de

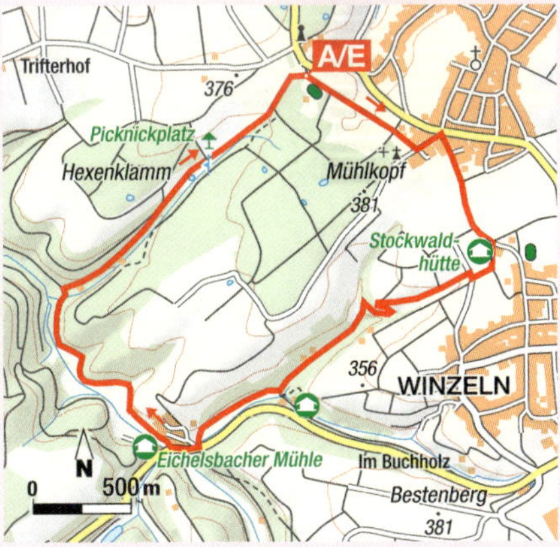

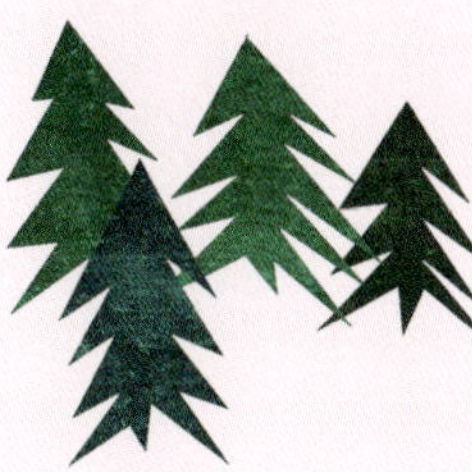

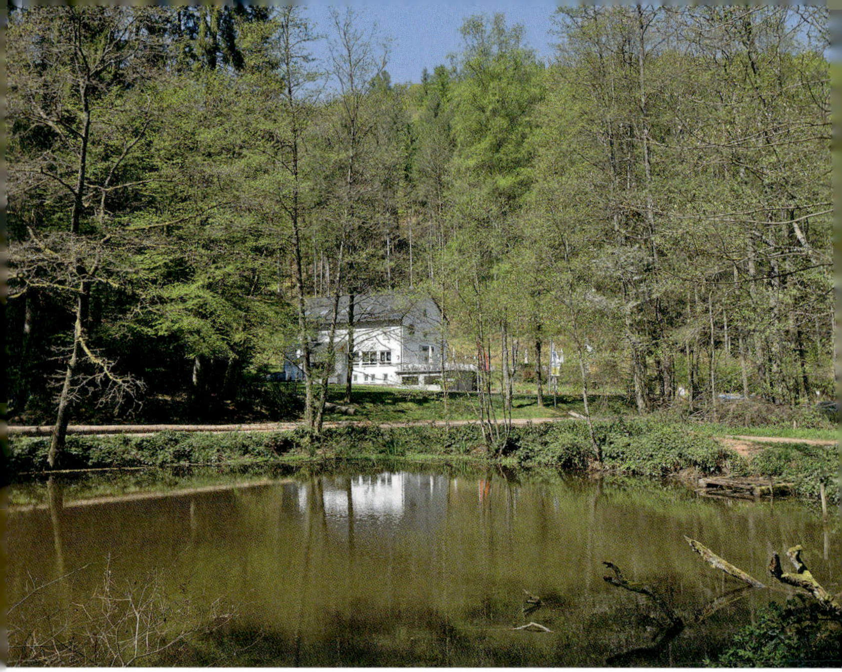

↑ Am Naturfreundehaus startet die Tour. ↓ Picknickplatz am Hühnerfels

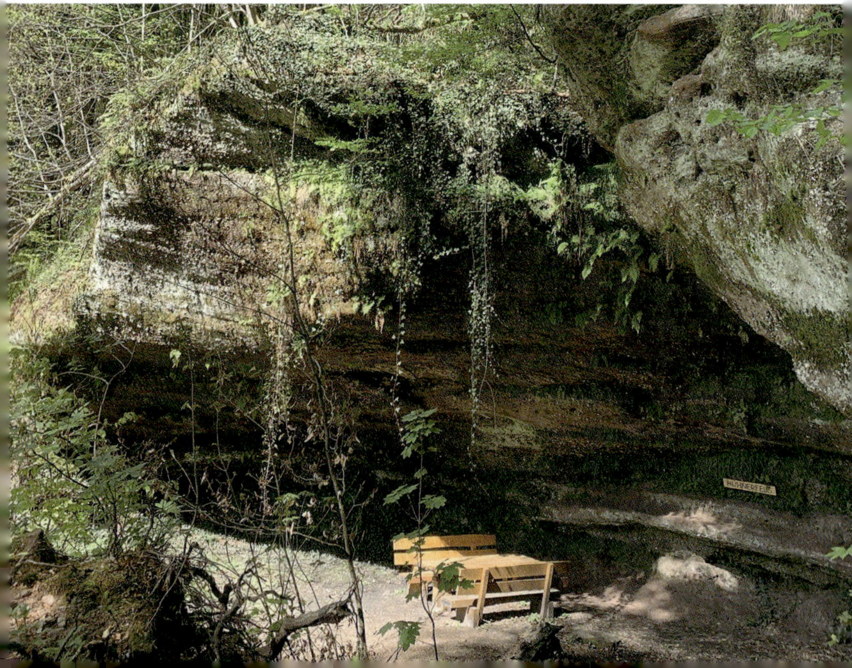

TEUFLISCH GUT!

Tour der Stille
TOUR 30

Felsenreicher Teufelspfad

Er belegte Platz 4 bei dem vom Wandermagazin ausgelobten Wettbewerb »Deutschlands schönster Wanderweg 2020« – und hat diese Auszeichnung verdient! Der Teufelspfad besticht mit den bizarrsten Felsformationen, allen voran mit dem imposanten Teufelsfels. Die zahlreichen Quellen und Wasserläufe begleiten plätschernd die Felsgebilde.

Mitten hinein ins Abenteuer Ein blaues Teufelchen mit Dreizack weist den Weg. Nach dem Start am Naturfreundehaus mit seinem einladenden Außenbereich kommen wir gar nicht dazu, uns richtig warmzulaufen – recht bald nach dem breiten Forstweg biegt ein schmaler Pfad rechts ab und führt auf eine mit Farn und Moos überwucherte Bergflanke in Serpentinen geradewegs zur ersten Attraktion der Tour, dem Haspelfels. Der gibt schon gleich alles: eine markante Felsformation, eine verwunschene Picknickstelle und eine Quelle in der Felsengrotte. Es ist schwer, sich hier loszureißen, aber glücklicherweise folgt das nächste Highlight schon bald: Nachdem wir auf dem schmalen, abenteuerlich gewundenen Pfad am Fels entlanggewandert sind, gelangen wir an den Hühnerfels mit einer Sitzgruppe unter dem Felsüberhang. Noch mal rasten? Aber ja!

Kontrastprogramm Kurz windet sich der Pfad noch oberhalb der Forststraße, dann geht es bergab und in einem großen Bogen zurück ins Tal. Wir überqueren einen Damm zwischen zwei Weihern, dann geht es direkt wieder bergauf. Der steinige Pfad, dem wir folgen, trifft auf einen breiten Waldweg, auf den wir nach rechts abbiegen. Es folgt ein entspanntes Stückchen Weg, auf dem wir noch einmal tief durchatmen und den Mischwald genießen. Weit und breit keine Buntsandsteinfelsen, dafür Natur pur. Schließlich führt ein Pfad wieder weg vom breiten Waldweg und links hinauf auf einen Höhenzug. Wir machen Station an einem Holzteufel, den

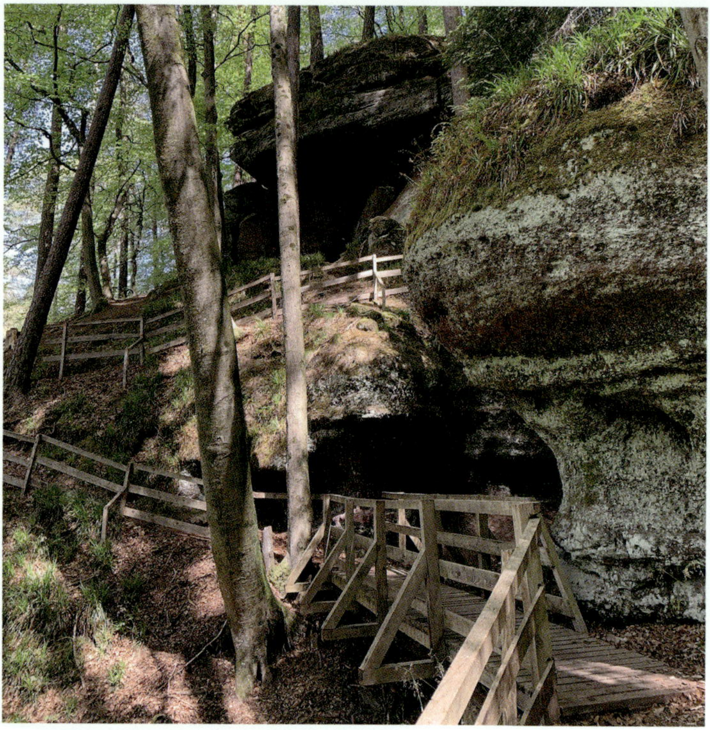

»Draußen fühlt man sich groß und frei
wie die große Natur, die man vor Augen hat.«

Johann Wolfgang von Goethe

abgesägte Baumstämme umgeben. Die Stelle ist zu einladend, als dass wir uns nicht ein weiteres Mal niederlassen sollten. Nach der Rast tauchen wir an einem Wanderparkplatz aus dem Wald auf. Hier wird uns der Weg zum Waldhaus Drei Buchen gewiesen, bei dem man einkehren kann. Anschießend erleben wir einen weiteren Kontrast zu den Felsformationen vom Beginn der Wanderung: Nach links führt uns der Weg zuerst durch ein Wäldchen und schließlich am Waldsaum entlang, zur Rechten begleitet uns ein freies Feld. Eine Bank, an der es zurück in den Wald geht, bietet den perfekten Ort, um den wunderbaren Kontrast zwischen Wald und Feld noch einmal genussvoll aufzunehmen.

Zurück im Felsenland Als Vorbote zeigt sich der Teufelsbrunnen am Weg, eine steinerne, von Efeu umwucherte Quelle. Dann wartet das Highlight der Tour, der Teufelsfels. Es handelt sich dabei um eine hoch aufgetürmte Felsformation, die aus einem Gewirr vieler Felsen, Höhlen und Felstürmchen besteht. Nach einer weiteren Pause ganz oben an dem majestätischen Felsgebilde schlängelt sich nicht nur ein Felspfad mit Brückchen und Holzgeländer durch dieses Labyrinth, sondern es bahnt sich auch fröhlich ein Rinnsal den Weg nach unten – entsprungen als Quelle in einer Felshöhle. Mehrere Rastplätzchen säumen den steilen Abstieg durch den Teufelsfels hindurch.

Lieblicher Weiher zum Abschluss Der Pfad mündet schließlich wieder in den bekannten Forstweg, wo schräg gegenüber der Gersbachtalweiher durch die Bäume hindurchlinst. Beim Näherkommen stellen wir fest, dass der lauschige See mit einem romantischen Steg ausgestattet ist. An einem Holzhüttchen

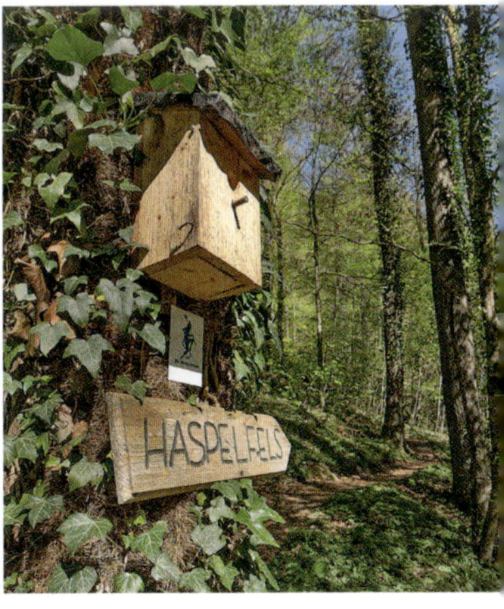

← **Imposantes Highlight: der Teufelsfels**
→ **Hübsche Wegweiser**

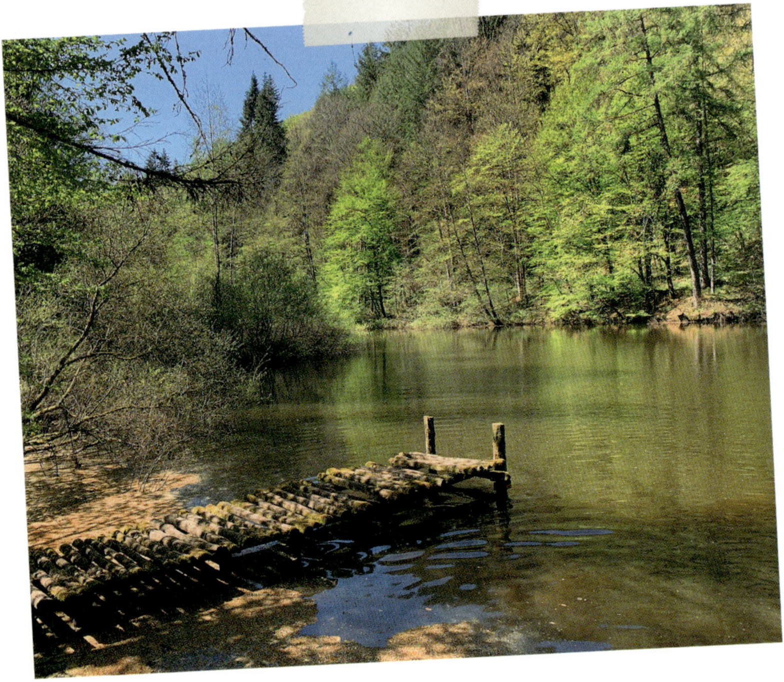

Am Gersbachtalweiher kommen wir zweimal vorbei.

können wir uns noch einmal niederlassen und die Stille des Ortes spüren, während wir auf die Wasseroberfläche schauen. Danach geht es über den Forstweg am Gersbach entlang und vorbei am Ostufer eines kleineren Weihers zurück zum Naturfreundehaus, wo Freunde deftiger Pfälzer Hausmannskost auf ihre Kosten kommen!

Info

Dank der außergewöhnlichen Flora und Fauna ist der Teufelspfad ein Ganzjahres-Wanderweg. Im Frühjahr blühen die Wiesen, die Quellen kühlen im Sommer, das verfärbte Laub der Bäume begeistert im Herbst und im Winter bilden sich faszinierende Eisgebilde an den Felsen.

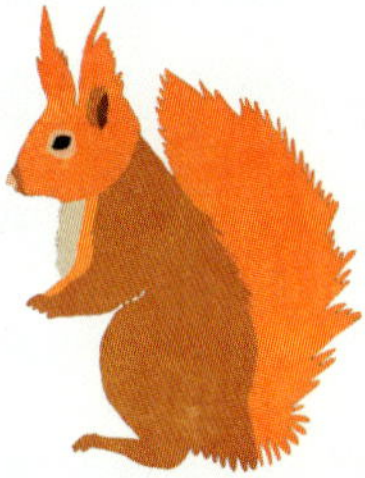

AUF EINEN BLICK

Tour 30: Tour der Stille

Dauer: 2 Std.

Höhenmeter: 120 Hm

Länge: 6,4 km

Schwierigkeit: Mittel

Tourencharakter: Gut begehbare Wege mit kurzen, steilen Anstiegen und zum Teil steinigen Pfaden

Ausgangs-/Endpunkt: Parkplatz des Naturfreundehaus Niedersimten

Anfahrt: **Pkw:** Von der B10 nach Pirmasens Ausfahrt Richtung Bitsch/Frankreich/Pirmasens/Zentrum Messe nehmen. Auf Landauer und Lothringer Straße bis Gersbachstraße fahren. Links auf L484/Landauer Straße, links auf Schillerstraße bis Schillerring, dann links auf Bitscher Straße und wieder links auf Lothringer Straße. Nach links der Gersbachtalstraße bis zum Naturfreundehaus Niedersimten (1,5 km) folgen

Bahn/Bus: Vom Hauptbahnhof Pirmasens entweder mit dem Bus oder zu Fuß (600 m) zum Exerzierplatz, dann mit der Buslinie 210 Richtung Niedersimten oder mit der Buslinie 255 Richtung Eppenbrunn oder Trulben bis Haltestelle Niedersimten Denkmal oder Niedersimten Almstraße. Dann 1,7 bzw. 1,6 km Fußweg zum Naturfreundehaus Niedersimten

Einkehr: Am Ausgangs-/Endpunkt: Naturfreundehaus Niedersimten

Information:
www.pirmasens.de

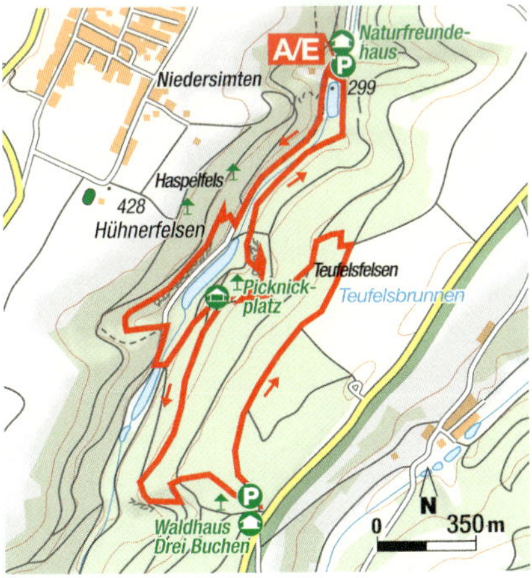

REGISTER

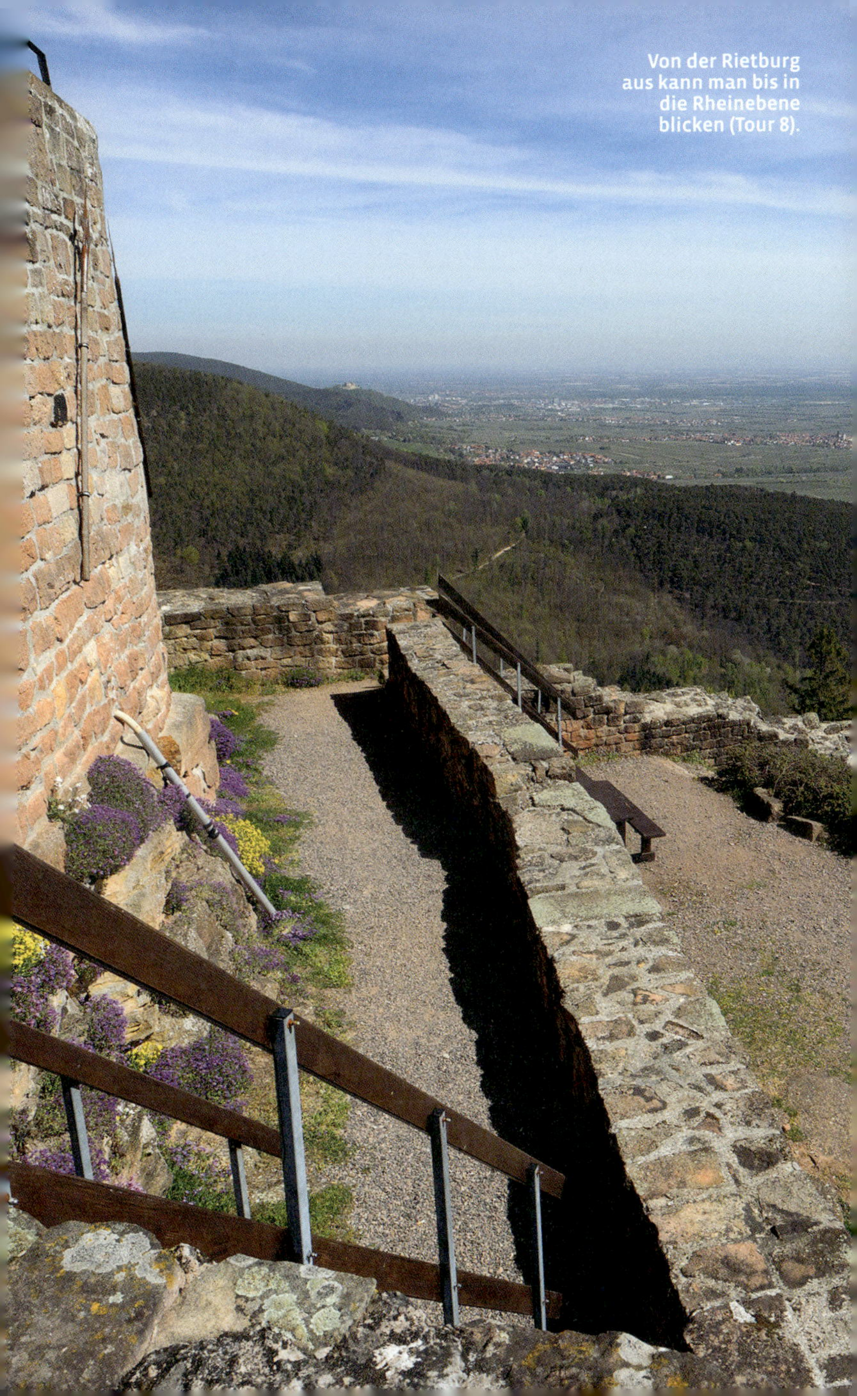
Von der Rietburg aus kann man bis in die Rheinebene blicken (Tour 8).

IMPRESSUM

Verantwortlich: Stefanie Krüger
Redaktion und Lektorat: Daniela Hansjakob
Korrektorat: Gaby Blum
Layout: Elke Mader
Umschlaggestaltung und Illustrationen: Eva Wünsch
Kartografie: Bruckmann Verlag GmbH, Heidi Schmalfuß
Repro: LUDWIG:media
Herstellung: Stephanie Schlemmer/Alexander Knoll
Printed in Slovenia by Floriancic

★★★★★

Sind Sie mit diesem Titel zufrieden? Dann würden wir uns über Ihre Weiterempfehlung freuen. Erzählen Sie es im Freundeskreis, berichten Sie Ihrem Buchhändler oder bewerten Sie bei Onlinekauf. Und wenn Sie Kritik, Korrekturen oder Aktualisierungen haben, freuen wir uns über Ihre Nachricht an Bruckmann Verlag, Postfach 40 02 09, D-80702 München oder per E-Mail an lektorat@verlagshaus.de.

Unser komplettes Programm finden Sie unter www.bruckmann.de

In diesem Buch wird aus Gründen der besseren Lesbarkeit das generische Maskulinum verwendet. Weibliche und anderweitige Geschlechteridentitäten werden dabei ausdrücklich mitgemeint, soweit es für die Aussage erforderlich ist.

Empfehlung der Redaktion
Sie sind auf der Suche nach weiterführender Literatur? Dann empfehlen wir Ihnen die Titel »Wochenend und Wohnmobil Pfalz«, »Wochenend und Wanderschuh Pfalz« und den Wander-/Wohnmobilführer »Camp & Hike Deutschland« von Marion Landwehr.

Bildnachweis
Alle Fotos stammen von Marion und Robert Landwehr außer: Jörg Steber: S. 42, 92, 124 oben, 141

Die Deutsche Nationalbibliothek verzeichnet diese Publikation in der Deutschen Nationalbibliografie; detaillierte bibliografische Daten sind im Internet über http://dnb.d-nb.de abrufbar.

2. aktualisierte Auflage

Infanteriestraße 11a, 80797 München

ISBN 978-3-7343-1866-5